JN206392

新版

保育と絵本

発達の道すじにそった絵本の選び方

瀧 薫 著

エイデル研究所

はじめに

　子どもたちは絵本が大好きです。適切な睡眠や食事が子どもたちの健やかな身体を育むように、子どもたちの興味や発達にあったよい絵本は健やかなこころを育みます。

　保育でも絵本は環境のひとつとして大切です。子どもたちに読む絵本を選ぶとき、絵本は幅広い年齢で楽しめるものですから、基本的には自由に選ぶとよいのですが、保育者の方からは絵本選びに戸惑う声もきかれます。「これは、ちょっと長すぎるかなぁ…」「この内容はやさしすぎるかな？」と、子どもたちと絵本への思いが強いほど、絵本選びに迷ってしまいます。私自身も同じ思いでしたので、毎月の園内研修で絵本についての勉強会をはじめました。こうしてはじまった研修は20年以上となり、今は全国で保育における絵本についての研修にも携わっています。ていねいに絵本を選び、子どもたちと気持ちを共有することは保育の質の向上につながります。

　この本は、そうした経験をふまえて、絵本選びの参考になればという思いから出発しました。年齢別に絵本を選び、なぜその絵本がその年齢の子どもたちに適しているのかを、その時期の発達にそって具体的にご紹介しています。絵本のリストアップに当たっては、下のような研修の記録を参考にしました。

・年間の絵本の読み聞かせ記録
　　１年間にクラスで読んだ全ての絵本と、子どもたちの様子についての記録
・絵本の繰り返し読みの記録
　　同じ絵本を繰り返しクラスの子どもたちに読んで子どもたちの様子の変化を記録
・読み聞かせの個人記録
　　012歳児の子どもたちに、同じ絵本を一対一で読んだときの個人読み聞かせ記録
・テーマ別絵本の記録
　　食べ物、ともだちなどテーマを決めて持ち寄った絵本をクラスで読んだときの記録

　これらの記録からは、同じ絵本でも子どもたちの年齢によって楽しみ方がどんな風に違うか、また何度も同じ絵本を繰り返し読むことで子どもたちの理解がどのように深まり、ふくらんでいったかなど、多くの発見がありました。それらは、絵本を通じて子どもたちが伝えてくれたことであり、一冊一冊の絵本をこころをこめて子どもたちに読み、その表情やつぶやきをていねいに記録してくれた先生方の熱意の賜物です。

　本書は2018年の要領・指針の改訂にともない『保育と絵本』2010年版に加筆修正を行ったものです。皆さんの絵本選びの参考になり、子どもたちの健やかな発達にお役に立てましたらとてもうれしく思います。

瀧　薫

目　次

第3章

3歳児の絵本 ～お話の世界へ～

第4章

4歳児の絵本 ～ぼくが、わたしが、絵本の主人公～

目　次

第5章
5歳児の絵本　〜広がるイメージ〜

第6章
6歳児の絵本　〜絵本の深い森へ〜

第7章
幼年文学の世界

第8章
「こどものとも」について

絵本のたのしみ

〜子どものこころによりそって〜

_1 絵本を選ぶ視点

子どものこころによりそって

　この絵は、ミレーの『歩きはじめ』です。初めて歩く幼いわが子の可愛い姿に、思わず農具を放り出して両手を差し出す父親。赤ちゃんをうしろからささえて見守る母親。いつの時代も、文化や生活が違っても変わらない親子の姿です。

　このように、赤ちゃんがはじめて自分の足で歩きだし、ころびそうになりながらも一歩一歩、一生懸命前に踏み出そうするとき、赤ちゃんを見守る大人は、誰に教えられたわけでもなく自然に、ここまでなら来られるかな、と思われる場所にしゃがんで、両手をさしだし、赤ちゃんを応援します。

　身体の成長は目で見ることができます。ですから、大人たちはちゃんと赤ちゃんの目線に合わせて姿勢を低くし、笑顔で見守りながら待つことができます。そして、腕の中にやってきた赤ちゃんをしっかりと抱きしめることでしょう。この時、やっと自分の足でヨチヨチと歩き始めたばかりの赤ちゃんの手を、ぐいっと引っ張ったり、「もっと早く歩きなさい」などと叱咤したりする大人は決していないでしょう。

　けれども、こころの成長は目で見ることができません。見えないがために、時には大人の都合や、勝手な解釈で、子どものこころをおきざりにしたり、無理強いをしたりしてしまうこともあるかも知れません。こころの成長によりそい、その成長を見守ることはなかなか難しいことです。

　絵本は、子どもたちのこころの糧ともいわれています。幼い子どもたちは、絵本を読んでもらうのが大好きです。子どもたちといっしょに、絵本を楽しむことは、そのこころによりそうことにほかなりません。子どもたちをひきつける絵本について考えることは、目には見えないこころを考えるきっかけとなるでしょう。体だけでなく、こころもどんどん成長する幼い時期、子どもたちが楽しめる発達にそった絵本について、あらためて考えることは、子どもたちの発達のていねいな支援につながります。

絵本を選ぶために

　子どもたちにとって、絵本とは何かを考えるとき、まずその前提として、絵本を読む大人の側に絵本とは楽しいものであり、喜びを共有するものであるという認識が必

要だと思われます。子どもというのは不思議なもので、言葉にしなくても大人のこころを感じとるものです。そのことは、子どもと大人が一緒に遊んでいる様子を見ているとよくわかるのですが、一緒にいる大人も楽しんでいるときはじめて、子どもはこころから満足した表情になります。自分が楽しいだけではなくて、その楽しさを共有することが、子どもたちにとって本当の喜びなのでしょう。喜びは分かちあってこそ実感となります。ですから、絵本を選ぶときも、将来役に立つから、ためになるから、と考える前にまず、絵本とはよろこびを共有するものであるという視点に基づいて、大人自身も絵本の世界を楽しみながら、今目の前にいる子どもたちの気持ちや発達、興味に重点を置いて選ぶ視点が大切です。

　保育所保育指針にも「現在を最も良く生き、望ましい未来をつくり出す力の基礎を培う」（第1章総則より）と表現されているように、子どもたちの幸福な未来を思えばこそ、今このときを、よろこびとともに生きることの重要性が感じられます。このことを念頭におきつつ、それでは実際に、子どもたちがこころおどらせ、瞳を輝かせて楽しむ絵本とはいったいどういう絵本なのでしょうか。子どもたちの様子を思い浮かべながら、絵本を選ぶために大切だと思われる点を、いくつかとりあげてみたいと思います。

　（以下文中の絵本タイトルの後の※は、第2章以降に詳しくとりあげている絵本です。）

文章について

　まず、文章表現についてですが、子どもたちは絵本の文章を耳で聞いて楽しみますので、日本語として品性があって美しく、声に出したときの言葉の響きが耳に心地よいことが大切です。それはなにも、標準語でなければならないという意味ではなく、方言には方言にしかない味わいや豊かさがあり、それもまた絵本の楽しみのひとつです。それからまた、絵本には、会話にはでてこない表現もあります。『うらしまたろう』（時田史郎再話 秋野不矩画 福音館書店 1972）の「かんげいのうたげ」「ふるさとがこいしくなった」「かなしみにうちひしがれ」などがそうした表現としてあげられますし、『つるにょうぼう』（矢川澄子再話 赤羽末吉画 福音館書店

1979）の「たえいるような、あえかな声でした」などは大人にとってもなかなか説明が難しい表現です。それにしても、これら日本語のなんと美しいことでしょう。この様な言葉も物語の中で語られることで、子どもたちは、絵にも助けられながら、その言葉のもつ意味合いやイメージを感じとることができます。こうして、絵本で様々な言

葉を体験することで、子どもたちの言葉は実感を伴いながら豊かになっていくのです。人間は、言葉を使って思考を深めていきますから、言葉の豊かさは、人間としての豊かさにつながります。幼児期には、書いたり読んだりすることよりも、まず耳から母国語の美しい表現を聞き言葉に対する感性を豊かに養うことの方が大切です。子どもたちが幼い時期に出会うやさしく美しい言葉は、そのまま幸福の記憶となるでしょう。

絵について

　次に、絵についてですが、これはどうしても主観的な要素がありますので、説明することが難しいのですが、やはり芸術としての質の高さ、つまり本物であることが大切だと思います。そこには画家の子ども観も大きく反映されます。つまり、読み手が子どもたちだからこそ、最高のものを描こうという意気込みが感じられる絵が、絵本にとってのよい絵ではないでしょうか。

　幼児期はあらゆる感性を育む時期です。ですから、幼い時期こそが、本物の芸術に出会うためにもっとも適した時期といえるでしょう。子どもの本の優れた表現者である、レオ・レオーニ、バージニア・リー・バートン、フェリクス・ホフマン、赤羽末吉、秋野不矩、丸木俊、佐藤忠良、堀内誠一、吉田遠志らは、芸術家として世界的に高い評価を得ています。そしてこれらの画家たちは、高い芸術性がありながらかつ、子どもたちが理解しやすい、子どものこころによりそった表現のできる人たちです。佐藤忠良は、『おおきなかぶ』の挿絵を描くときに、人物がどうしてもかぶを押しているように見えてしまうというので、何度も何度も鏡をみながらデッサンを繰り返したということです。子どもたちが絵本の絵をみれば物語を理解することができるほど、生き生きとした調和と変化が生み出されている、そのような絵の表現が絵本には必要です。可愛らしいだけの甘ったるい絵には、子どもに対する真摯な態度が感じられません。また逆に、芸術性を追求するあまり、創作者としての自己表現のために、絵本という表現形式に挑戦しているのではないかと感じられるものも見られ、大人向きの絵本としてはよいのかもしれませんが、それらも子どものこころによりそうという視点からは、はずれているといえるでしょう。絵本の絵は、絵が絵としてその存在を主張するのではなく、物語を再現しながらもその物語の内に潜むテーマをも表現できたときに、本当に良い絵であるといえるでしょう。絵本を選ぶ大人には、その絵の芸術性だけでなく、表現の方法が子どものこころにとってわかりよく、子どもに対する誠実な姿勢が感じられるか、しっかりと見きわめる確かな目が必要です。絵本を選ぶときに、文を読む前にパラパラとめくって、絵だけでお話を感じてみるのも

よい絵を見分けるひとつの方法です。また、日頃から美術館や原画展に足を運ぶことで、だんだん目も肥えてくるように思います。

文と絵の調和

　さらに、絵本は子どもが耳で聞いて目で楽しむ本ですから、文章と絵がよく合っていることも重要です。絵本の絵と文はしっくりと馴染んでいて、調和しているものでなくてはなりません。文章では表現されないこともふくめ、物語を絵が語り、かつその主題をそこなうことなく、文章の流れと絵がマッチしていて、物語のもつ雰囲気を、語りと絵による相乗効果で表現していることが大切です。バージニア・リー・バートンの『いたずらきかんしゃちゅうちゅう』(村岡花子訳 福音館書店 1961) などのように、絵と文が同じ作者による絵本は、物語の楽しさとともに、絵と文の調和という

意味においても無理がなく、高く評価されているのでしょう。しかしまた、絵と文が別の作者によるものには、一人の作者では成し得なかっただろうと思われるようなコラボレーションも生まれます。40年以上にわたって、子どもたちに愛されてきた『スーホの白い馬』(大塚勇三再話 赤羽末吉画 福音館書店 1967)や、『かばくん』[※]の文章と絵は、その作者と画家以外の組み合わせは、おおよそ考えられないくらい絵と文章がひとつの芸術世界をつくりあげています。

内　容

　内容面では主題がしっかりとしていてわかりやすく、その主人公に子どもが自分を同化して楽しめることが絵本にとっての重要な要素です。幼い子どもたちにとっての物語は、現実は現実、お話はお話と、はっきりと区別して存在しているわけではありません。子どもたちは、時計の振り子のように、現実の世界とお話の世界を自在に行ったり来たりすることができる世界に生きています。『そらいろのたね』[※]や『せんたくかあちゃん』[※]が、子どもたちを強くひきつけるのは、それらが子どもたちの日常生活からはじまって繰り広げられる、身近なファンタジーだからでしょう。

　子どもたちに人気の絵本には、乗り物や動物を主人公にした絵本が数多くありますが、これらも子どもたちが主人公に自分を同化して楽しむために効果的な表現であるといえるでしょう。先にあげた『いたずらきかんしゃちゅうちゅう』は、絵が生き生きと動きをもって描かれているために、子どもたちが自然に自分の姿を主人公の汽車に重ねることができます。ビアトリクス・ポターの『ピーター・ラビットのおはなし』[※]で

は、子どもたちはしつこく追いかけてくる農夫マグレガーさんから、うさぎのピーターになって必死に逃げ、ドキドキワクワクする世界を体験します。

　ここで、物語絵本を選ぶ時に注意を要する点についても考えてみたいと思います。まず一つ目に、『ピーターパン』や『オズの魔法使い』など長編児童文学のダイジェスト版はあえて選ぶ必要はないと思います。その理由は、映画をあらすじで知っていても実際に観ると違っていたということがあるように、ダイジェストにしてしまうと、その作品の奥深さや登場人物の人間性までもがそぎおとされてしまい、身もふたもないうすっぺらなものになってしまう危険性が高いからです。これが世界の名作なのか、と子どもたちが誤解してしまっては困ります。これらの児童文学は内容が深く、かつ心躍る物語ですから、将来本物を読むときの楽しみとして、とっておいたほうがよいと思います。

　二つ目は、昔話の内容を残酷だからといって意図的に変更したものも選ぶべきではないでしょう。昔話は世代から世代へと受け継がれてきた、生きていくための知恵の宝庫であり、先人からの大切なメッセージです。お話の最後ではやっつけられるのが常のオオカミを、殺すとかわいそうだからと、「森に逃げかえっていきました」という結末に変えてしまいますと、絵本の主人公に同化している子どもたちは、いつまたオオカミがやってくるかも知れないと思い不安になってしまいます。オオカミは生きていく上で直面する悪や災いの象徴と考えると、「オオカミといつまでも仲良く暮らしました」も違和感のある結末でしょう。

　さらに、物語絵本は、しつけや教訓とは、明確に分けて考えるべきです。一見、物語絵本の形をとりながら、その実、内容は表面的な教訓であったり、しつけであったりするものは、絵本本来の楽しさを知っている子どもたちなら、その胡散臭さを敏感に感じ取るでしょう。それらは、子どもと大人が心を通わせて楽しむ物語絵本とはその本質が違います。

　親として、保育者として、子どもの未来に対する誠実な態度で絵本を選ぶことが、子どもたちへの愛情の証となるのです。

その他の視点
　子どもたちは、こころから楽しんだ絵本は、何度も繰り返し読んでほしがるもので

す。絵本を選ぶ最良の基準は、子どもたちがその絵本を繰り返し読んでほしがるかどうかであると思います。そういう意味において、長年読みつがれている絵本は、子どもたちに支持されているという点で絵本を選ぶときのひとつの目安となるでしょう。

　子どもたちに読む絵本を選ぶときには、これらの点に配慮しながら、最終的に自分で声に出して読んでみることも必要です。絵本の文章には、繰り返しやリズミカルな表現が工夫されているものも多くあり、それらの文章の魅力は声に出して読んでみてはじめて実感できるものです。さらに、できれば大人同士で読み合いをして、聞き手になってみることも、その絵本本来が持つ魅力を感じるためにとても有効です。何よりも、やさしく語りかけられる人の声の心地よさにつつみこまれながら、じっくりと絵の細部を読む楽しみは、大人にとっても大きな喜びです。すでに自分で何度か子どもたちに読んだことがある絵本であっても、聞き手になってみるとまったく印象が違い、新しい発見があるものです。絵本の読み合いは素敵な時間です。保育にたずさわる先生方は特に、ぜひ読み合いをなさってみてください。

　絵本には、物語絵本や科学絵本などがありますが、どのジャンルであっても、これまでに述べた点は、絵本を選ぶ際に共通した重要な視点といえるでしょう。そうしたよい絵本の中から、聞き手である子どもたちの顔を思い浮かべつつ、その子の興味や発達にあった絵本を、一冊一冊手にとって、ていねいに選ぶのもまた、大人にとっての楽しい時間です。

_2 絵本で育まれるもの

　絵本を読むことは、子どもと大人の両方にとって、その時間そのものが喜びの時間です。そんな今このときに絵本から得られたよろこびが、子どもたちの未来にむけていったいどんな力となっていくのか、その可能性について考えてみたいと思います。

自己肯定感

　まずあげられるのが、子どもたちの自己肯定感が育まれることです。絵本には必ず読み手が必要です。親子であれば、いつも忙しいお母さん、お父さんが、絵本を読む時だけは、自分のためだけに時間を使ってくれます。絵本を読むことは、テレビを見ながら、お皿を洗いながらはできません。ひざの上で、あるいは、添い寝をしながら、よりそって聞くお話の世界は、それだけで子どもたちにとって大きな喜びであるに違いありません。そのお話が素敵な内容であればなおのこと、お話の楽しさを大好きなお母さん、お父さんと一緒に共有するひとときは充実して満ち足りた時間となるでしょう。1日の中のほんの10分ほどのことですが、毎日このような時間を積み

重ねることで、子どもたちは、自分が大切にされていること、愛されていることが実感でき、しっかりと自己肯定感を持つことができるでしょう。これが、生きる力の基礎となり、基本的信頼感や安定根をより確かなものにしていきます。特に、年の近い兄弟姉妹の上の子にとって、妹弟が眠ってから、お母さんお父さんを独り占めにできて、たっぷり甘えることができる絵本の時間はかけがえのないひとときとなるでしょう。愛情を言葉や態度でしっかりと示すことは大切です。そのようなていねいな関わりにより、子どもはより安心し、気持ちが落ち着くのだと思います。そうすることで、兄弟姉妹もお互いに深い思いやりを持つことができるでしょう。

　保育における絵本の時間も、家庭におけるそれと同じことがいえます。保育者が子どもたちのためにこころをこめて選んだ絵本をゆったりと読むことで、子どもたちは保育者を信頼し、安心感を持つことができます。入園当初泣いている子どもも、おひざで絵本を読んでもらうと少しずつ気持ちが落ち着いてきます。家から、まるで心の安定剤のようにお気に入りの絵本といっしょに登園してくる子もいるでしょう。どうぞ絵本といっしょに登園させてあげてください。その絵本にはお父さん、お母さんの存在が感じられ、かばんの中に入っているだけで安心できます。子どもたちはそうやって少しずつ心の折り合いをつけていくのです。また、保育室に家にあるのと同じ絵本を見つけて喜ぶ子どももいるでしょう。そんなとき、子どもはまるで、友だちに再会したかのように、「これ、うちにもある！」とうれしそうに教えてくれます。子どもたちは入園当初、自分の居場所が定まらず不安でたまらないのですが、ひざで絵本を読んでもらったり、好きな絵本を繰り返し読んでもらったりすることで、気持ちが落ち着いてきます。保育者との絆が深まり、自分はここにいてよいのだ、ここは自分の居場所だ、と確認することができてはじめて、その子がその子らしく生活し、活動することができるのです。

生きるための知恵やメッセージ

　次にあげられるのは、行きるための知恵やメッセージです。絵本の中には昔話や童話に代表されるように、世代を通じて受け継がれてきた、生きるためのさまざまな知恵やメッセージが含まれています。これらのテーマには、洋の東西を問わず人間にとって共通のテーマが多く見られます。例えば日本の昔話である『さんまいのおふだ』（水沢謙一再話 梶山俊夫画 福音館書店 1978）と、グリム童話の『ヘンゼルとグレーテル』は、どちらも男の子の、母親からの自立を描いていると考えられます。その描き方に違いが見られるのは、受け継がれてきた文化の違いであり興味深いところです。魔女、オオカミ、やまんば、鬼、それら昔話に定番の登場人物たちが、何を象徴するのかは、やがて子どもたちが成長したときに、必要に応じて無意識のうちの理解となっていくでしょう。子どもの自立を描いた昔話を大人が子どもに読むことは、おまえは親を

乗り越えて成長していいんだよ、と子どもたちが自立への道を歩むときに、そっとその背中を押してくれるでしょう。また、オオカミや鬼に知恵をしぼって打ち勝った主人公の姿は、子どもたちが将来困難に直面したときに、一歩前へ進む勇気を与えてくれるでしょう。今、子どもたちがすぐにその絵本にこめられているメッセージを理解する必要はありません。しかし、物語はそれを読んでくれた、自分を愛する人の優しい声とともに、こころの中にしまわれて、必要なときにちゃんと、その人の声とともに取り出すことができるのです。

　大人に、子どものときに読んでもらった絵本で印象に残っている絵本をおたずねしますと、多くの方が、「母に読んでもらった〜です」とか、「大好きな、園の先生が繰り返し読んでくれた〜です」と、それを読んでくれた人の思い出とともに語ってくださいます。子どもたちにとって、絵本の言葉は、それを読んでくれた人の言葉そのものなのです。ですから、今私たちが、どの絵本を子どもたちに読もうかと考えるとき、その内容は、私たち自身の言葉として、子どもたちのこころに深く刻まれるということを考えながら選ぶことが必要です。

豊かな感情

　さらに、絵本を通して、読み手と聞き手がともにその体験を共有することで、豊かな感情が育まれるということも絵本の大切な役割です。子どもたちにとって、絵本を楽しむということは、主人公に同化してその絵本の世界を体験することです。これは、未知の世界への冒険を意味することですから、幼い子ども一人ではとても心ぼそいことでしょう。しかし、絵本には読み手である大人が常にそこにいっしょにいます。大人に見守られていることを確信しながら、安心して子どもたちは絵本の世界を存分に楽しむことができるのです。一冊の絵本の物語が終わったとき、その物語で体験した、ワクワクしたこと、驚いたこと、喜んだことの全てが、読み手と聞き手が共有する感動となります。

　子どもたちの心の育ちが危ういという懸念を耳にすることがあります。人の痛みがわからない、思いやりがない、すぐにキレる等という問題も指摘されています。しかし、喜びや悲しみの感情は、ひとりでに育つものではありません。それを共有する人がいてはじめて育まれるものです。「喜びは分かち合うと倍になり、悲しみは半分になる」という言葉もあるように、ともに喜び、ともに悲しむことで、豊かなこころと、相手の気持ちを察する思いやりが培われていくのです。子どもたちは、実生活においてもちろん、こころが動き、感情が育まれますが、直接体験にはおのずと限界があります。

絵本では実生活では体験し得ないことも体験することができます。毎日、身近な大人と共に心躍らせながら、絵本の世界を体験することで、感情は豊かに育まれます。

　親子で絵本の感動を共有する時間がかけがえのない時間であるのと同じ様に、クラスで楽しむ保育での絵本の時間もまた、子どもたちにとって特別な時間です。クラスの皆でその感情を共有することで、子どもたち同士の中に同じ体験をしたことによるある種のつながりのようなものが育まれていくのです。楽しく面白く、心躍る絵本を皆で楽しんだあとの、余韻にひたるひとときは、クラス全体が充実した特別の空気感に満たされるように感じます。「ほぅ…」というため息があちらからも、こちらからも聞こえる素敵な時間です。このような絵本の楽しみの積み重ねによって、クラス全体の連帯感やこころのつながりも育まれていきます。もちろん、同じ絵本を聞いても、子どもたちひとりひとり、その感じ方は違っていて当然なのですが、皆がそのお話を知っていて、その時間を共有したことそのものが、意味深いのだと思います。絵本の中の印象的な言葉は、やがて子どもたちの遊びに再現され、追体験されることで、皆のこころの中の絵本世界が交じり合い、そのクラスの共通体験となっていくのです。

　ところで、絵本を読んだあとに、しつけと称して、「はい、どうぞ」の先生の掛け声のもと、一斉に「ありがとうございました」と言わせたり、絵本の内容についての質問や感想を聞くことは、すべきではありません。それをしてしまうと、せっかく子どもたちのこころの中で熟成されようとしている物語の余韻がふきとんでしまい、子どもたちから絵本の楽しみをうばってしまいます。絵本を楽しんだあとの、子どもたちの満ち足りた気持ちをどうぞ大切にしてください。

　子どもに関わる皆さんの中には、はじめて大勢の子どもたちの前で読み聞かせをした時の感動を、憶えておられる方もたくさんおられることと思います。その時の、子どもたちの期待に輝く瞳がいっせいにこちらにむけられた感動は、体験したものにしかわからない喜びでしょう。図書館のお話会などでも、はじめて出会う読み手と、聞き手の子どもたちが、一冊の絵本でつながり、物語が終わるころには、その空間が共感で満たされていることに、絵本のもつ力を感じます。絵本は、聞き手だけでなく、読み手の気持ちをも大きく動かします。その感動が子どもたちに伝わり、子どもたちの喜びがまた相乗効果となってさらに大きなよろこびとなるのでしょう。これがまさに、絵本が心の交流だといわれる所以なのです。

　絵本とは、形あるものでありながら、それを通して育まれるものは、豊かな感情や愛情の体験など、目には見えないものです。しっかりと大地にはりめぐらされる樹木の根のように、人間にとっても、植物にとっても、本当に大切なものは外からは見えないものなのでしょう。幼児期は、根っこを育てる時期であるがゆえにその大切さがあらためて実感されます。

_3 保育における絵本の役割

　それでは、その大切な乳幼児期に、絵本は保育の中でどのような役割を果たすことができるのでしょうか。もちろん、そもそも絵本とは幅広く保育全般にわたって大切な役割を担っており、そこに「この絵本を読んだからこうなる」という、即物的な効果を期待することはなじまないでしょう。けれど、絵本の役割や可能性を、子どもの発達にそって考慮することは、やはり意義のあることだと思われますので、第2章から年齢別の絵本について考える前に、幼稚園、保育園、こども園における5領域を基に絵本の役割について考えてみたいと思います。なお、乳児期は心と体、人や物との関わりには相互に密接な関わりがあることから、5領域ではなく「保育に関わるねらい及び内容」が身体、社会性、精神の3つとなっていますので、乳児保育は1歳以上とは別に考えてみましょう。

幼は幼稚園教育要領　**保**は保育所保育指針　**こ**は幼保連携型教育・保育要領を表します。

乳児の保育

乳児保育に関わるねらい及び内容

ア　健やかに伸び伸びと育つ
　　健康な心と体を育て、自ら健康で安全な生活をつくり出す力の基礎を培う。
イ　身近な人と気持ちが通じ合う
　　受容的・応答的な関わりの下で、何かを伝えようとする意欲や身近な大人との信頼関係を得て、人と関わる力の基礎を培う。
ウ　身近なものと関わり感性が育つ
　　身近な環境に興味や好奇心をもって関わり、感じたことや考えたことを表現する力の基盤を培う。

保 第2章1 (2)ねらい及び内容　**こ** 第2章第1ねらい及び内容

　乳児保育に関わるねらい及び内容は上の3つですが、アは身体的発達として5領域の健康に、イは社会的発達として人間関係・言葉に、ウが精神的発達として環境・表現へとつながっていく育ちです。

　0歳の子どもたちにとっても絵本の時間は大切です。乳児期に育みたい愛着形成、基本的信頼感、自己肯定感は、人とのあたたかな関わりで育まれます。おひざでゆっ

たりと絵本を読んでもらう時間は子どもにとって人の声の心地よさに浸って安心できる時間です。

　4ヵ月〜5ヵ月頃になると、子どもは主体性が芽生え自分から興味のあるものに手を出して触れようとします。はじめての絵本に興味を持ち始めるのもこの頃です。ただし、視力は未熟ですので『じゃあじゃあびりびり』※や『ごぶごぶごぼごぼ』（駒形克己作 福音館書店 1999）など、はっきりした色で描かれた絵本が発達に適しています。これらの絵本は、文も擬声語擬態語など繰り返しでリズミカルなので、子どもたちの興味をひきつけます。

　9ヵ月頃になると、自分と相手と物という三項関係を獲得することで絵本の世界が広がります。『いないいないばあ』※の絵本を読むと「ばあ」のところで大人の顔を見て喜びを共有する姿が見られます。このような共感が社会性の発達の基礎となります。

　1歳頃になると、象徴機能が芽生えることで初歩的な見立て遊びがはじまります。『くだもの』※の絵本で食べるまねをしたり、保育者にも食べさせようと動作のやりとりをしたりして遊ぶことは、言葉の発達と密接な関わりがあります。また、子どもたちにとって言葉の体験は愛情の体験でもあります。絵本とともに、子守唄やわらべうたも楽しむことは豊かな情緒を育みます。

1 歳以上の保育

　1歳以上から幼児の発達と絵本については、1歳以上3歳未満児と3歳以上児の保育に関するねらい及び内容の5領域を基に考えてみましょう。

健　康

健康な心と体を育て、自ら健康で安全な生活をつくり出す力を養う。

1歳以上3歳未満…🅿 第2章保育の内容2 (2)ア健康　🄒 第2章第2健康

3歳以上…🅔 第2章ねらい及び内容健康　🅿 第2章保育の内容3ア健康　🄒 第2章第3健康

　1歳を過ぎた子どもたちは、少しずつ生活の中でも自分でしようとする姿が見られるようになります。1歳半頃になると自我も芽生え『いただきまあす』※にみられるように自分の思いを生活の中で発揮しようとします。

　2歳になると子どもたちは、走る、歩く、跳ぶなどの基本的な運動機能が伸び、喜びに満ちた表情で活発に身体を動かします。成長の喜びが描かれた『ひまわり』※の絵本を読むと、ひまわりが大輪を咲かせるページの「ドン」のところで思わずとびあがる

子どももいるほど子どもたちは躍動的でイメージも豊かになっています。

　３歳になると、食事、排泄、衣類の着脱などもほぼ自立します。「なんで」「どうして」と質問期を迎える子どもたちにとって食事への意欲は、『いちご』※など身近な食べ物の生育過程が描かれた科学絵本からも高まります。

　４歳の子どもたちは、水・土・虫・木の実など、身近な自然に興味を示し、積極的に関わろうとします。泥団子づくりに夢中になったり、ボディーペインティングで開放感を味わったり、感覚を総動員してみたり触れたりするようになります。『どろんこハリー』※のハリーに同化して、どろだらけになったりすすだらけになったりすることは大きな喜びです。

　５歳を迎えると、基本的な生活習慣はほぼ確立し、大人に指示されなくても１日の生活を通して次にとるべき行動を自分で判断できるようになってきます。人の役に立つことがうれしく誇らしく感じられたり、年下の子どもの世話をしたりするようにもなり、自ら成長を実感します。弟や妹が生まれる子どもたちも増えてきますから、『ピーターのいす』※は、子どもたちにとって実感があるでしょう。こうして６歳になると、全身運動がなめらかになるとともに、手先の巧緻性も一段と進み、ちょうちょう結びや指編み、織物など複雑な手仕事にも集中してとりくむようになります。『ペレのあたらしいふく』※に描かれる生活者としての子どもが６歳の子どもたちの姿に重なります。

　健康の分野では、身体の発達だけでなくこころの発達も意識しながら、身近な生活が描かれた絵本や、子どもたちの興味や発達に適した科学絵本を選ぶことが、子どもたちが自ら生活をつくりだす力の基礎となります。

人間関係

> 他の人々と親しみ、支えあって生活するために、自立心を育て、人と関わる力を養う。
>
> １歳以上３歳未満…(保) 第２章保育の内容２（２）イ人間関係　(こ) 第２章第２人間関係
> ３歳以上…(幼) 第２章ねらい及び内容人間関係　(保) 第２章保育の内容３イ人間関係イ
> 　　　　(こ) 第２章第３人間関係

　乳児のときに、人の声の心地よさを経験した子どもたちは、少しずつまわりの人に関心をもつようになります。９ヵ月〜１歳半頃には、特に大人の表情を参照するようになりますから、『かおかおどんなかお』※に興味を持ちます。

　２歳頃には、遊びの中で「はい、どうぞ」「ありがとう」など、物を介したやりとり

などで簡単なコミュニケーションを楽しむようになります。この時、子どもたちに身近な『サンドイッチサンドイッチ』『おべんとう』(共に小西英子 福音館書店)などの絵本が、イメージを育み遊びをより豊かで楽しくします。

　3歳頃になると、自己を主張するとともに、家族、友達、先生など、まわりの人との関係が分かりはじめます。この頃には『おおきなかぶ』※のような、身近な家族関係が登場し、お友達と一緒に再現して楽しむことのできる絵本が、子どもたちにとっての喜びとなります。

　4歳頃には、自分と他人の区別がはっきりとするとともに、自意識が芽生え、時にそれは心の葛藤となります。発達の節目の時期に、自分の気持ちを周りの大人に優しく受けとめてもらうことによって、子どもはやがて身近な人の気持ちも理解できるようになっていきます。『こすずめのぼうけん』※など、安心できる絵本をやさしくゆったりと読み聞かせてもらうことは、こころの成長の糧となるでしょう。

　5歳になると、相手の気持ちや立場を気使う感受性も持つようになり、人の役に立つことに喜びを感じますから、子どもたちは『はじめてのおつかい』※の主人公みいちゃんに共感します。

　6歳ともなれば、自己の内面への思考が深まり、それぞれの人の持ち味や特性にも気づくようになります。身近な大人に甘えながらも、愛情や思いやりを根拠とした勇気を描く『モチモチの木』※の主人公の強さに自分を重ねることでしょう。こうして獲得された人間関係の力は、自分で考えて行動することや、友達と積極的に関わりながら喜びや悲しみを共感し合うこと、人との関わりを深めて思いやりをもつことや、地域の人々など自分の生活に関係の深いさまざまな人に親しみを持つことなど、深く広く人間関係を構築する力となっていきます。

　このように、縦の流れで発達の連続性を考えると、自己の存在の肯定からはじまり、健全な人間関係を構築するだけの力を獲得するまでの発達の過程で、不安に揺れ動く時期、内面を見つめる時期、他者の気持ちを察する時期をへて、人としての思いやりを持つことができるようになる時期まで、人間関係に関する発達の節目節目で、絵本が子どもたちの発達を、こころによりそいながら、下支えしていることがあらためて感じられます。

環　境

> **満1歳以上満3歳未満の保育に関わるねらい及び内容**
> 周囲の様々な環境に好奇心や探究心をもって関わり、それらを生活に取り入れていこうとする力を養う。
> 満1歳以上3歳未満…㋬ 第2章保育の内容2　(2)ウ環境　㋬ 第2章第2環境

　１歳を過ぎると、子どもたちは歩行が可能になり身近なものに積極的に関わるようになりますから、動きのある『がたんごとんがたんごとん』※に興味を持って楽しみます。

　２歳頃になると環境への意欲はますます増し、様々なものに積極的に関わろうとします。『ちいさなねこ』※の仔猫は２歳児の姿そのままですし、『おやすみなさいおつきさま』※『はらぺこあおむし』※は、子どもたちの身近な自然や生き物への興味へとつながっていくことでしょう。

　３歳頃にはその興味は、家族など身近な人々の生活にもむけられ、それを模倣して再現し、お友達とごっこ遊びを楽しむようになります。大人のやっていることを何でもやってみたい３歳の姿は、『おでかけのまえに』※や『パンやのくまさん』※に描かれ、子どもたちの共感をよびます。

　４歳頃になると、環境に関する興味はさらに広がりを見せ、興味の対象も一人一人が個性的で多種多様になります。身近な動植物をはじめ、自然事象をよく見たり、触れたりして感じ、自ら発見します。この時期、『たんぽぽ』（平山和子文・絵 北村四郎監修 福音館書店 1976）『ざりがに』（吉崎正巳文・絵 須甲鉄也監修 福音館書店 1973）などの科学絵本が、子どもたちの直接体験を科学的な興味へと導きます。

　５歳頃になると、動植物の世話をしたり、大人の仕事に興味を持って、積極的にお手伝いをしようとします。このような主体的な活動を通して、感動を伝え合い、共感し合うことにより、生命を大切にする気持ち、公共心、探求心などが養われます。『すみれとあり』※など植物と昆虫の共生関係を描いた科学絵本が、身近で小さな生き物の営みの中の、たくましい力を伝えてくれ、子どもたちが自然や生き物にたいして畏敬の念を抱くきっかけともなるでしょう。

　思考が深まる６歳頃には、論理的に描かれた『どんぐりかいぎ』※も理解することができ、長い時間軸における幅広い植物と動物の関係を通して、自分たちも生き物としてその連鎖の中にある、という環境との関係性に気づきます。日常生活を通じて興味は一層広がり、自然事象や、身近な標識、文字や記号などにも関心を示すようになり、やがて就学への意欲や期待が自ずと高まっていきます。

　環境の分野では、物語絵本に加え、子どもたちが身近な生活を通して興味をもった事について、わかりやすい表現で、その興味をさらに広げてくれる科学絵本を充分に楽しむことが、科学的な興味・関心だけでなく、社会性や、思考を深め、自己を見つめ、他人を理解しようとする姿勢においても、大変重要な要素となります。

言　葉

経験したことや考えたことなどを自分なりの言葉で表現し、相手の話す言葉を聞こうとする意欲や態度を育て、言葉に対する感覚や言葉で表現する力を養う。

1歳以上3歳未満…保 第2章保育の内容2 (2)エ言葉　こ 第2章第2言葉

3歳以上…幼 第2章ねらい及び内容言葉　保 第2章保育の内容3エ言葉　こ 第2章第3言葉

　1歳頃になると、子どもたちは簡単な言葉の意味がわかってくるようになりますので、『どうぶつのおやこ』※など身近なものを題材にした絵本が、盛んに指さしをするこの時期に適しています。

　2歳頃の語彙爆発といわれる、言葉をどんどん獲得していく時期には、イメージをふくらませる遊びの世界が重要となります。『おにぎり』※の絵本などで、生き生きとした生活の場面をイメージすることは、遊びの中に再現されます。自分のしたいこと、して欲しいことも言葉で表すようになり、『コッコさんのおみせ』※に描かれるような、見立てによる「〜のつもり」「〜のふり」を楽しむことで、遊びの中で言葉を使うことや言葉を交わすことの喜びを感じていきます。

　3歳になると、子どもたちは、理解できる語彙数が急激に増え、日常生活での言葉のやりとりがほぼ不自由なくできるようになります。この時期、『かばくん』※や『はなをくんくん』※などの詩による美しい言葉の体験は、子どもたちのイメージをなおいっそう豊かに育みます。

　4歳頃には、起承転結のある物語が理解できるようになりますので、『そらいろのたね』※のような言葉のやりとりが面白いわくわくするファンタジーが子どもたちをひきつけます。しりとりなどの言葉遊びもできるようになり、このような遊びを通して、子どもたちは音節分解などの概念も身につけていきます。

　5歳になると、集団での活動が広がり、言葉による伝達や対話の必要性が増すことで、自分の思いや考えを伝える力や相手の話を聞く力を身につけていきます。この時期になると言葉によるユーモアも理解でき、『11ぴきのねこ』※シリーズなど、仲間関係を中心に描かれる絵本が子どもたちを惹きつけます。

　6歳になると想像力もさらに豊かになり、『おおきなきがほしい』※などのファンタジーを楽しみます。言葉の豊かさは思考の豊かさにつながり、それはやがて相手の気持ちを理解する力となります。

　赤ちゃんの頃の、大人のやさしく応答的な関わり、1歳前後の指さし、その後の語彙爆発といわれる時期にていねいに関わることが言葉の発達の基礎として大切です。やがて、子どもたちは、象徴機能の発達によってイメージする力がつくと、絵本の内

容と自分の体験を結び付けながら、想像をめぐらせることを楽しみます。言葉の分野では特に絵本の役割は重要です。幼児期に、直接体験に加えて絵本によって豊かなイメージを育むことは、言葉の感性を養います。豊かなイメージをともなって獲得された言葉は、思考力を深め、豊かな人間性の礎となります。

表　現

感じたことや考えたことを自分なりに表現することを通して、豊かな感性や表現する力を養い、創造性を豊かにする。

１歳以上３歳未満…保 第２章保育の内容２（2)オ表現　こ 第２章第２表現

３歳以上…幼 第２章ねらい及び内容表現　保 第２章保育の内容３オ表現　こ 第２章第３表現

１歳を過ぎた子どもたちは、象徴機能の発達により少しずつイメージする力もついてきます。『ころころころ』※の心地よくリズミカルな文と、色彩豊かな表現がこの時期の子どもたちの感性を養います。

２歳頃の子どもは喜びなどを全身で表現しようとします。そのあふれるエネルギーは『ぼくのくれよん』※のような絵本でも発散され、ぬたくり遊びなどにも発展します。

３歳頃になると子どもたちは、絵本に登場する人物や動物と自分を、同化して考えながら、想像を膨らませていき、それらを、ごっこ遊びや劇遊びに発展させていきます。『てぶくろ』※の絵本をきいたあとに、実際に大きなてぶくろに入る遊びなどを、楽しむ姿も見られます。

４歳になると、想像力がますます豊かになり、現実に体験したことと、絵本や想像の世界で見聞きしたことを重ねたり、心が人だけでなく、花や虫にもあると信じたりします。想像力を膨らませて自分でお話をつくったりして遊びを発展させ、お友達とイメージを共有しながら想像の世界で遊びに没頭する姿も見られます。この時期に、『3びきのくま』※『三びきのやぎのがらがらどん』※などの昔話はじめ様々な物語を楽しむことは、想像力や表現力を育みます。また、『もりのなか』※などの、ファンタジー世界を存分に堪能することは内面の豊かさのために大切です。

５歳になると、言葉によって頭の中にお友達と共通のイメージを描くことができるようになりますから、『おしいれのぼうけん』※などの長編のファンタジーも楽しめます。友達との連帯感が描かれている点もこの時期の子どもたちをひきつけます。

６歳では、感じたこと、想像したことを、言葉や身体、音楽、造形など思い思いの方法で表現できるようになるとともに、自分や友達の表現したものを、互いに見せ合ったり、聞かせあったりして満足感を得ます。『よあけ』※の美しい詩の世界や、『かにむかし』※の独特の語りなど、様々な絵本との幅広い出会いが、子どもたちの表現をいっ

そう豊かにします。

　幼い頃に、本当に美しいものや、こころからの感動に出会うことが、子どもたちの表現力の基礎となります。自然などの身近な環境と十分に関わり、身近な大人やお友達とその感動を共有する体験が豊かな感性を育みます。幼児期に、絵本や遊びを通して、お友達と想像の世界を心ゆくまでたっぷりと楽しむよろこびの時間は、生涯にわたって、子どもたちの想像力と表現力の溢れる泉となるでしょう。

_4 月刊絵本の意義について

　保育と絵本について論じるとき、月刊絵本の役割についても考える必要があると思います。それは、日本で絵本が急速に普及した背景には、幼稚園・保育園での月刊絵本による影響が大きいからです。1926年施行の幼稚園令の第2条に、『幼稚園ノ保育項目ハ遊戯・唱歌・観察・談話・手技トス。』という表現が見られますが、この「観察」を受けて、翌1927年に月刊観察絵本『キンダーブック』が創刊され、園を通じて子どもたちに配本、普及していきました。『キンダーブック』は創刊後わずか数年で、実に当時の幼稚園の園児数に匹敵する10万部を発行しています。一方、幼稚園教育要領に、「絵本」という言葉がはじめて使われたのは、その随分あとの1956年のことで、当時の6領域のひとつである「言語」の項に「絵本、紙しばい、劇、幻灯、映画などを楽しむ」という表現が見られます。この年、物語絵本としてはじめての月刊絵本『こどものとも』が創刊されました。

　さて、月刊絵本は、おおまかには2種類に分けられます。まず「物語絵本」です。これはお話絵本ともいわれ、一冊でひとつの物語となっています。次に「科学絵本」です。動物、植物など、子どもに身近なテーマについてとりあげられており、一冊でひとつのテーマとなっているものが多いようです。どちらのジャンルであっても、絵本として子どもの発達を踏まえた良質のものであること、その根底に生きることへの肯定的な姿勢があり、人への信頼感に裏付けられていることが、大切な要素といえるでしょう。

　月刊絵本は、幼稚園令や教育要領の施行とともに創刊され、時代の世相を反映しながら、教育や保育の内容と関連しつつ発展し、保育現場で重要な役割を担ってきました。子ども文化に与える影響も決して小さいものではないと思われます。ここで、あらためて月刊絵本の意義について考えてみたいと思います。

　はじめに、月刊絵本は、皆に同じ絵本が毎月一冊ずつ配られます。その年齢のすべての子どもたちが皆知っていて、クラスが違っていても、先生も子どもたちも全員がその絵本を知っています。そこには共感が生まれるため、子どもたちが主体的に遊びの中に再現するなど、保育にもさまざまな形で生かすことができるでしょう。

　次に、「みんなと同じもの」も、「自分だけのもの」も好きな子どもたちにとって、月刊絵本は、みんなと同じであってなおかつ、自分だけの絵本であるということが、喜びとなります。自分の名前が書かれた自分の絵本は特別です。子どもたちは同じ物語を何度も楽しみますから、たとえば、毎日の保育の中で、今日は○○ちゃんの絵本、明日は△△君の絵本と、1ヵ月間子どもの絵本を交代でクラスの皆に読むことは、子どもにとってうれしいものです。先生やクラスの皆と楽しんだ思いのこもった自分の絵本に、子どもたちは特別の愛着をもつでしょう。楽しい体験が詰まった絵本が身近にあると、子どもたちがいつでもその楽しさを追体験することができます。幼いときに生活の中に自然に絵本があることや、絵本で培った楽しい体験は、物的・人的環境として、子どもたちを将来読書の世界へ導いていくでしょう。

　さらに、月刊絵本は家に持ち帰りますから、子どもたちはおうちの人ともその絵本を楽しむことができます。園でその絵本を楽しんだあと、今度はそれをお父さんやお母さん、兄弟姉妹と楽しむことで、そこから会話も広がります。こうして絵本を通して園と子どもと保護者が、共感の糸で結ばれるのです。

　保育者にとっても月刊絵本は本選びの助けとなります。その季節や時期にあったものが届けられますので、クラスの子どもたちが共通して楽しむことができます。また、絵本選びについてはどうしても、好みというものが反映されてしまいますが、年間を通して幅広い視点で検討された配本は、自分だったら選ばないだろうと思う内容のものも入っていて、案外そんな絵本に、思わぬ子どもたちの楽しい反応が見られることがあり、大人の側にも新しい発見をもたらしてくれます。昔話、ファンタジー、乗り物、動物など、テーマがバランスよく多岐にわたることも子どもたちの興味の幅を広げます。

　また、子どもたちが保育で絵本をどのように楽しんでいるかについて、発達の視点もふまえて具体的なエピソードで保護者の方にていねいに伝えていくことも大切です。こうした日々の成長を喜び合う姿勢が、保護者の養育力の向上に寄与することとなります。

5　年齢別の絵本を選ぶにあたって

　本書では、第2章以降で、具体的に各年齢別に発達にあった絵本を12冊ずつとりあげて、それらの絵本がその年齢の子どもたちをひきつける理由について、考えてみたいと思います。各章は年齢別になっていますので、興味のある章から読んでいただけばよいと思います。内容については、絵本を楽しむ子どもたちの実際の姿をもとに、その発達に重点をおきました。

　ところで、絵本は本来、これを読んだから、これが育つ、という短絡的なものではありませんし、読み取り方も一人一人違っていて当然です。ですから、年齢の基準はあくまで参考で、その年齢にしか適さないという意味ではもちろんありません。絵本には、一部の例をのぞき、基本的には年齢の下限はあっても、上限はないと考えてさしつかえないと思います。

　子どもたちから長年にわたって支持されている絵本を再考することは、結果として子どもたちの発達の道すじをあらためてたどることとなりました。ですから、0歳から6歳までを通して読んでいただくと、絵本の楽しみとともに、子どもたちの発達が、縦の流れで理解していただけるのではないかと思います。子どもたちと絵本に関わる皆様のご参考になれば幸いです。

　尚、各年齢の絵本を選ぶにあたっては、次の様な観点を基準にしています。

・創作、民話、翻訳ものにかかわらず、文章が日本語として美しく、かつその文章表現が、子どもたちのその年齢の言葉の発達に適しているもの。

・絵についても、その表現が芸術的に評価できかつ、生き生きと物語の流れを表現しているもの。

・文と絵が相乗効果で、物語の内容を表現していて、不可分な総合芸術となっているもの。

・テーマや主人公が、子どもたちにとって親しみがもて同化して楽しめること。

・実際にその年齢の子どもたちに読んでみて、子どもたちの表情がよかったもの。

・絵本としての評価が定まるには一定の期間が必要であることに鑑み、初版から20年以上を経た絵本であること。

・3歳児以降は、「環境」領域への考慮から各年齢一冊ずつ科学絵本を取り入れた。

・選定にあたっては、保育の実践報告を参考にしたほか、次の書籍も参考にした。

　『瀬田貞二 子どもの本評論集』（瀬田貞二 福音館書店 1985）

　『絵本のよろこび』（松居直 ＮＨＫ出版 2003）

　『私たちの選んだ子どもの本』（東京子ども図書館 1991）

　『子どもの本のリスト』（東京子ども図書館 2004）

　『えほん 子どものための 500 冊』（日本子どもの本研究会 一声社 1989）

　『えほん 子どものための 300 冊』（日本子どもの本研究会 一声社 2004）

　『絵本の庭へ』（東京子ども図書館 2012）

第 1 章

0・1歳児の絵本

～共感のよろこび～

0・1歳児の絵本　～共感のよろこび～

「いないいないばあ」
「ばあ」のところで、
読み手の大人と顔を見合わせてにっこり。
共感のよろこびが広がります。

「おつきさまこんばんは」
表情豊かなお月様が雲に隠れて
またでてきます。ストーリー性のある
いないいないばあ遊びの絵本。

「どうぶつのおやこ」
動物の親子の表情が豊かな、
文字のない絵本です。
子どもの反応に応答的に言葉を添えて
楽しめます。

「かおかおどんなかお」
たのしいかお、かなしいかお、
いろいろな表情が登場します。
大人の表情を参照するようになる時期の
子どもたちの興味をひきつけます。

「じゃあじゃあびりびり」
はじめての絵本に適した、
リズムのあるオノマトペの文と、
視力が未発達な乳児にもわかりやすい
はっきりとした色彩。

「がたんごとんがたんごとん」
がたんごとんのリズムにのせて、
簡単な起承転結のある物語です。
安定の中に変化が楽しめます。

「でてこいでてこい」
次々にでてくる生き物たちの
動きと言葉がおもしろく、
探索意欲が旺盛な子どもたちをひきつけます。

「くだもの」
「さあどうぞ」の語りかけに、
イメージを共有するよろこび。子どもたちは
絵本の果物を美味しそうに味わいます。

「ころころころ」
色玉たちの冒険が、
イメージ豊かに描かれる感性の絵本。
始点と終点には安定感があります。

「ねこがいっぱい」
大きいねこと小さいねこなど
対比概念がわかりだす頃の
子どもたちの理解を、
スタイリッシュな絵の表現が支えます。

「おふろでちゃぷちゃぷ」
あひるに誘われて、
早くお風呂に入りたい男の子は
一人で洋服が脱げました。
絵本の世界が生活を彩ります。

「いただきまあす」
マナーよりまず食事への意欲。
「どうすればいいのかな?
てでたべようっと」
自分で食べるよろこびにあふれています。

自分―相手―物の三者の関わり

　６ヵ月頃までの赤ちゃんは、おもちゃをさわって遊んでいるときはおもちゃだけを見つめ、大人と遊んでいるときはその人だけに注意をむけています。けれども、９ヵ月から10ヵ月頃になると、何か興味のあるものを見つけると、すぐにさわらないで大人の方を振り返ったり、それをもってきて大人に見せたりするようになります。それまで自分と物、自分と相手、の二者の世界に生きていた赤ちゃんが、自分―相手―物、という三者の関わりを認識するようになるのです。ですから、この頃になると赤ちゃんは、絵本の楽しみを読み手の大人と共有して喜ぶようになります。また、まわりの物や人への興味が高まり、探索活動が活発になります。やがて、身近な大人との関係の中で自分の意思や欲求を身振りなどでつたえようとし、自分に向けられた気持ちや簡単な言葉も少しずつわかるようになります。わらべうたや絵本などで、身近な大人と楽しさを共有する体験は、赤ちゃんと大人の愛着を形成し、今はじまったばかりの赤ちゃんの人生の揺るがない根っこを形成していくでしょう。

指さしは言葉の前の言葉

　９ヵ月から10ヵ月頃になると赤ちゃんは、指さしをするようになります。指さしは、自分の欲求や興味など、様々なこころの動きを大人に何とかして伝えようとする気持ちのあらわれです。ですから言葉の前の言葉としての指さしにていねいに応えることは、大切なコミュニケーションです。また、一語文を話すようになった赤ちゃんの、「ブーブー」や「マンマ」には、「ブーブー来たよ」「マンマ食べたい」と、様々な意味が含まれています。その意味をくんで、代弁したり、応答的に関わったりすることで、言葉の力のみでなく、大人との情緒的な絆が深まります。この時期、身近な物の絵本や、擬態語などによるリズミカルな言葉が楽しい絵本が、子どもたちの興味をひきつけます。

主体性の育ち

　１歳を過ぎる頃には歩き始めることで、子どもたちの手指の動きはますます活発になり、言葉を話すようになることで、身近な人や身の回りの物に働きかける意欲を一層高めていきます。自分の意思を親しい大人に伝えたいという欲求もが高まり、指差し、身振り、片言などを盛んに使うようになります。

　一方この時期は、何かにつけて「イヤ！」を連発することもあり、なかなか大変です。けれどこれは、健全な発達として、主体性が育ってきた証拠でもあります。やがて１歳６ヵ月頃になると、少しずつ自分の気持ちを立て直す力もついてきます。幼いながらも、周りの状況に目を向けだし、「これができないなら、こうしようかな・・・」と思い始めるようになります。そうした力を養うためには、自分の感情に共感してもら

う経験によって生まれる気持ちの余裕も必要です。さまざまな実体験とともに、大人といっしょに共感しながら絵本を楽しむ体験は、そのような力を育て発達の階段を昇る子どもたちを応援します。

イメージのひろがりと、二語文の獲得

　絵本に描かれた食べ物の絵を、本物の食べ物に見立てておいしそうに食べたり、砂場の砂を食べ物に見立てたり、子どもたちは、遊びの中で、実際にはないものをイメージして、思い浮かべながら遊ぶことができるようになります。また、2歳頃には、「ニャンニャンきた」「マンマほしい」などの、二語文を獲得していきます。このように象徴機能が発達し、言葉を獲得していくこの時期、絵本の体験が、子どもたちのイメージと言葉を豊かに育みます。

手遊びと絵本の違い

『いないいないばあ』

松谷みよ子文　瀬川康男絵
童心社　1967

　いないいないばあ遊びは、もともと手遊びですね。ですから、わざわざ絵本を使わなくても、身近な大人が実際に手遊びをしてあげればよいのではないか、という考え方もあるでしょう。この、昔からある手遊びを、絵本で表現する必要性とは何なのか、あらためて考えてみたいと思います。実は、一見同じに見える2つの遊びは、その本質は全く違っているのです。手遊びは、大人と子どもの二者の関係ですが、絵本は大人と子どもと物という三者の関係です。絵本では、子どもたちは、読み手である大人といっしょにその絵本の世界を楽しみます。「いないいなーい」（出てくるかな〜）「ばあ」（あっ出たー　出てきたね。よかったね。面白かったね。）絵本のいないいないばあ遊びは、共に楽しむ「共感の体験」です。これに比べて、身近な大人が実際に自分の顔を隠して行ういないいないばあの手遊びは、大好きな人が一瞬目の前から見えなくなる、でも次の瞬間また現れる。これは遊びとはいえ、赤ちゃんにとっては、不安と安心との交錯する体験です。しかし、このような遊びを通して子どもたちは少しずつ

対象物の永続性を理解するようになっていくのです。ですから、4～5ヵ月頃からいないいないばあの手遊びで遊び、人―物―自分という三者の概念を獲得する9ヵ月頃から絵本の『いないいないばあ』を大人といっしょに楽しむというのが赤ちゃんのころによりそっていて、発達にあっているのではないかと思います。両者は質の違ったものであり、手遊びをすれば絵本はいらない、あるいはその逆ではなく、どちらも赤ちゃんに必要な体験なのです。

『いないいないばあ』は、赤ちゃんがはじめて出会う絵本のロングセラーです。子どもたちはこの絵本を通じて、様々な姿をみせてくれます。「いないいなーい」のところで、いかにも期待しているという顔でじーっと聞いている表情や、ばあのところで、「きゃっきゃっ」と喜ぶ姿、少し慣れると「ばあ」のところを大人といっしょに言いながら楽しみます。ちょこんとお座りして自分でページをめくりだすようにもなります。多くのブックリストにあげられるこの定番絵本が、子どもたちのこころをひきつける理由について考えてみたいと思います。

この絵本は、「いないいない」の場面と、「ばあ」の場面の二場面構成で展開していきます。登場するのは、ねこ、くま、ねずみ、きつね、そして子どもの、のんちゃんです。1ページ目に、まずねこが登場します。

いない　いない　ばあ
にゃあにゃが　ほらほら
いない　いない………

文で、「にゃあにゃ」と表現されていますし、絵にも耳やしっぽ、ひげなど猫の特徴がわかりやすく表現されていますから、子どもたちには、すぐにこれは猫だとわかるでしょう。続く二場面目で、猫の顔が「ばあ」と登場します。一場面目は左に絵、右に文ですが、左ページをめくるとその裏が猫の絵になっていますから、今度は猫は右に現れます。

実は、ここには工夫がみられます。もしも、二場面目も、猫の絵が左ページに描かれていたら、ページをゆっくりめくると、途中で聞き手の子どもには、同時に猫が2匹見えてしまう一瞬があります。けれども、この絵本のように一場面目の猫の絵の裏

に二場面目の絵が描かれていれば、完全にページをめくるまでは、子どもに次のページの猫の姿が見えることはありません。子どもたちは、大人に読んでもらったあとに、夢中になって自分でページをめくる姿がよく見られますが、こんな時も、猫が2匹見えることがないために、しっかり「いないいないばあ遊び」が成立します。ちょっとしたことですが、聞き手である幼い子どもたちへの配慮が感じられます。

　次に登場するくまも、同じスタイルですが、3匹目のねずみでこの表現は、変化を見せます。小さなねずみはカゴの中にかくれていて、頭だけを出しています。文章も問いかけるような文章です。

　　　いない　いない　ばあ　こんどは　だれだろ　いない　いない…

　これは「問い」というよりは、読み手と聞き手の、応答的な関わり合いという意味あいや、子どもたちに満足感をもたらす効果であるように思います。このねずみは、絵本の最初の見開きのページですでに登場していますから、子どもたちは「あっ知ってる！」と思うでしょう。そうでなくても、1回読んでもらえばおぼえてしまいますね。次の場面で、ねずみはカゴから全身をあらわして、小さな手をいっぱいに広げて登場します。このねずみの場面で一連の流れにアクセントが入ります。いわばねずみのページは、起承転結のゆるやかな転の役割となっているのです。これは物語のスタイルですから、そう考えるとこの可愛いはじめての絵本も、将来の読書へと確かにつながっているのだと思われます。このあと、もう一度きつねのページでは、猫やくまと同じスタイルが繰り返されます。アクセントのあとの安心感です。

　そして最後のページです。このページだけは、それまでと大きくスタイルが変わります。見開き1ページで、「いないいない」と「ばあ」が同時に表現されるのです。右ページすみにやや小さめに顔をかくした子どもの姿、左ページに同じ大きさで両手を広げて顔を出した同じ子どもの姿です。

　　　こんどは　のんちゃんが　いない　いない　ばあ

　この場面は、「のんちゃん」のところを、絵本を聞いている子どもの名前にする方もおられるかもしれませんね。ここは、これまでの二拍子表現と違って、一場面で完結するあっさりした表現になっています。動物たちと比べて身体の大きさもちいさめで、「のんちゃん」は、男の子にも女の子にも見え、性別も断定されていないようです。のんちゃんのページを少し控えめに表現することは、子ども自身がこの絵本に自分を重ねたり、今度は自分がやってみよう、と思う気持ちにさりげなくつながるように思います。

絵本を読んでもらった赤ちゃんたちは、その楽しい体験をちゃんとおぼえています。その証拠に、部屋のすみの赤ちゃんが手の届くところに絵本をおいておくと、それをハイハイをしてとりにいき、絵本をもって「あ・・あ・・」と言いながら、読んでくれた大人の顔をじーっと見るのです。まだ言葉を話すことができない赤ちゃんが、まるで「この絵本おもしろかったね。もう1回遊ぼうよ！」と言っているようです。絵本が形ある「物」であることが、赤ちゃんが自分の意思を伝える助けとなります。

＼ 見えなくても、あるんだよ！ ／

『おつきさまこんばんは』

林明子作
福音館書店　1986

『おつきさまこんばんは』は、屋根の上から出てきたおつきさまが、雲に隠されてまた出てくる、といったシンプルな内容で、出てくる→かくれる→また出てくる、という一連の流れが楽しい絵本です。これも、一種のいないいないばあ遊びであり、見えない物も存在することを子どもたちが確認できるという楽しみもあります。濃紺の夜の空と、黄色く輝くおつきさまのコントラストによって、出る―隠れるの動きは、いっそう鮮明です。赤ちゃん絵本のコーナーに並ぶ多くの絵本が、淡い暖色を基調にした中で、この絵本の、落ち着いた濃紺を背景に黄色と白に輝くおつきさまが描かれる表紙は特徴的です。大人から見ると、第一印象は「ちょっと暗いかな」と思われるかも知れませんが、子どもたちに読んでみるとこの絵本はとても好評です。小さい子はどういうわけか、ボールなど丸いものや、光るものが好きなので、まず表紙が、子どもたちの興味をひきつけるのでしょう。

表紙を開いてタイトルページ。このページの背景だけは濃紺ではなく灰色がかった青色です。一軒の家が描かれますが、明かりは灯っていません。夕方と夜の間の時間なのでしょう。このページが、まるで劇が始まる前の緞帳のような役割をして、これからはじまる物語への期待を高めます。ページをめくって、さあ幕があきました。日はとっぷりと暮れ、画面は濃い夜の色になり、家にはスポットライトのようにまぶしい明かりが灯ります。画面には2匹の猫。この猫が全編を通して、目撃者として、子

どもたちの気持ちをシルエットによる巧みな動きで代弁することとなります。

　2ページ目でいよいよ主役の登場です。明るく輝くおつきさまが家のうしろから姿をのぞかせます。目を閉じてゆっくりと昇ってくるおつきさま。主役はちょっともったいぶったくらいがちょうどいいですね。4ページ目にやっと、まるで眠りから目覚めたように、目をぱっちりと見開いたおつきさまの全体があらわれます。

おつきさま　こんばんは

　シンプルで美しく、喜びに満ちた場面です。ところが、そこにおつきさまを覆い隠してしまう大きな黒雲が画面左から右へと向かってあらわれます。悪漢登場といったところでしょうか。おつきさまの困った表情。それでもとうとう雲はおつきさまをかくしてしまい、雲の周りからおつきさまの光だけがぼんやりと雲の輪郭を縁取っています。背中の毛を逆立てて怒る2匹の猫。

くもさん　どいて　おつきさまの　おかおが　みえない

　しかし、心配をよそに雲はあっという間に画面右手に流れていってしまい、おつきさまの顔が無事にでてきました。

ごめん　ごめん　ちょっと　おつきさまと　おはなし　してたんだ
では　さようなら　また　こんど

　よかった。おつきさまは、満面の笑みをたたえています。「おつきさまこんばんは」「くもさんどいて」と、語る文は、子どもたちの気持ちをそのまま表現しています。それに対して、雲が会話をするように「ごめんごめん…」と答えます。恐

いと思った黒雲ですが、この言葉は子どもたちを安心させます。

　子どもたちにとって、おつきさまはよほど魅力的な存在であることは、『つきのぼうや』注①『パパ、お月さまとって！』注②など、絵本の中にたくさんおつきさまをテーマにしたものがあることからもよくわかります。おつきさまは丸くて、大きくて、光っていて、恐い真っ暗の夜を照らしてくれます。満ち欠けするのも不思議です。そして、自分が歩くとおつきさまもついてくるというのもまた、自己中心的な世界に生きている幼い子どもたちにとってうれしいことでしょう。この絵本は、短かくシンプルな内

容ですが、起承転結があり一連の物語性があります。1歳前後から楽しめますが、はじめはおつきさまだけに注目していた子どもたちが、何度も読むうちに猫の動きに気づくようになるなど、月齢を重ねるに従って新しい発見と楽しみがあります。

注①『つきのぼうや』(イブ・スパング・オルセン作・絵　山内清子訳　福音館書店　1975)
注②『パパ、お月さまとって！』(エリック・カール作・絵　もりひさし訳　偕成社　1986)

指さしからはじまる言葉の発達

『どうぶつのおやこ』
薮内正幸画
福音館書店　1966

　指差しは言葉の獲得のために大事な姿です。個人差はありますが、おおよそ9ヵ月をすぎた頃から、興味のあるものを見つけては指さしをするようになります。また、大人が「ワンワンよ」「ブーブーよ」と言って指し示すとそちらへ視線を向けます。こうしてコミュニケーションができるようになると、大人の方も、今まで気がつかなかったちょっとした季節のうつろいに気がつくこともできて、子どもと一緒にお散歩するのがいっそう楽しくなってきます。

　赤ちゃんは、自分が見つけたものを指さしによって大人に伝えたり、大人が見つけたものを一緒に見つめたりすることで、自分のまわりのいろいろな物を認識しながら、世界というものを発見していきます。毎日が新しい発見で、赤ちゃんの心の中はきっとワクワクした喜びに満ちていることでしょう。また、子どもの指さしには、単に「こんなの見つけたよ」とか「あれはなに？」という意味だけでなく、例えば大好きな自動車を指さしたときには「かっこいいなぁ」「速いなぁ」、犬や猫を指さしたときには「可愛いなあ」「ちょっとこわいなぁ」と、気持ちも伝えています。ですから、子どもの指さしに、ていねいに関わることは、こころの交流であり、言葉を獲得するまえの大切なコミュニケーションとして欠かせません。指さしへの応答が十分に満たされていない環境にあった子どもたちが、発達の面で困難に直面する場合があることは、日本小児科学会のこどもの生活環境改善委員会や、保育の現場でその問題点が指摘されてき

ました。

　このように、言葉は人と人との関わりの中で経験を通して獲得されますから、カードで物の絵を見せられて、物の名前をいくらたくさん教え込まれても、そこには経験に基づいたイメージの裏付けがないため、子どもたちは、それだけでは言葉を習得することは難しいでしょう。また、テレビなどから流れてくる英語の映像だけ見ていても、それがいかに美しい英語の発音であっても、それだけで英語を話せるようになるのは難しいでしょう。テレビは子どもと目を合わせませんし、指さしにも決して答えてくれません。目を合わせることは、こころを合わせること。こころの発達、言葉の発達には、応答的な人と人との関わりが必要です。

　『どうぶつのおやこ』は、文字のない絵本です。しかし、この絵本は子どもたちの心の中に、豊かな言葉を育みます。各ページに描かれる薮内正幸の動物の親子の絵は、どれも、写実的で本物にそっくりなのですが、その表情がとても豊かであたたかみがあります。動物の動きが、その動物の生態や暮らしをよくとらえていて、一瞬の中にも動きがあり、ストーリーが感じられます。例えば、表紙の絵は子どもたちにもなじみのある猫ですが、少し高いところを見上げるお母さん猫のそばで、お母さん猫のしっぽに、2匹の仔猫がじゃれて遊んでいます。耳をやや前に倒して、いたずらっぽく、そしてちょっと用心しながら、じっとしっぽをみつめる様子は、仔猫がよく見せる仕草そのままです。この絵を見ながら赤ちゃんの身近な大人が、赤ちゃんの知っている経験に合わせて、自由に言葉をつけるとよいと思います。「しっぽで遊んでるね」「この猫は、おとなりの猫と同じ色ね」一語文を話しはじめる1歳前後の子どもたちは、猫やニャンニャンという言葉と、実際の猫、そして絵の猫が一つのイメージでつながってきます。ですから、言葉を覚え始める子どもたちには、可愛らしく戯画化された絵より写実的な絵の方がわかりやすいのです。

　身近な動物からはじまるこの絵本には、サル、クマ、カバ、キリン、ライオン、そしてゾウと、動物園で子どもたちに人気の動物たちも登場します。特にキリンのページは、キリンの首の長さを強調するために、縦にページが使われて迫力があります。絵本のちょうど真ん中に、このキリンのページがあることも、一見単調な流れに変化を生み、子どもたちはおしまいまで飽きることがありません。

　この絵本は、子どもたちが長く楽しむことができる絵本です。はじめは大人の言葉

を聞いている子どもたちですが、そのうちに動物たちを指さすようになり、片言を話し始めます。やがて、2歳になれば自分であれこれと表現するようにもなります。「くまさん、どっか行って怒られた」、このページのくまの様子は本当にそんな感じです。自分の経験に重ねているのでしょう。「オサルのお母さんどっち？」、確かに、オスザル1匹にメスザルは2匹です。このように、子どもの発見がたくさん見られて、とても面白いのです。

　言葉のない絵本は、どうやって読めばいいかな、と戸惑ってしまう面もあるかも知れませんが、身近な体験や、そのときに感じたことを言葉にして、自由に子どもに語って、一緒に楽しめばよいと思います。この絵本には、お話が自然にたくさんでてくるように、絵が語っていて、たくさんのストーリーが内包されています。子どもたちも、自分の身近な経験をもとに、動物たちの姿から様々にイメージすることができるでしょう。子どもたちは動物の子どもに自分の姿を重ねますから、どの動物も親子で描かれていることが、子どもたちを安心させます。

大人の表情を手がかりにする

『かおかおどんなかお』

柳原良平作・絵
こぐま社　1988

　生まれたばかりの赤ちゃんは、まだ目があまりよく見えず視力にすると0.02から0.05位だといわれています。まわりがぼんやりと見えている程度で焦点が合うのは自分から30cm〜40cmほどの距離だということです。この距離は、赤ちゃんがお母さんに抱っこされて見上げたときの、ちょうどお母さんの顔までに相当する距離です。赤ちゃんは、生まれるときに、ちゃんとお母さんの顔がよく見えるように生まれてくるのですね。驚きとともに、あらためて赤ちゃんが何とも愛おしく感じられます。赤ちゃんはおっぱいの栄養だけでなく、目を見て言葉をかけてもらうことで、心も満たされ心身が健やかに育ちます。

　さて、10ヵ月頃になると、赤ちゃんは、大人の表情を参照して、自分の行動の判断の基準にするようになります。もしも、この時期に、自分を見つめてくれる優しい

表情がなかったら・・・赤ちゃんは、表情を手がかりにすることができず、危ないものか安全なものか判断することができないので、とても不安になるでしょう。赤ちゃんにとって、まわりの大人の表情はとても大切で、だからこそ赤ちゃんは、「顔」に強く興味をひかれるのでしょう。

『かおかおどんなかお』には、実に14種類のさまざまな表情が描かれます。ちょっと多いのですが書き出してみましょう。

　楽しい顔　悲しい顔　笑った顔　泣いた顔　怒った顔　眠った顔　たくましい顔
　困った顔　甘ーい顔　辛い顔　いたずらな顔　すました顔　いい顔　さよならの顔

　表情を表わす言葉にも、いろいろあるものだと感心します。この絵本は、子どもたちに、その言葉のイメージがよりわかりやすいように、顔の輪郭と色で表情とその感情を表現します。泣いた顔は、涙型の輪郭の水色の顔ですから、顔全体で泣いているようですし、甘ーい顔の輪郭は波型にゆらゆらとしていて今にもとろけそうです。ページ毎に変わる顔の輪郭の変化や、色の変化は、子どもたちを飽きることなく楽しませてくれます。

　また、楽しい、悲しいなどの、感情を表わす顔だけでなく、「たくましい顔」「すました顔」など、個性を表わす表現も登場しますので、幼い子にはその概念はやや難しいかも知れませんが、この絵本の表現は子どもたちの記憶に残っていて、やがてその意味が理解できるようになった時に、その絵が言葉のイメージを助けてくれることでしょう。

赤ちゃんはオノマトペが大好き

『じゃあじゃあびりびり』
まついのりこ作・絵
偕成社　1983

　赤ちゃんが、1歳前後になって初めて一語文を話しだすとき、それはどんな言葉でしょうか。おそらく、「マンマ」「ブーブー」「ニャンニャン」「ワンワン」など、繰り

返しのあるオノマトペがほとんどでしょう。（日本語では、擬態語、擬声語、擬音語など、音の発生源によって表現が違うので、ここではまとめて英語のオノマトペを使うことにします。）オノマトペは、リズムがあって、言葉の響きとして面白いし、2回繰り返すのは赤ちゃんにとって言いやすいのかも知れません。大人も赤ちゃんに話しかけるときに、自然に「ニャンニャンがいるよ」「ほら、ブーブーきたよ」と、オノマトペを使います。確かに「猫がきた」「自動車がきた」というより、子どもに伝わりやすいような気がしますね。子どもの好きな言葉の響き、発音しやすい音というのを、世代を通じて伝承してきたのでしょう。

　『じゃあじゃあびりびり』は、物の名前とオノマトペでできている絵本です。タイトルのじゃあじゃあびりびりは、水の音と紙を破る音という、子どもたちが大好きな遊びの音です。1ページにひとつずつ、身近な物がはっきりとした色で描かれ、その物の名前とオノマトペの文がついています。

　声に出して読んでみると、ぶ、びの濁音、ぷの半濁音、にゃ、じゃの拗音に、ぷっの促音便、また長く伸ばして発音する音など、この絵本には日本語に出てくるほとんどすべてといってよい発音が登場しています。この絵本で、子どもたちは母国語を習得していく上で必要なさまざまなバリエーションの発音の仕方を、耳で聞くことができます。子どもたちは、やがてそれをまねて自分でも声にだすようになるでしょう。日本人が苦手な英語のLとRの発音なども、英語を母国語とする子どもたちはこんなふうに小さい頃にその言語特有の発音をまさに「母の言葉」として直接何度もきいておぼえるため、難なく発音できるのでしょう。

　発音の多様さとともに、この絵本は字にも工夫がされています。字が絵をじゃまするのではなく、字が自然に絵の中に図案化されて入っているのです。じどうしゃのページの字は、走り去る自動車の排気ガスのような位置に自動車のライトと同じ赤い色で字が書かれています。犬のページは、吠えている犬の口からワンワンと字がななめに飛び出しています。紙のページではひきさかれた紙片のように字があちらこちらへちらばり、赤ちゃんの泣き声はあーん、の真ん中の横線がだんだんながくなることで、声がだんだん大きくなっている印象を与えます。色もくっきりと鮮明です。さらに、この絵本の特徴はもうひとつ、14cm四方の小さなサイズの厚紙でできているボードブックで、角が丸くトリミングされていることです。これは、赤ちゃんが自分でパラパラと見て楽しんだり、持ち歩いたりするのに適しています。

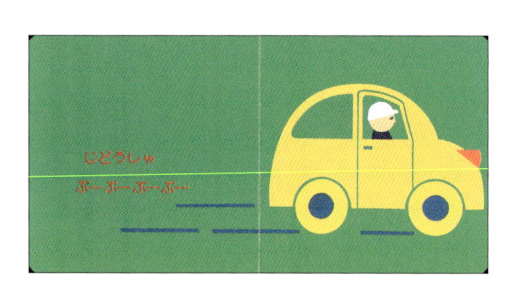

かんたんな起承転結の登場

『がたんごとんがたんごとん』

安西水丸作

福音館書店　1987

　『がたんごとんがたんごとん』も、前出の『じゃあじゃあびりびり』と同じくオノマトペによる言葉の響きが子どもたちをひきつける絵本です。さらにこちらは、オノマトペの楽しさをベースにしながらも、加えてさまざまな要素が含まれています。まず、全体を通してストーリーがあります。物語は、１台の機関車が３台のカラの貨車を引いている場面から始まります。機関車は真っ黒で、眉、目、口と白い線でシンプルな顔が描かれています。画面の下５分の１が緑一色に塗られており、上は白です。緑と白の境界が基底線となり、線路を表わします。デザイナーでありイラストレーターである作者の洗練されたデザインが感じられます。オノマトペによる「がたんごとんがたんごとん」という心地よい響きを伴奏に、「のせてくださーい」「しゅうてんでーすおりてください」「さようなら」と、会話の言葉がまるで主旋律のように表現されます。

　はじめに、哺乳瓶がやってきます。哺乳瓶は、３台ある貨車の一番後ろに乗りました。貨車を乗せた汽車の全景が絵本の中心に描かれ、がたんごとんがたんごとんと、汽車は走り続けます。次のページでは、同じように「のせてくださーい」と、コップとスプーンが登場し、２台目の貨車に乗ります。次にリンゴとバナナです。この２つは、先頭の貨車に乗りました。満員になった汽車が走ります。するとそこに、またお客さんがやってきます。「のせてくださーい」今度は、猫とネズミです。もう、乗るところがありません。子どもたちはどうしようと心配になります。その気持ちは汽車の表情にも表され、汽車は口をへの字にして困っています。これが物語の転です。ところが、猫とネズミはなんと、機関車の上に乗りました。２匹で万歳をして楽しそうです。汽車もニコニコ顔になりました。

　　しゅうてんでーす　みんな　おりてください

　汽車が着いたのは、エプロンをしてハイチェアーにすわり待っている女の子のテーブルです。楽しいおやつの時間です。猫とネズミも女の子と一緒にテーブルについ

ています。がたんごとんと走り去る汽車。物語は「のせてくださーい」「しゅうてんでーす」など、せりふの表現のみによって展開します。その物語に、言葉ではなく絵で「もう貨車はいっぱいになったから猫とネズミが乗る場所がないよ。どうしよう。」と、変化がもたらされます。幼い子どもが無理なく楽しめる文と絵によるスタイルの中に、絵本ならではの楽しい要素が含まれています。

色・形・音・動きを楽しむ

『でてこいでてこい』

林明子作

福音館書店　1995

　『でてこいでてこい』には、複合的に楽しい要素が含まれています。まず、いないいないばあのような、隠れているものが出てくる、という遊びの要素です。しかし、いないいないばあ遊びと違うところは、何が出てくるかはじめは予想がつかないところです。『いないいないばあ』（松谷みよ子文 瀬川康男絵 童心社 1967）は、「にゃあにゃがほらほら」と言葉でも、絵でも、顔を隠しているのが猫であることがすぐにわかります。けれども「でてこいでてこい」の1ページ目には、緑色の鮮やかな葉っぱが一枚描かれているだけで、文は次のような文です。

　　だれか　かくれてるよ　でてこい　でてこい

　このページだけでは、何がかくれているか全くわかりません。ページをめくると、緑の葉っぱから元気に跳びだすカエルの絵。ここで始めて「あーカエルが出てきた」とわかります。このページでは、跳びだしたカエルとともに、もともとあった緑の葉っぱには、カエルが座っている姿が切り抜いたように白く描かれます。まるで、葉っぱから本当に、カエルが跳びだしたかのようです。しかも、出てきたカエルと葉っぱの

カエルは、ぴったり収まる同じ形ではなく、動きがあります。葉っぱのカエルがじっと座っている姿なのに対し、跳びだしたカエルは手足を伸ばしてジャンプしている姿です。このページの文は、「げこ、げこ、げこ」というカエルのなき声だけです。カエルという言葉は文では表現されません。しかし、カエルを知っていれば子どもたちは、「あ、カエルだ」とすぐに思うでしょう。また、カエルという言葉を知らなくても、子どもたちはどこかで名前を知る機会を得たときに、すでにこの絵本で出会っていますから、「ああ、それ知っている！緑の葉っぱから出てきたのだ！」とまるで自分が体験したように思い出すでしょう。あえて名前を明記しないことで、かえって、その生き物の形や動きが印象的に伝わります。実際のカエルも、自分の体と同じ緑色の葉っぱにじっとすわっていることがよくありますが、跳ぶときには「カエルです」なんていわずに、げこげこげこ、となくわけですから、この絵本での生き物との出会いは、図鑑で名前を覚えるのと違って、本物の生き物に出会ったときの驚きと興味を伴った体験に近いのではないでしょうか。こうして次々に印象的な色と形から、生き物が登場します。

　白を背景に描かれる色々な形と色。それらは幼い子の目にもわかりやすく、くっきりと描かれます。さらに、そこから現れる動物たちの姿と、そのシルエットは、子どもたちに「ここにいたのが、こっちに出てきた」という、動きや、時間の経過を認識させてくれます。それぞれの動きを表現する擬態語や擬声語は、げこげこ、ぴょんぴょんなど、リズミカルで、幼い子が好む音の響きです。何度か読んでもらった子どもたちは、すぐにどの色、どの形から、どんな動物がどんな音で出てくるか憶えてしまいますから、この絵本には、予想通りに展開していく絵本としての楽しみもあります。

ファースト・ブックとしての『いないいないばあ』から発展した次のステップとして、色・形・音・動きを楽しむ、いないいないばあ絵本です。また、最後のゾウとアリは２歳頃に意識する「大きい⇔小さい」などの対比の表現へとつながります。

イメージが行きかう喜び

『くだもの』
平山和子作
福音館書店　1979

　言葉をおぼえはじめて、「マンマ、ホチイ」など、可愛いらしい二語文をしゃべり始める子どもたちは、「はい、どうぞ」「ありがとう」など物を介した、大人との会話のやりとりをとても喜びます。この時期になると、身近な物を何かに見立てて遊ぶということもできるようになりますから、遊びの中で、もぐもぐと食べるまねもするようになります。言葉をおぼえ、象徴機能が発達することで、人や物との関わりがいっそう楽しくなる1歳3ヵ月〜2歳頃にかけて、子どもたちの世界は、大きく豊かに広がります。

　そんな時期の子どもたちにぴったりの絵本が、『くだもの』です。おいしそうな果物が、本物そっくりに描かれています。果物はただ図鑑の様に絵と名前が羅列されるのではなく、見開きの左ページには、丸ごとの果物とその名前、右ページにはその果物をすぐに食べられるように切って差し出す手とともに「さあ　どうぞ。」の言葉がそえられています。そのために、この言葉に応えるように、また美味しそうな果物とあたたかみのある手の表情に誘

われて、子どもたちは思わず絵本に手をのばして、美味しそうに食べるまねをします。

　一見単調な繰り返しのようなこの絵本には、導入とおしまいに工夫があります。はじめに登場するスイカだけは、見開き全ページが使われます。ページからはみださんのばかりの迫力でドーンと登場するスイカに子どもたちはまずびっくりします。次の場面には大きく切った赤いすいかがお皿にのって描かれ、スプーンも添えられて「さあ　どうぞ。」、この印象的なはじめのスイカの登場で、子どもたちはこれから展開される絵本の世界に興味がひきつけられていきます。

　そこからは、見開きの左にまるごとの果物、右に切った果物と「さあ　どうぞ。」のスタイルが続きます。もも、ぶどう、なし、りんご、くり、かき、みかん、いちご、と美

味しそうな果物が次から次へと登場します。はじめの、スイカ、もも、ぶどうまでは、お皿にのっていますが、なし以降は、やさしい表情の手がフォークにつきさした果物を直接さしだしていて、だんだんと、より親しみのある表現となっていきます。そして、最後に登場するバナナだけは、三場面が使われます。一場面目にバナナが一房描かれます。次の場面は一本のバナナを差し出す手と、「さあ　どうぞ。ばななのかわむけるかな？」の文。最後の場面ではバナナをむいて得意そうな幼い女の子と、「じょうずにむけたね。」の文です。

　このバナナのページには、子どもたちがやがて２歳になり、自立の階段を上がりだす、その成長へのエールが感じられます。差し出された一本のバナナは、ただ無造作に房からもぎりとられたのではなく、上の部分が包丁でカットしてあり幼い子にも皮がむきやすい状態に配慮されています。少女はバナナの方は見ず、「ほら、見て！あたし自分でできたよ」と言わんばかりに、得意そうな顔でこちらに視線を向けています。子どもができる頃を見計らって、やらせてあげることでその成長をさりげなく応援する大人の姿が感じられます。

　この絵本に繰り返し登場する、「さあ　どうぞ。」の言葉は子どもたちの遊びの中にすぐに再現されていきます。絵本の絵を本物に見立てることは、見立て遊びとしてはどの子にもイメージしやすい簡単な遊びですが、この絵本がきっかけとなって、積み木や花はじきなどのおもちゃが、子どもたちの遊びの中で、美味しい食べ物となっていきます。

　『くだもの』は、子どもたちが果物の名前を知る言葉の絵本といった側面もありますが、それよりも、この絵本がこの時期の子どもたちをひきつけるのは、応答的な言葉のやりとりの楽しさや、食べるまねを楽しむことと、そこにイメージを共有する喜びがあるからだと思われます。このような、物を仲立ちにした言葉のやりとりによる対人関係の経験や、象徴機能の発達は、２歳以降に育まれる社会性の基礎となっていきます。

物語のはじまり

ころころころ

『**ころころころ**』
元永定正作
福音館書店　1982

　1歳から2歳の時期、子どもたちの発達の大きな特徴は、なんといっても歩けるようになることです。それは子どもにとって大きな喜びであり、子どもたちの世界に大きな変化と広がりをもたらします。目線が高くなることで、視界が開け積極的にいろいろなことをやってみようとするようになります。手もますます自由に使えるようになり、その機能も発達します。指先で、つまんだり、ひっぱったり、物の出し入れをしたり、手や指を使う遊びへの興味も高まります。

　子どもたちに人気のおもちゃに、シロフォン付き玉の塔というおもちゃがあります。小さな穴にいろいろな色の玉を入れて、木の坂道をコロコロと転がして遊ぶおもちゃです。転がった玉は最後にシロフォンの上を転がり、ソファミレドと美しい音色を奏でます。子どもたちは、飽きずに何度も繰り返し玉を入れて、玉の動きを見つめて楽しみます。このおもちゃは、手指の器用さや、手と目の協応性を育てるとともに、予想通りに玉が転がるという点で子どもに精神的な安定をもたらすといわれていますが、そういう教育的な効果もさることながら、この時期の子どもたちは、とにかく玉やボールなど、転がるものが大好きです。

　『ころころころ』は、タイトル通りころころころ…と玉が転がる音と、カラフルな色玉の転がる様子が描かれた絵本です。「ころころころ…」の軽快な音とともに、小さな色玉が、様々な種類の道を一列になって転がっていきます。階段は昇りから下りになり、やがて赤い道やでこぼこ道へと、道はページをめくるごとに、様々に変化していきます。上り坂があるかと思えば、いきなり断崖絶壁から落ちてしまい、嵐の道では道の上にいることさえできず、風に宙を舞っています。それでも、玉たちは並んでひたすら転がり続けます。ある時は、ふわふわと気持ちようさそうに雲の上もすすみます。最後は、すべり台を転がって大きな弧を描き、そして終点です。

　この絵本の大きな特徴は、文のほとんどが、ころころころの擬態語だということで

す。声に出してみると、この音は軽快でリズムがあり、耳に心地よい響きです。「こぉこぉこぉ」と可愛らしくまねをする姿もあります。

　もう一つの特徴は、絵の色彩がはっきりとして美しく、ページをめくるごとに印象的な世界が広がるということです。一列に並ぶ色玉はどのページにも登場し、急に消えたりはしないので、子どもたちに不安を与えるということはありません。玉はもちろん動きませんが、聞き手には玉はページの左から右へ進んでいるように感じられます。始点と終点は、玉が転がり落ちることのないように、赤ちゃんの目をひく鮮明な赤で、安定感のある形がしっかりと受け止めてくれるので安心感があります。ころころと転がる玉はまるで、子どもたち自身がさまざまに行動範囲を広げていくように、色々な場所を冒険します。この時期の子どもたちは、探索活動が活発になると共に、実際に目の前にはない場面や事物を頭の中でイメージすることができるようになりはじめる子どもたちです。子どもたちは色玉といっしょに山を、雲の上を、すべり台を楽しみます。

　この絵本は、ころころころという簡単な言葉だけで表現されていますが、ひとつの物語のようになっています。安定感のある始点から、再び安定感のある終点まで、色玉たちは冒険の旅を経て帰ってきます。途中に繰り広げられる様々な冒険は、鮮やかな色と形で描かれており、例えば真っ黒なページには不安感があり、柔らかな色彩のページには安心感があります。このように、視覚に訴える印象が全く違うために、同じころころころという言葉でも、それは、まるで色玉たちの心の動きを表現しているかのようです。

　シンプルであるがゆえに、大人にとっても芸術的な美しさの楽しみとともに、読み手によってさまざまな読み方ができる絵本でもあります。ころころと転がる玉たちの、淡々とかつ迷いなく進む様子、ある時には風に身をまかせつつ、滑り落ちても軽く

バウンドしながら進む様子、それぞれの色玉は形や色は一見同じ様でありながらひとつとして全く同じ物はないことなど、読むたびに発見があり、赤ちゃんだけでなく、幅広い年齢で楽しめる絵本です。

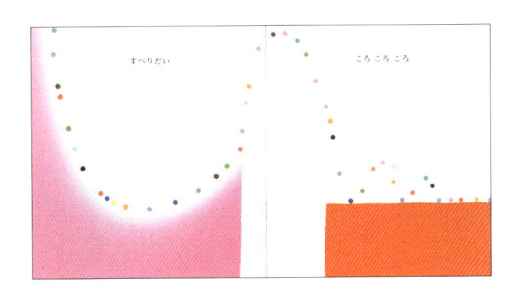

対比概念がわかりはじめる頃に

『ねこがいっぱい』

グレース・スカール作　やぶきみちこ訳

福音館書店　1986

　1歳前後で、一語文を話しはじめた子どもたちは、やがて2歳になるまでに二語文を獲得していきます。子どもの一語文から、二語文への発達には、まわりの大人との経験をもとにした言葉の関わりが大切です。子どもがちょうちょを指さして、「チョウチョ、チョウチョ」と言ったときに、身近な大人が「きれいなちょうちょうね」「黄色いちょうちょうね」「ちょうちょう飛んでるね」と、さりげなく言葉を添えたり、子どもの気持ちを代弁したりすることで、子どもたちの言葉は豊かに育まれていきます。

　『ねこがいっぱい』には、タイトルの通りたくさんのねこが登場します。はじめに登場するねこは、「おおきいねこ」です。画面いっぱいに黄色い目で正面を向いている猫は迫力があります。次のページは「ちいさいねこ」でかわいい2匹の仔猫が毛糸のひもにじゃれようとしています。文は「おおきいねこと　ちいさいねこ」と、2つのページの猫を、「と」という助詞でつないでいますから、この絵本は二場面一組で構成されています。こうして、「しましまねこと　ぽちぽちねこ」「せいたかのっぽに　おちびちゃん」「ふとったねこと　ほそいねこ」と、言葉とそれに対応する絵が次々に登場します。太ったねこは膨張色の黄色で、細いねこはすっきりした黒で描かれているので、対比概念を獲得しはじめるこの時期の子どもたちにとってもわかりやすい、絵と文による巧みな表現です。こうして、子どもたちは、同じねこでも、様々なねこがいることを理解していきます。そして、たくさんの猫が登場した最後のページは、出てきた全部の猫が勢ぞろいします。子どもたちは、自分のお気に入りの猫を確認するように、じーっと絵に見入ります。

　　　ねこが　いっぱい　　みんな　いっしょに　　にゃーお

　最後にみんなそろって、にゃーおとなきます。「にゃーお」のところで、子どもたちはとてもうれしそうな表情をします。いっしょに「にゃーお」と言う子もいます。色々に違っている猫たちですが、なき声はやっぱり同じで、「同じ」がうれしい子どもたち

にとって、それが喜びとなります。

　この絵本がアメリカで出版されたのは、1947年です。作者はアート・ディレクターでもあるため、絵本に描かれる猫たちは、どこかスタイリッシュで、気品があります。色合いもシックで、落ち着いた印象です。けれど、猫の身体の曲線と、猫特有の印象的な目で、この絵は赤ちゃんをひきつけます。言葉も、しましまねこ、ぽちぽちねこ、など赤ちゃんの好きなリズムのある響きです。

　この絵本は、一語文を話す子どもたちがすでに知っている「ねこ」という言葉に、大きい、小さい、しましま、など、猫の様子を形容する言葉が添えられます。子どもたちが言葉を増やしていくには、このように既に知っている単語に言葉が添えられていく過程が必要です。名詞にさらに、形容詞や動詞の言葉の力を得て、子どもたちのイメージはますます豊かになります。

　同じ作者の絵本に『いぬがいっぱい』（福音館書店 1986）もあります。こちらは、おりこういぬ、いたずらいぬ、しょんぼりいぬ、など犬の性格や動作が言葉と絵で表現されています。

日常の中の楽しみ

『おふろでちゃぷちゃぷ』
松谷みよ子文　いわさきちひろ絵
童心社　1970

　作者いわさきちひろの描く子どもは、なんて愛くるしいのでしょう。線ではなく水彩画による自然な輪郭は、子どもの肌の柔らかさをよく表現していますし、しぐさの一つ一つは、まさに幼い子の姿そのままです。ぷっくりと輪ゴムをはめたような手首の様子や、ふわふわと柔らかそうな髪、まるで幼い子独特の肌の香りや感触まで、その絵からは感じられます。

　『おふろでちゃぷちゃぷ』は、幼い子をお風呂へ誘うあひると、子どもとの会話によってお話がすすみます。はじめにあひるが表れます。

　あひるちゃん　どこいくの　　いいとこ　いいとこ

もちろん子どもたちは、絵本のタイトルと表紙の絵で「いいとこ」がお風呂であることは既に知っています。2ページ目も問いかけは続きます。あひるはタオルをもっています。

　　あれ？　タオルをもった　ねえ　どこいくの？　　いいとこ　いいとこ

子どもたちは、「あ、やっぱりお風呂だ。」と思うでしょう。しかし3ページ目にも問いは続きます。あひるは、今度は石鹸をくわえています。子どもたちはここまでくると、はっきりと確信します。「ほらね。絶対お風呂に違いない！」こうしたていねいな表現によって、お風呂に

入りたい気持ちがどんどん高まります。「はやくおいでー　いっとうしょうはだあれ」と、湯船のなかからあひるがよびかけます。さあ、急がなくちゃ。楽しいお風呂のはじまりです。ここではじめて今まではあひるに問いかける言葉だけだった男の子の姿が登場します。表紙にも描かれた可愛いこの子は、2歳頃のようです。一生懸命着ているものを脱いで、両手をあげて待ちきれないようにお風呂へかけていく男の子。ほっぺや鼻のあたま、ひじ、ひざがほんのりピンク色で、全身でうれしさをあらわしています。

　　おふろで　ちゃぷちゃぷ　　せっけん　ぶくぶく　　あひると　いっしょ
　　おふろ　ぼく　だーいすき　　あたま　あらって　きゅーぴーさん

　頭洗ってキューピーさん、というのは、洗髪後の濡れた髪をキューピーさんのように立てるのですが、たとえ今の子どもたちがキューピーさんを知らなくても、思わず再現したくなる楽しい場面です。繰り返しの会話による文章と、テンポよく展開する内容でお風呂が楽しくなる、幼い子の可愛らしい姿がぎゅっとつまった絵本です。
　この時期、時には、「イヤ！」とだだをこねて、なかなかお風呂に入ろうとしないこともある子どもたちですが、『おふろでちゃぷちゃぷ』のような、生活に密着していてイメージがふくらむ楽しい絵本は、生活の中に自然に取り入れられます。洋服を脱ぎながら、「まって、まって、今シャツ脱いだとこ。まって、まって、今パンツ脱いだとこ。」と子どもたちのこころには絵本の会話がよみがえり、絵本で育まれたイメージが毎日のお風呂の時間を楽しくしてくれます。身近な生活を描いた絵本の世界が、日常の中に豊かなイメージと楽しみをもたらします。

一人でなんでもできるんだ！

『いただきまあす』
渡辺茂男文　大友康夫絵
福音館書店　1978

　離乳食がはじまり、少しずつ形のある食べ物が食べられるようになると、赤ちゃんは何でも手づかみで食べたがるようになりますね。時には、すぐには口に入れず、お皿の中に手を入れて、ぐちゃぐちゃとまるでどろんこか粘土遊びのように、食べ物の感触を楽しんでいることもあります。大人にすれば、「あ〜食べ物で遊んでる」ともったいない気持ちもしますし、毎食後の片付けもなかなか大変です。しかし、赤ちゃんにとって、手づかみで食べるということは、自然で健全な発達です。食事のマナーよりもまずは、自由で楽しい雰囲気の中で、喜んで食べられることが大切ですね。

　『いただきまあす』は、1歳半頃からの子どもたちがとても喜ぶ、食べることの楽しさを実感させてくれる絵本です。ハイチェアーにすわって、エプロンをかけたくまくんが、食事をする様子を描いています。くまくんは、もうフォークやスプーンを使いますし、ハイチェアーを自分で運ぼうとしていますから、2歳頃のようです。この日の食事のメニューは、スパゲティー、コーンスープ、サラダ、パン、それに牛乳と、彩りもよく子どもたちの好物です。くまくんの食事の間中、おかあさんくまは登場せず、食事のはじめからおしまいまで、くまくんが自由に食事をすすめていきます。さて、くまくんはどんな風に食べたのでしょうか。

　くまくんは、まずスープをのもうとしますが、右手にフォーク、左手にスプーンを持ったまま、スープのカップを持ち上げて顔に運んだためか、ほとんど口に入らずに、エプロンとテーブルの上にこぼれてしまいます。もしもスープが熱かったら大変なことでした。次にくまくんは、パンを食べようとしますが、ここでもフォークとスプーンを使いたいらしく、パンにもフォークをつきさして、それを口にもっていこうとします。案の定、うまく口に入らず、ほっぺをつきさしてしまいます。

　　　あいたっ！

　文字だけで書くとドッキリしますが、絵のくまくんは毛がふかふかなので、大事に

至る様子ではなく、子どもたちが思わず笑ってしまう絵の表現です。それにしてもなかなか食べられませんね。くまくんのこの様子は、子どもたちの共感をよびます。大人にとっては何でもない、フォークにさした食べ物を口に運ぶという行為ですが、幼い子どもたちにとって、これは手と目の協応がうまくいっていないとできない行為で、なかなか難しいことです。さて、くまくんはその後もジャムやスパゲティーに挑戦しますが、やっぱり上手く口に運ぶことができません。くまくんは「どうすればいいのかな？」と考えます。そして、いい方法を思いつきました。スパゲティーのお皿に

　　すーぷを　かけて、　　さらだを　まぜて、　　てで　たべようっと。
　　おいしい　おいしい！　　ごちそうさま。

　「おいしい　おいしい！」の場面では、楽しくてしょうがない様子で思わずハイチェアーから腰を上げています。くまくんの顔は満面の笑みで満足そのもの。食事は全部たいらげて、舌で口のまわりをペロリとなめています。

　この絵本には、失敗しながらも自分で考え工夫して、食事を楽しむくまくんの姿が子どもたちの目線で描かれます。子どもたちは、うれしそうに笑って何度もこの絵本を読んでほしがります。上手に食べようと思ってもなかなかうまくいかないでこぼしてしまうくまくんの姿を見て、共感したり、あるいは自分がくまくんになって、大胆に手づかみで食事を楽しんだりしているのでしょう。くまくんはこぼしながらも、自分で全部食べてとても満足そうな表情をします。このことが、生活のあらゆる場面で、自分でしたいという欲求を持ち始める子どもたちに、大きな喜びをもたらすのでしょう。将来の主体性は、1歳半頃に芽生えだすこうした自我を尊重することで、少しずつ確かなものとなっていくのです。

　『いただきまあす』は、食べる楽しさを、子どもたちが、くまくんといっしょに感じられる絵本です。この時期には食事は楽しいということを実感しながらよろこんで食べることが大切です。大人にとっては、後片付けが大変ですが、それもほんのひとときのこと、少々ダイナミックでもよいではありませんか。

2 歳児の絵本

〜あふれるエネルギー〜

2歳児の絵本　〜あふれるエネルギー〜

「ぼくのくれよん」
こんなくれよんで描いてみたい。
なぐり描きが好きな2歳児の心をとらえる
表現する喜びに満ちた絵本。

「しろくまちゃんのほっとけーき」
しゅっ　ぺたん　ふくふく
言葉がイメージをふくらませ、
ほっとけーきの美味しい香りまで
感じられます。

「ひまわり」
ひまわりの成長がどんどこどんの
言葉とともに、躍動感をもって表現されます。
エネルギーにあふれる2歳児をひきつけます。

「はらぺこあおむし」
赤ちゃんから子どもへ世界が大きくかわる
2歳の子どもたちの姿は、
まるであおむしからちょうへの成長のよう。
大きくなる喜び。

「もこもこもこ」
絵本の世界にイメージをふくらませ、
自由に面白さや楽しさを味わうことは、
豊かな感性を育みます。

「おにぎり」
ほかほかできたてのおにぎりに、
思わず手がのび食べる子どもたち。
しあわせの時間の追体験です。

「どうぶつのこどもたち」

夢中で遊ぶ動物たちの姿は生命力にあふれ、
遊びがますます活発で生き生きとする
2歳頃の子どもたちのようです。

「コッコさんのおみせ」

「カレーはもっと辛くなきゃ」とお父さん。
言葉のやりとりで想像力がふくらみ、
遊びは一層楽しくなります。

「はけたよはけたよ」

何でも自分でやってみたくて
揺れ動く気持ちと、
できたときの達成感の喜びが
ていねいに描かれます。

「ちいさなねこ」

好奇心いっぱいのこねこの
ハラハラする冒険。
お母さん猫の安定感と迫力は
とても頼りがいがあります。

「ちいさなうさこちゃん」

語りかけるような文と、正面をむいた絵の
表現から安心感が伝わります。
自分が大切にされていることを実感できます。

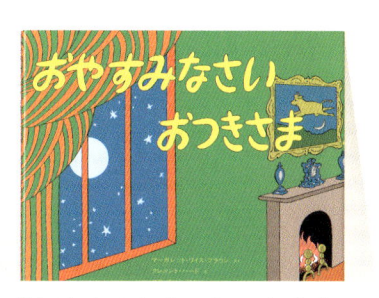

「おやすみなさいおつきさま」

こもりうたのようなくり返しによる文に
ゆったり静かな時が流れます。

自分の気持ちや行動を、言葉で表わす喜び

　2歳になった子どもたちは、「ジャンプ！ジャンプ！」と言いながら跳びはねたり、「グルグル〜」と言いながらその場で回ったり、躍動的に動きまわります。歩く、走る、跳ぶなどの基本的な運動機能や、指先の機能が発達することで、自分の身体を思うように動かすことができるようになったのがうれしくてたまらない様子です。言葉の数も飛躍的に増え、自分の行動を言葉で表わすことで、よりいっそう行動が生き生きとするかのようです。それに伴い、食事、衣類の着脱など身の回りのことを自分でしようとするようになります。生きるエネルギーにあふれたこの時期、豊かな言葉とイメージを育てる絵本との出会いで、子どもたちの生活はよりいっそう輝きを増します。

かんしゃくは成長のあらわれ

　2歳の子どもたちは、自我の育ちの表れとして、強く自己主張するために、それが大人の都合とぶつかった場合には、かんしゃくをおこしてしまうこともあります。この時期になると、言葉もかなり話せるようになっていますから、大人はつい理屈で説明してなんとか納得させようとしてしまいがちです。あるいは子どもに説明させようとして「泣いていないで、お口で言ってごらん」ということもあるでしょう。けれども、言葉の力がついてきたとはいえ、自分の気持ちを表現することはまだまだ難しいのが2歳の子どもたちです。むしろ、自分の欲求が受け入れられないことで、自分の泣き声に励まされるように、興奮がどんどん高まってくるようです。こんなときには、まず「まだ帰りたくないのね」「こっちに行きたいのね」と、子どもの気持ちをひろいあげ受容すると、子どもは落ち着いてきます。そうすることで、次第に自分の気持ちにおさまりがつき、周囲の状況にも意識が向くようになります。子どもたちは、自分の気持ちを受け止めてもらうことで、自分の欲求を表現しながらも、まわりと折り合いをつけるための力を獲得していきます。

　このように、自我が育ち、強く自己主張する時期に、絵本を楽しむ時間は、子どもたちのこころの安定になるとともに、自分のまわりの世界への認識を広げることとなります。

大胆に描くよろこび

『ぼくのくれよん』
長新太作・絵
講談社　1993

　2歳になると、子どもたちは手や指の動きがとても器用になり、ひも通しなど、手先を使った遊びも集中してできるようになります。1歳頃にはただ夢中で左右に手を動かしていたなぐり描きも、だんだんその線が力強くなり、手首の回転ができるようになるため、独立した円も描けるようになります。ぐるぐる…と言いながら紙にいっぱい丸を描いている可愛い姿もみられます。

　『ぼくのくれよん』は、なぐり描きが楽しくて仕方のない2歳の子どもたちにとってたまらなく魅力的な絵本です。1ページ目には、白い背景にだいだい色のくれよんが1本大きく描かれます。

　　　これは　くよれんです。　でもね　この　くれよんは

　ページをめくって2枚目、今度はそのくれよんの上に、猫がのっています。なんと、くれよんは、猫とぴったり同じ大きさです。1ページ目の文は、2ページ目の次の文に続きます。

　　　こんなに　おおきい　のです。

　「わ〜っ」子どもたちは、こころの中できっと期待に胸膨らませて歓声をあげているに違いありません。この絵本には保育での読み聞かせ用に、大型版がありますが、その大型版を読んでもらったときは特に、このページで思わず椅子から立ち上がって、ピョンとはねる子どもがいます。2歳は、気持ちを身体で表現するのです。「おおきい」の文字は、そこだけ太く大きく書かれています。そのため、読み手は自然にこの言葉をひときわ大きな声ではっきりと読み上げることとなります。くれよんがとても大きいことが伝わります。さて、ここからも迫力のある展開です。「ごろ　ごろ　ごろ　ごろ」と、だいだい色だけでなく、青、黄色、茶色、緑、赤、黒、色々な色のく

ごろ ごろ ごろ ごろ

れよんが転がってきて、猫が逃げ出しています。そこに、にゅーっとのびる長い鼻。子どもたちは「あっぞうだ！」ともちろんすぐにわかります。5ページ目まできてついに、このくれよんの持ち主、ぞうの全身がページ全体に現れます。

くれよんが、どれほど大きいかを伝えるために、作者は実に5ページを費やしています。大きいというイメージがしっかり伝わります。子どもたちの胸は、期待で大きくふくらみます。こうして、これはぞうのくれよんではありますが、同時に絵本をきいている子どもたち「ぼくの」「わたしの」くれよんとなるのです。ですから、この絵本のタイトルは『ぞうのくれよん』ではないのです。さあ、楽しく大胆なぬたくり遊びのはじまりです。

はじめに、青のくれよんでびゅーびゅーと丸を描くと、ページ一面が大きな青い丸になりました。1匹のかえるが池だと思って、飛び込みますが、池ではないので、びっくりしてしまいます。次に赤いくれよんで、上下にびゅーびゅーと描くと、動物たちがいっせいに火事だと思って逃げ出します。きりんやしまうま、大きいものから小さいものまで、なんと80匹近くが逃げまどっています。今度は、黄色いくれよんで左右にびゅーびゅー。動物たちはバナナだと思ってかぶりつきました。子どもたちが、腕をいっぱいに使って描く形がそのまま、巨大な池や、火事、バナナになりました。自分の描く世界に動物たちが翻弄されている様子は、子どもたちを大いに満足させてくれます。

しかしさすがに、みかねてライオンがやってきて、ぞうはおこられてしまいます。ライオンは動物たちの王様らしく威厳のある様子で、まゆをしかめて片手をあげ、まるで小さな子どもに注意する大人のようです。ぞうの方も、長い鼻で、頭を掻いて「すみません」といった感じのポーズで、反省しているかにみえます。ところが・・・

　ぞうは　まだ　まだ　かきたりない　みたいで
　くれよんを　もって　かけだしました。

黄色と、緑とだいだい色を3本まとめてわしづかみにしています。しかも走りながらまだ描いているので、ぞうの走ったあとには、三色の太い線がくっきりと描かれています。ぞうはといえば、あっという間に遠くに走って行ってしまいました。逃げ足の速いこと！描きたい気持ち、行動を抑えられない気持ちは、誰にもとめることができないのです。

　この絵本を読んでもらった子どもたちのなんと晴れ晴れとした表情でしょう。まさに心が解放されたといった様子です。子どもたちは、絵本の中を絵本の主人公になって楽しみますから、まずぞうになるというだけで、大きくなりたい願望がストレートにかないうれしいに違いありません。それだけでなく、猫のように大きなくれよんで、びゅーびゅー描きまくるのですから、やりたい放題存分に、楽しさを満喫します。

　２歳前半頃までの子どもたちは何かを描こうとして描くのではなく、適当に描いたものを見て、「リンゴ描いた」「おひさま描いた」など、あとから思いついたものを言葉にします。ぞうのくれよんでも、ぞうは池を描こう、バナナを描こうとしたのではなく、動物たちがそれを見て、「これは池だ」「火事だ」「バナナだ」と解釈しました。こうした表現も、この時期の子どもたちの発達にそっています。

　さて、現実の世界では、２歳の子どもたちはこころの葛藤に直面している子どもたちです。行動のエネルギーにあふれ、やりたいことはいっぱいありますが、それをうまく表現することができず、あるいは理屈ではわかっていても気持ちの切り替えがまだうまくいかないために、かんしゃくを起こしてしまうこともしばしばです。けれど絵本の世界は自由な世界です。子どもたちにとって、絵本は体験ですから、『ぼくのくれよん』は、思い切り気持ちを解放させて楽しむことができるのでしょう。この絵本を読んでもらったあとの子どもたちの表情は、どろんこ遊びや水遊びをしたあとの表情に近いように感じます。これらの、自分を思い切り解放させる遊びには、一種の精神の浄化作用があるのでしょう。

　ところで、円を描くということは、紙を円の内側の世界と外側の世界に分けることでもあります。子どもたちが円を描きだす頃にちょうど自我が発達しだし、外の世界と自分の世界がだんだんにできあがるということは、とても象徴的で興味深いことです。

自分でできるよろこび

『しろくまちゃんのほっとけーき』
若山憲・森比左志・わだよしおみ作
こぐま社　1972

　「新聞をとってきてね」「コップをとってきてね」２歳の子どもたちは、ちょっとし

た用事を頼まれるのが大好きです。それは、2歳になると子どもたちが、一応目的をもった行動ができるようになり、たのまれたことをきちんとすることで、「できる」「わかる」ということが自分でも実感できるからではないでしょうか。

　子どもたちはお菓子づくりやお料理の手伝いも、とてもよろこんでするようになります。『しろくまちゃんのほっとけーき』は、幼い子のお菓子づくりの様子を描いています。この絵本の特徴のひとつは、材料や道具などをはじめ、ほっとけーきをつくる手順や様子がていねいに描かれていることです。特に、ほっとけーきが焼けていく様子が、実に12段階の絵と、擬態語で表現されている見開きのページは子どもたちの心をとらえます。この場面の文です。

　　　ぼたあん　どろどろ　ぴちぴちぴち　ぷつぷつ　やけたかな　まあだまだ
　　　しゅっ　ぺたん　ふくふく　くんくん　ぽいっ　はい　できあがり

　心地よい響きの擬態語が感覚に訴え、ホットケーキの焼ける香りまでがただよってくるようです。このような、子どもたちの気持ちにそったていねいな表現は、子どもたちが実際に生活の中で体験した記憶を、リアルによびおこします。子どもたちは、「ああ、知ってる」「そうそう、わかる」ことを自覚しながら、イメージをふくらませていきます。身近な生活体験、それもしあわせで楽しい時間を再現する絵本は、子どもたちに喜びと満足感をもたらします。

　ところで、この絵本はただ可愛らしいだけではありません。しろくまちゃんは、たまごを冷蔵庫から出そうとして、ぼとんと落として割ってしまいます。ボールに入れた材料を混ぜようとするときには、ボールがごとごと動いて、中の粉がまわりにこぼれてしまいます。「だれかボールをおさえてて」と困っているしろくまちゃんの様子。こうした姿には、現実味があり、子どもたちの共感をよびます。

　しろくまちゃんは、ほっとけーきが焼きあがると友だちのこぐまちゃんをよびます。ほっとけーきを食べながらの、しろくまちゃんとこぐまちゃんの会話です。

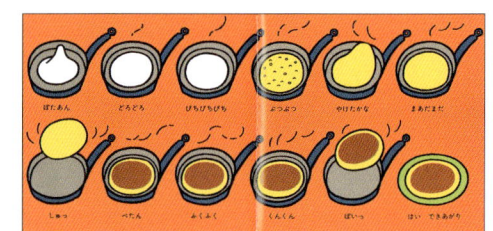

　　　おいしいね　これ　しろくまちゃんが　つくったの
　　　そうよ　おかあさんと　いっしょに　つくったの

　しろくまちゃんは、なんだかちょっと自慢気です。子どもたちは、大人の手をかりながらも、生活の中で自分ができることをするという体験を少しずつ積み重ねて、そ

れを周りに認められながら、自分への自信をもつようになるのでしょう。この絵本で、幼い失敗と成功が織り交ぜて描かれているように、普段の生活の中の、一つ一つのささやかな成功体験と失敗体験が、子どもたちの成長を支えます。

　最後に、しろくまちゃんとこぐまちゃんは、自分たちの食べたお皿を洗っています。「おいしかったね。ごちそうさま。」でお話がおわるのではなく、ちゃんと自分たちで後片付けまでしている姿も、子どもたちに、自分たちが「とても役に立つ」ことを証明してくれているようで、自尊心を満足させてくれます。

＼ 躍動感にあふれた生命のドラマ ／

『ひまわり』
和歌山静子作
福音館書店　2001

　成長を擬態語にすると、「ぐんぐん」が一般的でしょうか。けれど、『ひまわり』は、成長を、力強い「どんどこどん」という音であらわしました。まさに、子どもたちが溢れんばかりのエネルギーで、大地を踏みしめ、たくましく、上へ上へと伸びてゆく姿です。この絵本には、一粒の種からはじまるひまわりの成長がドラマティックに描かれています。

ちいさな　たねが　とん　　つちの　なかから　ちいさな　たねが　どんどこどん

　タイトルページで、小さな種が地面に「とん」と落ちる様子が描かれます。このあと、ひまわりがどんどん伸びていきますが、文章はどのページも、「どんどこどんどこ」で、最後に大輪の花がページからはみださんばかりに描かれる場面でついに、「どん」となります。ひまわりが大きくなるに比例して、ページをめくるごとに、「どんどこどんどこ」と書かれた文字も大きくなります。このため読み手は、はじめは小さい声で読み始め、少しずつ大きな声になり、最後の「どん」は力強い声でしっかりと読むことになります。声に出して読んでみると、まるで遠くからだんだん近づいてくる和太鼓の音の様です。その声は、どんどこ　どんどこ…とお腹にどっしりと響きわたり、心臓

の鼓動のような生命力のもつ躍動感が感じられます。

　ひまわりの縦の成長を効果的に表わすため、絵本の見開きは縦に使われます。この絵本では、子どもの成長を見守る親の姿のように太陽が象徴的に描かれます。はじめは小さな種をぽかぽかと暖かく照らす太陽ですが、弱々しかったひまわりの芽に、青々とした本葉も出て、根もしっかりと地面に張ったと思われるころ、太陽は雲のうしろにその姿を隠します。子どもがある程度自立して、自分の内側を見つめるようになる頃、親がかげながらそっと見守っている姿のようです。次の場面では、大粒の雨がひまわりの葉に降り注いでいます。太陽が姿を隠すことで得られた水の恵みがひまわりの成長を促しています。もしも、いつまでも太陽が側でテカテカと照らしていては、この雨の恵みは望めなかったでしょう。

　さらに続く場面では、強い横風がひまわりに倒れよとばかりに、吹きつけます。ひまわりは、いまにも倒れそうに、風に吹かれています。けれども、小さな新芽だった頃に、しっかりと太陽の光を浴び、その後、太陽が姿をかくすことで得られた雨の恵みによって、ひまわりは、大地に根をしっかりはっていますから、決して倒れることはありません。幼い頃に愛情をたっぷりと受けることで「安定根」が育つといわれますが、まさに根っこが育っているのです。もしも、ひまわりに太陽の光や雨が不足していたら…もしも、子どもたちの成長の節目で精神的な危機が訪れたときに、安定根や基本的な信頼感がしっかり育っていなかったら…自分の力だけでたくましく育つことは難しいでしょう。

　次は夜の場面です。静かにすっくと立つひまわりを、月が黒いシルエットとしてうかびあがらせます。同じひまわりでありながら、影の姿であり、今までのひまわりの姿とは違う姿です。成長するためには、自分の影と対峙することも重要なのでしょう。

どんどこ　どんどこ

この場面は思春期に象徴されるかも知れません。やがて夜があけると、ひまわりには黄色いつぼみがついています。再び太陽が登場しますが、それまでより小さく描かれます。ひまわりは、つぼみを、右端の太陽の方にむけています。太陽は存在感を主張せず、ただすすむべき方向だけを指し示しているようです。そして、ついに花が開きます。開いた花は横の太陽よりも大きく描かれています。やがて花は、さらに大きくなり、もう太陽よりずっと大きくなっています。花は太陽の方をむかず、まっすぐに正面をむいています。ついに太陽の姿は、「どん」と見事に咲き誇った大輪のひまわりにかくれて見えなくなりました。ひまわりの花は画面からはみださんばかりの迫力です。

こうして立派に成長したひまわりは、最後の場面で、枯れて種を実らせ、まるでこれまで自分を育んでくれた自然の営みに感謝するかのように、頭を垂れて大地に種を落としています。これが、はじめの場面で、小さな種が大地に落ちる瞬間の「ちいさなたねがとん」へと、つながっています。植物にみる生命の連鎖の力強い営みです。『ひまわり』は、文章も単純明快で、短い絵本ですが、そこには劇的なドラマがあります。

＼ 成長のエネルギー ／

『はらぺこあおむし』

エリック・カール作　もりひさし訳
偕成社　1976

『はらぺこあおむし』は、おそらく世界中でもっともよく読まれている絵本のひとつではないでしょうか。日本でもミニ版や、ボードブックを合わせてすでに300万部以上が出版されていますし、翻訳はヨーロッパ各国語はもとより、グシャラート語、ウルドゥー語、ベンガル語など、実に47ヵ国語に及びます。この絵本を読んでもらった子どもたちが、将来世界のどこかの国を訪れたときに、そこで出会う人々もまた、幼い頃にこの絵本に出会っているかも知れないと思うと親しみを感じますし、文化や習慣が違っても、子どもたちに長年にわたって支持されているこの絵本の、底力を感じずにはいられません。

この、生きるエネルギーと成長の喜びにあふれた絵本は、静かな落ち着いた場面からはじまります。生命の誕生の前の、神秘的な世界を月がそっと見守ります。

　「おや、はっぱの　うえに　ちっちゃな　たまご。」
　おつきさまが、そらから　みて　いいました。

一転して黄金に輝く太陽が昇る明るい朝の場面で、あおむしはうまれます。月と同じように、太陽が暖かくあおむしを照らして見守ります。月と太陽は、まるで父と母のようです。

おひさまが　のぼって　あたたかい　にちようびの　あさです。
ぽん！と　たまごから　ちっぽけな　あおむしが　うまれました。
あおむしは　おなかが　ぺっこぺこ。

「ちっちゃな」たまごから、「ちっぽけな」あおむしが生まれました。画面の大きさ、太陽の大きさに比べて、あおむしは、本当にちっぽけで頼りなげで、不安な表情をしています。翌日の月曜日から、あおむしは旺盛な食欲を発揮して、食べて食べて食べ続けます。月曜日は、りんごを一つ食べるのですが、りんごのページは、画面がりんご1個分の絵の大きさにカットされています。その後、毎日食べるものの数が一つずつ増えるごとに、それに対応して、画面が大きくなります。あおむしが食べたものには、

食べあとに、実際に丸い穴が開いており、子どもたちに一目でわかるしかけとなっています。子どもたちは、指先がやっと入るような穴に、まるで自分があおむしになって、その果物を食べるように、指を入れてみずにはいられません。こうした、子どもたちの興味をひきつけるエリック・カール独特の絵本表現については、エリック・カールのホームページ（www.eric–carle.com）に、「エリック・カールが自分の中にいる子どもを感じ、直感的に共鳴しているのだ」と記されています。絵本のすぐれた書き手とは、自身の中にいつまでも子どもの存在を持ち続けている人なのでしょう。

　さて、あおむしはこのように工夫された楽しく創造的な表現によって、どんどん食べ続けます。土曜日に食べたもののページは、子どもたちが大好きな場面です。ケーキやアイスクリームなど、おやつのオンパレードです。その中にはピクルスもありますが、ピクルスは日本の子どもたちにとってあまりピンとこないかも知れません。けれど、赤や黄色の暖色が多いページに、ピクルスの鮮やかな緑があることで、このページ全体がとても色鮮やかで楽しい印象になっています。こんな素敵なおやつがいっぱいに描かれたページの右の隅っこに、お腹が痛くてべそをかいている、あおむしがいます。あおむしはとうとうお腹をこわしてしまったのです。「そんなに食べたらお腹が痛くなるよ」と自分も言われることのある子どもたちは、「あ〜やっぱり・・」と、あおむしをとても可愛そうに思うことでしょう。

　けれどその後、あおむしは緑の葉っぱを食べ、丸々と元気に大きくなります。見開きページの左画面全体に大きくて「ふとっちょ」になったあおむしが描かれ、右画面には、さなぎになった茶色いあおむしが描かれます。さなぎを知らない幼い子どもたちにとっては、緑のきれいなあおむしが茶色いかたまりになることは、知識として知らないために想像しにくいかも知れません。しかし、子どもたちは、左右のページでふ

とっちょになったあおむしと、さなぎのあおむしを同時に見ることができます。両者は、外周の形が同じで、色は違っていても縦のすじの入り方が似ているので、さなぎは、まるであおむしが茶色い毛布にくるまれて眠っているように見え、幼い子どもたちにもわかりやすいように工夫されています。感動的な最終ページでは、美しい見事な羽を広げ、ちょうちょになったあおむしが大きく描かれます。もう少しもちっぽけではありませんが、顔があおむし時代の面影を残していて可愛らしいですね。

　乳児の頃は母子一体だった子どもたちですが、2歳をすぎ、依存しながらも少しずつ自立していこうとする時期を迎えます。あおむしがちょうちょになったように、発達とは質的な変化です。外からは見えなくても、幼い子どもたちの中ではめざましい変化が起こっているのでしょう。『はらぺこあおむし』は、自我を主張しこれから大きく成長しようとする2歳の子どもたちの姿のようです。

感性の共鳴

『もこもこもこ』
谷川俊太郎作　元永定正絵
文研出版　1977

　2歳の子どもたちは、活発に動き回り、まるで自分の身体を思うように動かすことができるようになったことを謳歌するように、喜びに満ちた表情で動き回ります。まさに、生きるエネルギーが全身から感じられます。2歳はまた、象徴機能もどんどん発達する時期です。目の前にないものも、イメージすることができるので、飛躍的に増える言葉がさらに、イメージを豊かに膨らませていきます。

　さて、そんな楽しくも、にぎやかな2歳の子どもたちと思い切り楽しめる絵本が、『もこもこもこ』です。元永定正による絵は、一流のモダン・アートで、その一枚一枚の絵はずっと見ていても飽きることがありません。この絵の魅力は、静止画でありながら、その絵に動きがあることです。

　ある時、2歳児を担任する先生が、「この絵本を2歳のクラスで読むと、笑ったり、身体を動かしたり、他の年齢の子どもたちに読む時より、なんだかにぎやかな様子になるのです。」とおっしゃいました。その時におられた他園の2歳児担任の先生方も、

うんうんとうなずいて賛同しています。家庭で一対一で読む場合と、クラスで大勢で読む場合とでは様子が違うでしょうが、複数の２歳児にこの絵本を読むと、どうも２歳の子どもたちは、楽しくて仕方がないといった様子の仕草や表情になるというのです。この事実は、２歳児の発達を顕著に表わしているように思います。２歳児は、言葉と行動がつながり、身体を動かすことが楽しくて、こころの中でイメージが豊かに

膨らむ子どもたちです。そんな２歳の子どもたちは、この絵本の世界に入りこんで、それを身体で表現したい衝動にかられるのでしょう。もちろん、じっと絵本の世界に入り込んでいる子どもたちもいます。

また、表紙の文字は、二文字目の「こ」だけが、やや上に位置しています。文字のレイアウトからも、この絵本が動きのある絵本であることが感じられます。

　『もこもこもこ』は、幅広い年齢で楽しめる絵本です。宇宙や生命のつながり云々、人それぞれにそこに何か意味を見出すこともできるかも知れません。けれど、やはりこの絵本は、あまり何も考えず、感性で楽しむのがよいように思います。言葉で説明するのはなかなか難しいのですが、不思議なことに、絵本を読み聞かせていると、そこには特別な何かを、みんなで共有しているという「空気感」が生まれます。それは、読み手も絵本を楽しむことで生みだされる、子どもたちと一体となって、感性が共鳴する豊かな時間なのだと思います。「〜をしたから〜ができるようになった」という即物的な教育とは違って、この「なんだかよくわからないけれど、すてきだなあと皆で一緒に感じた経験」が、将来の人間性の豊かさや、奥行きというものにつながっていくのではないでしょうか。感性を育むとはきっと、そういうことなのでしょう。

豊かなイメージが育む言葉

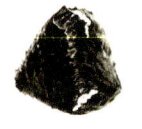

『おにぎり』
平山英三文　平山和子絵
福音館書店　1981

2歳の子どもたちの発達の大きな特徴のひとつは、言葉が飛躍的に発達することです。おおまかには1歳から3歳までが言語獲得期といわれますが、その中でも2歳児はイメージができるようになることで、物の名前以外にも、動詞や形容詞をどんどん獲得していきます。

『おにぎり』は、炊き上がったごはんから、おにぎりがつくられる様子が描かれています。写実的な絵は、本物そっくりで、たちのぼる湯気からは、炊き立てのごはんの香りまで漂うようです。できあがったおにぎりの美味しそうなこと！子どもたちが思わず手をだして絵本の中のおにぎりを食べます。

この絵本は、全編を通して一つの流れになっています。その中には、たくさんの動詞の表現があります。その動詞を抜粋してみましょう。

(ごはんを)炊く　　(水、塩を)つける　　(ごはんを)のせる

(梅干を)うめる　　(おにぎりが)できる　　(のりを)巻く

ただおにぎりをつくるだけのシンプルな過程に、6種類もの動詞が登場します。ただし、おにぎりを握り固める様子は、「ぎゅっぎゅっ」、手の平で転がして形を整える様子は「くるっくるっくるっ」と、擬態語だけで表現されています。「にぎって」「かためて」と全ての動きを動詞だけで表現するよりも、「ぎゅっぎゅっ」「くるっくるっくるっ」と、擬態語の表現も入れた方が、子どもたちには、その動きがよりリアルに伝わりますし、言葉にリズムも生まれ、おにぎりを作る説明的にならず、文章全体に変化が生まれていきいきとしてきます。こうした工夫された表現は、聞き手の子どもたちの想像をふくらませます。

絵では、おにぎりを作る材料と、ひじから下の手の動きだけが表現されます。子どもたちにとって、ご飯がみるみるうちに、三角に形づくられていくのは、とても面白いことに違いありません。真っ赤な梅干も埋められて、つやつやの海苔を洋服のようにまとったおにぎりたちが大きなお皿に並びます。

この絵本が素晴らしいのは、文章では表現されていないのですが、絵が雄弁に語ることで、「おいしそう」「あつそう」など、気持ちを表わす言葉が子どもたちのこころに想起される点にもあります。それらは、絵本を聞いている子どもたちの口から自然に出てきます。絵本を通した豊かな間接体験です。

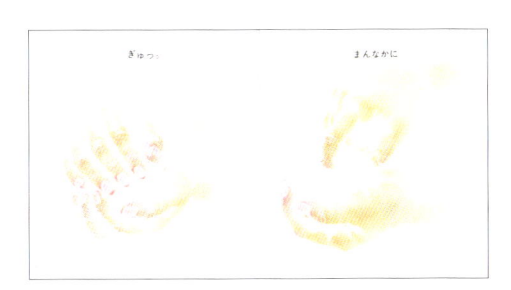

遊びながら大きくなる

『どうぶつのこどもたち』

小森厚文　薮内正幸絵

福音館書店　1982

　幼い子どもたちの生活は、食べて寝て遊ぶことで成り立っています。特に、2歳の子どもたちは、遊びが大きく発展する時期です。運動機能が伸び、身体全体を使う遊びを嬉々として楽しむようになります。また、手先も器用になりますから、ビーズ通しや積み木遊び、構成遊びなど、様々に遊びが広がります。

　子ども時代の遊びが、成長にとって欠かせないものであるのは、人間に限ったことではありません。『どうぶつのこどもたち』には、動物の子どもたちが夢中になって遊ぶ様子が描かれています。表紙の猫と裏表紙見返し部分のオランウータンを含めると、13種類もの動物たちが登場し、その子どもたちが遊ぶ様子が、活動的に動きまわる一瞬をとらえたような躍動感ある絵で描かれます。薮内正幸の絵は、非常に緻密で一見写真かと思うほど写実的でありながら、動物たちの表情はとても豊かです。どの動物の子どもたちも、無邪気で愛くるしい表情をしています。それぞれのページには、「〜のこどもたちは、〜をしてあそびます。」という文章が添えられます。

　草食動物である馬は、かけっこをして遊び、肉食動物のらいおんはとっくみあい、いのししは、鼻で土を掘り返して遊びます。これらは、まさにその動物たちが、生きぬくために必要な力そのものです。生得的に備わった力であっても、遊びを通して繰り返すことで本当の生きる力となっていくのでしょう。

　ただ単に、動物の絵とその動物の名前が書かれている図鑑ではなくて、この絵本の動物たちは、生きて生活する生命感にあふれています。子どもたちは、かけっこをしたり、とっくみあいをしたり、泥遊びをしたり、楽しそうに遊ぶ動物たちの姿に、自分を重ね、動物たちを身近に感じることでしょう。

　この絵本は背景が白無地です。動物の写真絵本では、どうしても背景に植物などが写りますが、白無地の方が、余分なものが排除されるので、子どもたちに動物の姿や動き、表情がよく伝わります。

「カレーはもっと辛くなきゃ」

『コッコさんのおみせ』

片山健作・絵

福音館書店　1988

　２歳の子どもたちは、自分が見たことや経験したことを、再現して遊ぶようになります。その時の模倣のモデルとなるのは、身近な生活の中で、関心をもってみつめている、自分の大好きな大人の行動であり、その言葉です。

　積み木やビー玉を何かに見立て、「〜のつもり」「〜のふり」を楽しみながら、お友だちとのごっこ遊びが展開します。また、こうした遊びを繰り返しながら、会話を通して言葉の力もついてきます。

　『コッコさんのおみせ』は、コッコさんがお店屋さんごっこで遊ぶ様子が描かれています。コッコさんは、小さな子ども用の机にテーブルクロスをかけ、おもちゃで作った様々な食材を並べて、クマのぬいぐるみとお店屋さんを開きます。ベッドカバーの様なパッチワークの布をお店のカーテンのように演出するという念のいれようです。

> コッコさんは　おみせを　はじめました。　おかしやさんです。
> 「パチ　パチ　パチ　いらっしゃい　いらっしゃい
> おいしい　ケーキや　ジュースですよ」
> おきゃくさんは　だれも　きません。

　家族のみんなはそれぞれに忙しく、なかなか相手をしてくれません。日常によくある光景ですね。コッコさんは、誰も来てくれないので、お店を変えてみます。工夫して果物屋さんやカレーやさんになりますが、それでも誰も来てくれません。どうやら、お店の売り物を変えるだけでは、お客さんは来てくれそうもないことが、コッコさんにもわかってきました。

　そこで、コッコさんはお客さんを呼びにいきます。来てくれなければ、呼びにいくとは、商売の基本をおさえています。はじめに、お兄ちゃんを呼びにいきますが、お兄ちゃんは、眉をつりあげ、強そうな顔つきで、大きなクッションをもって、積み木の塔を倒しています。「おにぃちゃんはきょじんになって、かいじゅうとたたかって」

います。どうやらお兄ちゃんも、自分の世界に忙しそうですね。お父さんを呼びにいくと、お父さんは新聞を読んでいる真最中でした。お母さんはといえば、こちらはほんとうのごはんを作っています。こうした日々の暮らしの大人の姿がごっこ遊びのモデルとなっています。

　わざわざ呼びに言っても、皆それぞれに忙しくてこれではやはりお店には来てくれそうもありません。でもコッコさんはあきらめません。コッコさんは、出前をすることにしました。無理やりに自分の主張を通すのではなく、さりげなく相手の世界に入っていこうというのです。コッコさんは、相手の様子を見て調整していくという、高度なコミュニケーションの方法を使っています。ごっこ遊びは人との関係性を体験する大切な遊びです。

　さて、コッコさんが出前にいくと、おにいちゃんは倒れた積み木の上でクッションの下敷きになっています。ひとしきり、巨人対怪獣の戦いに区切りがついたのでしょう。コッコさんのカレーもサラダも、食べてくれました。次はお父さんです。お父さんは、コッコさんにすすめられるままに、カレーを一口食べますが、ちょっと考えてから言いました。

「カレーは　もっと　からくなきゃ」

　この一言で、お父さんはコッコさんの世界に自然に入っていきました。ただ美味しいなあと言うのではなく、お父さんは本気でコッコさんのカレーを味わったのです。コッコさんの作ったカレーが、お父さんには甘すぎた、というのは十分ありえることで、コッコさんも、お父さんのカレーにはもっと、スパイスを入れなきゃ、いつも、お父さんは辛いカレーが好きだもの！と気がついたに違いありません。その人が現実の生活で言いそうなことを、まさに言ってのける、リアリティーをもったお父さんの一言が、コッコさんの遊びを豊かにしました。こういう、子どもの気持ちにさりげなくよりそうことのできる大人の存在が、子どもの遊びの世界を発展させてくれます。お母さんも、調理の手を休め腰をかがめて、熱いものをフーフーしながら食べる仕草そのままに、上品に食べてくれました。

　みんながカレーとサラダを食べてくれてすっかり満足したコッコさんは、お店にもどって、ぬいぐるみのクマを相手にお茶の時間です。みんなの様子を思いかえしているのかも知れません。コッコさんは自信に満ちた落ち着いた表情をしています。こうしてコッコさんのごっこ遊びは、満足のいく遊びとなりました。

　「コッコさん、ごはんよ」のお母さんの声に、コッコさんがテーブルにつくと、そこ

にはおいしそうなカレーとサラダがありました。コッコさんがつくったカレーとサラダにそっくりです。

育てることは待つこと

『はけたよはけたよ』
神沢利子文　西巻茅子絵
偕成社　1970

　2歳の子どもたちは、何でも自分でやりたがり、「自分で！自分で！」という言葉をしょっちゅう使います。けれども、なかなか思うようにいかず、うっかり大人が手だしをしようものなら、怒ってもう一度はじめから全部やりなおすなど、かんしゃくを起こしてしまうこともあります。

　『はけたよはけたよ』の主人公たつくんは、自分でほぼ衣服の着脱はできるようなのですが、パンツだけはどうもうまくはくことができません。それは、片足で立ってはこうとしているからのようです。確かに、2歳児には、片足で立ってバランスをとってパンツをはくというのは難しいに違いありません。ペタンと座ってはけばいいようなものですが、たつくんはお父さんやお母さんのすることを見ていて、自分も同じようにしたいと思っているのでしょう。絵本の文章は、子どもたちに語りかけるようにはじまります。

　　たつくんはね、ひとりで　パンツがはけないんだよ。
　　だって、ふらふら　するんだもん。
　　ほら、かたあしあげて…
　　どでん！　もういちど　おきあがって、
　　また、どでん！　なんべん　やっても　だめなんだ。

　子どもたちには、たつくんの気持ちがよくわかることでしょう。お母さんは、台所からそんなたつくんの様子を、余計な手出しや口出しをすることなくさりげなく見守っています。たつくんは、とうとうパンツをはかずに、外へ飛び出していきました。

さて、外へ出てみると、動物たちがたつくんのまわりに集まってきて、たつくんのしっぽのないおしりを見て笑います。

「しっぽの　ない　おしり。」　「つるつるの　おしり。あはははは。」

動物たちに笑われて逃げ出し、たどりついた田んぼでたつくんが目にしたのは、一羽のさぎでした。さぎは、一本足で上手にたっています。たつくんは、さぎのまねをしますが、やっぱりしりもちをついて、おしりが泥だらけになってしまいます。たつくんが仕方なくうちへ帰ると、お母さんはミシンをかけて何かを縫っているところでした。お風呂場で泥だらけのおしりを洗いながら、お母さんは言います。「さあ、パンツをはくんですよ。」

「また　パンツか。」　たつくんは、かたあし　あげて、また　どでん！
「めんどくさいなあ。しりもち　ついたまま　はけないかな。」

ところが、めんどうになって寝転がったままパンツをはいてみると、簡単にはくことができたのです。これならズボンだってはけます。たつくんは、パンツをはいて、それからお母さんに縫ってもらったばかりの真っ赤なズボンをはいて、動物たちのところにかけていきます。お母さんが縫っていたのはこの赤いズボンだったのです。今度は、動物たちがうらやましがる番です。

「いいなあ。いいなあ。ぼくたちも、
おかあさんにぬってもらいたいなあ。」

赤いズボンを縫って待っていたお母さんは、パンツをはかずに家を出たことや、泥だらけになったことを決して叱ったりしませんでした。しかし、きっぱりと「さあ、パンツをはくんですよ。」と促します。たつくんは、もうめんどうになって、寝転んだままはこうとします。そして、はけました。これは、たつくんが自分で発見したはき方です。もしも、たつくんが、野原にかけだすまえに、お母さんが寝ころんではくことをアドバイスしたとしても、そのときにはたつくんは、立ったままはくことにこだわったかも知れません。けれども、今のたつくんにとっては、とにかくはくことが大切だったのです。どんなことをして

も自分ではきたいという気持ちが、偶然を装ってたつくんにも楽にできるパンツのはき方に気づかせてくれました。

　たつくんのお母さんは、余計な手出しや口出しはせずに、たつくんの冒険を見守りながら、成長への確かな見通しをもって、ズボンを縫って待っていました。この新しいズボンは、パンツがはけたたつくんを喜ばせました。たつくんの赤いズボンを、動物たちが羨ましがる様子は、絵本を読んでもらっている子どもたちにもうれしい場面です。

　短いお話の中に、たつくんの心の変化として、自分でやりたいという意欲、冒険と挫折、学ぼうとする気持ち、発見や達成感がていねいに表現されています。そして、それをそっと見守りながら、たつくんがパンツがはけるようになったときには、ちゃんと新しいズボンを用意しているというお母さんの存在。育てることは待つこととは言え、なかなか難しいことでもありますが、なんでも自分でやろうとする2歳の子どもたちを、たつくんのお母さんのように、見守る姿勢が、子どもたちの自立のためには必要なのでしょう。簡潔な文章で、豊かな内容が表現されています。

＼　お母さんはやっぱり頼りになる！　／

『ちいさなねこ』
石井桃子作　横内襄絵
福音館書店　1963

　2歳頃の子どもたちは、もっとも迷子になりやすい年齢ではないでしょうか。この時期は、探索活動がますます盛んになるうえに、歩いたり走ったりも上手になっていますから、行動範囲もかなり広がります。そのうえ、何か興味があるものを見つけるとあとさき考えずにまっしぐら、大人が目をはなしたちょっとしたすきに興味のあるものに惹かれて行き迷子になってしまうのでしょう。

　『ちいさなねこ』の仔猫は、まるでそんな2歳頃の子どもたちのようです。初めのページに、大きな部屋から外を眺める仔猫が描かれます。部屋の大きさに比べて、仔猫は本当にちっぽけです。

　　ちいさな　ねこ、　おおきな　へやに　ちいさな　ねこ。

　はじめに、「ちいさなねこ」の言葉がありますが、二度目の「ちいさなねこ」は、前に「おおきなへやに」という対比の文があることで、なおさらその小ささが強調されます。ポツンと小さく描かれた仔猫の絵がその小ささをいっそうきわだたせます。文章は、実況中継の様に、仔猫の動きをとらえていきます。この仔猫は、好奇心いっぱいの目で外をながめていますが、案の定、何か気になるものを見つけたのでしょう。突然、外に飛び出します。

　　おや、ちいさな　ねこが　にわに　おりた。
　　おかあさんねこが　みていないまに、
　　ひとりで　でかけて　だいじょうぶかな。

　　あ、はしりだした。
　　もんをでて　どんどん　はしっていく。

　文章には今、目の前に仔猫がいるかのような、臨場感があります。子どもたちは、仔猫は一体どこへ行くのだろう、何があるのだろう、と心配しながらも興味津々です。ところが、そう思う間もなく仔猫は子どもに捕まってしまいます。可愛い仔猫がたった1匹でいれば、子どもだったら、つかまえてみたくもなりますね。けれども、仔猫も負けてはいません。子どもの手をひっかいて逃げ出します。安心したのもつかの間、今度は自動車がやってきます。ちっぽけな仔猫のところに迫って来る自動車は、まるで怪獣のような迫力です。

　　そして、また　どんどん　はしっていく。
　　あ、じどうしゃの　ほうへ　とびだした。
　　あぶない！

　ハラハラする場面です。自動車はあと一歩のところで、ぎりぎりブレーキをかけて止まります。よかった。ホッと胸をなでおろします。向こう見ずな仔猫の行動に、次から次へと災難がふりかかり、息つく暇もありません。走りすぎていく自動車の後姿がまだ視界から消えないうちに、今度は次の災難がやってきます。仔猫の行く手に、大きな犬がやってくるのです。仔猫は、臭いをかごうとして近づいてきた犬の鼻をひっかいて逃げ出します。犬は怒っておいかけてきます。子猫の方に顔をむけたときの犬は、やさしそうな顔をしていましたから、犬は、はじめは仔猫のことをいじめるつもりはなかったのかも知れません。けれども驚いた仔猫がひっかいたために、犬を怒らせてしまいました。仔猫の無鉄砲さがトラブルを引き起こします。犬に追い詰められ

た仔猫は、必死で木に登ります。犬は木に登れません。木の下でがんばる犬。木の上で、「にゃお！にゃお！」と、助けを求める仔猫。

　さて、ここでやっとお母さん猫があらわれます。これまでこの絵本には、お母さん猫は表紙も含め全く絵にも文にも描かれていません。はじめての登場です。仔猫とそっくりの茶色いトラ猫ですが、用心して回りを見回す目つきは鋭く、風格すらあります。頼りがいのあるお母さん猫が大きさでも表現されます。「どうなるんだろう」とハラハラしていた子どもたちも、このお母さん猫の登場でちょっと落ち着いた表情になります。画面全体に描かれるお母さん猫は大きく、子どもや自動車が小さく描かれています。さっきは、あれほど仔猫が苦労した子どもや自動車の横を、お母さん猫は難なく通りぬけていきます。ついにお母さん猫は、仔猫と犬を見つけました。

　体中の毛を逆立て、眼光も鋭く、口を開けて今にも犬に飛び掛らんばかりのお母さん猫の迫力のすごいこと！これなら犬だって逃げ出しても仕方がないな、と子どもたちを納得させます。犬を追い払ったお母さん猫は、さっさと木に登って、仔猫をくわえておりてきます。

　　おおきな　へやで
　　ちいさな　ねこが
　　おかあさんの　おっぱいを　のんでいる。

　はじめの場面も、大きな部屋からはじまりましたが、そこにはポツンと小さな仔猫が描かれていました。最後の場面も仔猫が小さいことに変わりはありませんが、画面全体にはみだしそうな大きさでお母さん猫が描かれます。ここでは部屋の大きさというより、大きなお母さん猫の印象が伝わります。可愛い耳を倒して、一心におっぱいをのむ仔猫をじっと見つめるお母さん猫の目は優しさにあふれています。犬と果敢に戦った様子とは全く違います。このお母さん猫がいる限りどんなことがあっても大丈夫だ、と子どもたちは心底安心します。

　『ちいさなねこ』は、2歳の子どもたちにも理解できる、大―小の大きさの対比によって、大きく頼りがいのあるお母さん猫と、無鉄砲だけれどまだまだ無力な仔猫の内面を表現しています。子どもたちは、仔猫に自分を重ねることで、お母さん猫の存在から、大きな安心感と信頼感を感じ取ることでしょう。

「生まれてきてくれてありがとう」

『ちいさなうさこちゃん』

ディック・ブルーナ文・絵　石井桃子訳
福音館書店　1964

　2歳後半から3歳頃にかけて、自己を主張するかと思えば急に赤ちゃんのように甘えるなど、こころが揺れ動く子どもたちです。はじめての場所では固くなったりすることもあります。けれど、それも発達する過程での自然な姿、まわりの大人も焦らずゆったりとかまえることが大切です。

　自我の育ちゆえに不安になる時期には、繰り返し、信頼感や自己肯定感をていねいに確認していくことが必要です。毎日の生活の中で、子どもの気持ちをくんで見守るとともに、誕生の喜びが描かれた絵本を身近な大人と楽しむことも、子どもたちにとっての安心感となります。そのような時間を過ごすことで、少しずつ気持ちも落ち着き安定してくるでしょう。

　誕生の喜びが描かれた絵本はたくさんありますが、その中で、『ちいさなうさこちゃん』は、2歳頃の子どもたちにわかりやすい表現で描かれた絵本です。

　おはなしの導入は、やさしい七五調の文ではじまります。

　　　おおきな　にわの　まんなかに　かわいい　いえが　ありました。
　　　ふわふわさんに　ふわおくさん　2ひきの　うさぎが　すんでます。

　声に出して読むと、心地よいリズムがあり、聞き手はお話の世界にすいこまれていきます。やがて、文はやさしく語りかけるような文になります。

　　　ふわふわさんは　にわにでて　はなに　おみずを　やりました。
　　　ね　ひとつひとつ　ちゃんと　おみずを　かけて　やってます。

　こうして、子どもたちは、自然にお話の中に入っていくのです。物語には、うさぎのふわふわさんと、ふわおくさんの日常がていねいに描かれます。そこに天使が登場します。起承転結の転です。「よくおききなさい　あなたにじきあかちゃんができま

すよ」、こうして喜びの知らせを受け、生まれたのがかわいいうさこちゃんです。

うさこちゃんが登場するページは、明るい黄色の背景が目に鮮やかで印象的です。全編を通してこのページには、きわだって存在感が感じられます。しかし、この黄色は唐突で子どもたちをびっくりさせることはありません。前の天使のページの背景には、落ち着いた青の背景に小さな黄色い星が描かれています。青から黄色への変化は、はっきりとしたコントラストによる転換でありながら、黄色は既に描かれている色でもあるため、鮮烈な印象の中にも統一感があります。

うさこちゃんが生まれたと知って、「そこらじゅうから」どうぶつたちがおいわいにかけつけます。子どもたちは、うさこちゃんに自分の姿を重ねます。うさこちゃんの誕生の知らせに、喜んでお祝いにかけつける動物たちの様子は、自分の誕生を皆が待ち望んでいたことを、子どもたちに実感させてくれます。また、うさこちゃんが眠ってしまったので、皆が静かに帰っていく場面では、自分がどれほど大切にされているかがわかるでしょう。みんなの喜びと愛情に包まれて自分が生まれたことを確認できることは、子どもたちにとって大きな喜びです。

お話の内容に加えて、ディック・ブルーナの絵の表現も、幼い子どもたちの発達に適しています。絵本に描かれるうさぎや天使、うし、そしてたくさんの花は、どれもまっすぐ正面を向いています。赤ちゃん絵本の『いないいないばあ』や『か

おかおどんなかお』にもみられるように、幼い子どもにとって顔がまっすぐ正面を向いていることは安心できる大切な要素です。はっきりした色彩と、黒い輪郭線も安定感を与えます。

さらに、ディック・ブルーナの絵の特長は、顔に表情が描かれないことです。2歳になると、子どもたちは、象徴機能が発達してきますから、表情が描かれていないことは、かえって子どもたちのイメージをふくらませ、そのことが想像を豊かにします。子どもたちは、お話をききながら、自由にうさこちゃんの表情をこころに描きます。ですから、子どもたちには、うさこちゃんが微笑んでいるように見えたり、お腹がすいているように見えたりするのです。2歳になると、お人形を使ったごっこ遊びを楽しむ子どもたちですが、ごっこ遊びのお人形も、笑顔のものではなく無表情の方がかえって子どもたちのイメージをふくらませます。子どもたちのイメージの世界の中でお人形は、あるときはお腹が痛くて泣きますし、あるときはうれしくてにこにこ笑うのです。

子育ての中、子どもたちの発達の折々に、自己肯定感を育て、確認していくことはとても大切です。それは、これから先の人生をたくましく生きていくための基礎と

なる力です。「〜ができるからいい子」なのではなく、存在そのものが尊いことを、幼い子どもたちにわかりやすく伝えるには、その子の誕生を、まわりのみんながどれほど楽しみにしていたかを伝えることが、幼い子にとっては最もわかりやすいでしょう。『ちいさなうさこちゃん』のような、誕生のよろこびが描かれた絵本を、子どもたちに読むことは、「生まれてきてくれてありがとう」のメッセージを伝えることです。

　ところで、主人公のうさこちゃんはテレビなどの影響で、ミッフィーちゃんという名でも知られています。同じうさぎに2つの名前があって子どもたちは、ちょっと混乱してしまうかもしれませんが、その経緯に関しては、福音館書店のホームページに次のような記述があります。

　「うさこちゃんのもともとの名まえはオランダ語でネインチェ・プラウス。ネインチェはうさちゃん、プラウスはふわふわという意味です。ミッフィーという名まえは、うさこちゃんの絵本がオランダ語から英語に翻訳されたときにつけられた名まえです。」

　『ちいさなうさこちゃん』の翻訳者である石井桃子は、原書のうさこちゃんの名前についていたプラウスが意味するふわふわ感を、うさこちゃんのお父さんをふわふわさん、お母さんをふわおくさんと訳すことで表現しようとしたのでしょう。原書のもつニュアンスをなんとか生かそうする翻訳者の工夫がうかがえます。

人の声の心地よさ

『おやすみなさいおつきさま』
マーガレット・ワイズ・ブラウン作
クレメント・ハード絵　瀬田貞二訳
評論社　1979

　子守り唄をうたうお母さんが少なくなってきたと聞きます。おんぶをするお母さんもあまりみかけなくなりました。このことは、赤ちゃんや幼い子から人の声の心地よさを感じる機会を少なくしています。それにとってかわったのがテレビやDVDなどの機械音です。子どもは一方的に流れてくる機械音からは言葉を獲得しません。言葉はコミュニケーションを通して育まれるものだからです。その基礎となるのが子守唄やわらべうたであり、心地よい人の声の原体験です。事実、テレビの長時間視聴児には、言葉の発達の遅れがみられる可能性のあることが報告されています。

　以前、おんぶをされてお母さんの声を聞くというのはどんな気持ちか、自分が赤ちゃんだったときのことを追体験してみようと、保育園と幼稚園の先生のわらべうたの勉強会にみんなでやってみたことがあります。2人ペアになって、一人が子守り唄をうたい、もう一人は目を閉じて、耳をうたっている人の背中にぴったりとくっつけます。つまり、背中で子守り唄やわらべ唄を聴くのです。みんなから驚きと感動の感想が口々に出てきました。それは思っていたよりもずっと心地よい体験だったのです。背中から聞こえる声は、かすかな振動とともに、深く豊かに伝わってきます。うたっている人の身体全体から共鳴してくるからでしょう。それとともに、背中のぬくもりがほんわかと感じられ、まるで本当に赤ちゃんにもどったような、癒されるようなしあわせな気持ちになり、身体の疲れがすーっととれるような感覚で眠くなってくるのです。これほど幸せな感覚を、今の赤ちゃんが失ってしまっているとしたら、こんなにもったいないことはありません。言葉の発達だけでなく、安定根を育てる原体験としておんぶや抱っこで聞く子守り唄がどれほど重要であるかを皆で再認識することができました。

　2歳になっても、もちろんまだまだ子守り唄をうたってあげてほしいのですが、子守り唄とともに楽しむ絵本として、まるで子守り唄をきいているようにゆったりとした気分にさせてくれる絵本が、眠る前のひととき、静かに優しく語りかけるのにぴったりの『おやすみなさいおつきさま』です。

　静かな夜、ベッドにはいったこうさぎの部屋。文は、部屋にあるもの一つ一つに「おやすみとけいさん　おやすみくつした・・・」と語りかけます。部屋の様子は、ページがすすむにつれて少しずつ暗くなっていきます。ゆったりと読んでもらうと、本当にまるで催眠術にでもかかったように子どもたちの目はトロンとしてきます。帳が下りるように夜がゆっくりとふけていく様子が絵から感じられ、「おやすみ　そこここできこえるおとたちも」の最後の文章のページでは、こうさぎはぐっすりと深い眠りに落ちています。部屋は真っ暗になり、窓から見える満月の白い光とお人形の家からもれるあたたかな黄色い光だけがほんのりと明るく光っています。この絵本には、まるで背中できく子守り唄のような、こころを落ち着かせてくれる不思議な雰囲気があります。

　この絵本は言葉は少ないのですが、よく見ると絵がたくさん語っています。あまり書いてしまうと楽しみがなくなりますが、同じ作者による人気の絵本『ぼくにげちゃうよ』[注1]の一場面が壁の絵になっていたり、ねずみが部屋の中をあちこち移動しています。また、こうさぎの

部屋には時計がありますので、大人にはそこから時間の流れがわかります。1ページ目は時計の針は7時をさしていますが、本のおわりでは8時になっています。つまりこの絵本は、こうさぎがねむりにつくまでの午後7時から午後8時までの1時間のできごとです。やはり幼い子どもたちは、このくらいの時間に寝かせてあげたいですね。

　なかなか寝つけない日には、子守り唄とともに、こころ落ち着くこの絵本が、おまじないのように、子どもたちを心地よい眠りにさそってくれることでしょう。子どもたちは、この絵本を優しく読んでくれた人の声を、一生こころの深くに大切に、なつかしくもち続けるにちがいありません。

注①『ぼくにげちゃうよ』（マーガレット・ワイズ・ブラウン作　クレメント・ハード絵　岩田みみ訳　ほるぷ出版　1976）

3歳児の絵本

～お話の世界へ～

「きんぎょがにげた」
予想通りに展開するストーリーが、
子どもたちに安心感を与えてくれます。
園文庫では子どもが繰り返し借りていく絵本。

「わたしのワンピース」
まわりの景色にそまり変わっていくワンピース。
最後の模様はもう変わらず、一本道を行く
うしろ姿はさっそうとしています。

「おおきなかぶ」
絵のすばらしさと、
「うんとこしょ、どっこいしょ」の
繰り返しの言葉から、お友達とイメージを
共有して遊びがはじまります。

「ぞうくんのさんぽ」
次々とぞうくんの背中に乗って
動物たちが散歩を楽しみます。
ユーモラスな絵と、会話による文があいまって
ゆったりとした世界観をつくりだしています。

「てぶくろ」
3歳の子どもたちにも楽しめる、
雪の夜てぶくろの中で繰り広げられる
動物たちのファンタジー。

「おでかけのまえに」
3歳頃のかわいいお手伝いが描かれます。
子どもたちは主人公に同化しながら、
同時に客観的な視点でも楽しめます。

「パンやのくまさん」

姿はぬいぐるみのくまですが、その暮らしぶりは
1流のパン職人さんそのものです。
3歳頃の子どもたちにもわかりやすい表現で、
生活者の1日をていねいに紡ぎます。

「ぐりとぐら」

森の中で焼きあがる
ふわふわのカステラを食べた子どもたちは、
三世代を超えました。
時を超え共有できるおいしさ。

「いたずらこねこ」

子どもたちも、こねこになって
好奇心を発揮します。
見開きの横に広いページ構成を生かした
表現が効果的。

「はなをくんくん」

だんだん盛り上がる展開に
春を迎える高揚感が伝わります。
黄色い小さな花に、
春の喜びが凝縮されています。

「かばくん」

言葉が豊かに育まれるこの時期に出会いたい、
ゆったりと美しい詩のような文と、
その世界観を表現するやさしい絵。

「いちご」

子どもたちのなぜ、どうしての質問に
畑のいちごが応えます。
3歳頃の子どもたちに
ふさわしい表現で描かれた科学絵本。

依存から自立へ　受動から能動へ

　3歳になった子どもたちは、食事や着替え、排泄はほとんど一人でできるようになります。いろいろなことを自分でやってみたくて、なんでも見て、なんでも聞いて、好奇心にあふれています。お手伝いも大好きで、この時期子どもたちは生活の主人公になっていきます。

豊かな情緒と、知的好奇心の育ち

　言葉の数も増え、日常の会話にはほぼ不自由しないようになります。ふつうの会話では出会えないような、美しい詩や言葉の表現は、子どもたちの豊かな情緒を育みます。また、身近な環境への興味から、「なぜ？」「どうして？」などの質問が増えます。この時期の子どもに適した表現でていねいに応えることで、子どもはまわりの自然や環境に自分からすすんで関わるようになります。

お友達と遊ぶことの楽しさ

　自我がはっきりしてくるものの、まだまだ自分の思いをじょうずに言葉や行動で表現することは難しい子どもたちです。お友達との関係も、多くはその場を共有しながらも、それぞれが独立して遊んでいる平行遊びです。けれども、少しずつお友だちの遊びを模倣したり、道具を仲立ちとしたりしながら、お互いに関わっていくようになります。この時期に、お友だちといっしょに、身近なものを題材にした絵本を楽しむことは、イメージを共有する喜びとなります。

繰り返しのあるストーリー　リズム感のある言葉

　3歳頃になると、子どもは大人の行動や普段の生活で経験したことをごっこ遊びに取り入れたり、象徴機能や観察力を発揮して、遊びの内容に発展性が見られたりするようになります。絵本では、ストーリーのあるものを楽しめるようになります。絵本で出会ったリズム感のある言葉や、繰り返しによって展開されるお話が、子どもたちの遊びの中に再現されることもあります。実体験に加えて、絵本のお話や言葉のイメージが子どもたちの遊びを創造的にふくらませます。

どうして同じ絵本を何度も読みたがるの？

『きんぎょがにげた』
五味太郎作
福音館書店　1977

「あら、その絵本はもう読んだでしょ。他のにしたら？」

　子どもが借りようともってきた絵本を見て、保護者の方が答えているこんな光景を、園や図書館の絵本コーナーで、時折見かけることがあります。確かに、子どもは何度も同じ絵本を読みたがりますね。そればかりか、おうちにある絵本なのに「これ借りる！」ということもあります。まるで、ともだちと再会したかのようにお気に入りの絵本を自分といっしょに連れて帰りたがるのです。大人の感覚では、「もうこの絵本は何度も読んで内容もよく知っているのにどうしてだろう？」と思いますし、既に家にある絵本の場合なら、それを借りるのは申し訳ない気持ちにもなってしまいます。

　そんな、2歳後半から3歳前半の子どもが何度も読みたがる代表的な絵本のひとつに、『きんぎょがにげた』があります。この絵本が、子どもをひきつける理由を読み解くことで、この時期の子どものこころをのぞいてみましょう。

　『きんぎょがにげた』は、「きんぎょがにげた。どこににげた。こんどはどこ。」と問いかけるような文章とともに、かくし絵でページのどこかに隠れているきんぎょを探すという内容の絵本です。大人にしてみれば、クイズのような感覚なので、一度読むともう答えがわかってしまい、面白くないのでは？と思ってしまいます。しかし、子どもには、大人とは違った絵本の楽しみ方があります。

　この時期の子どもたちは、自己主張が激しくなり、何でも自分でやってみたくて、「ぼくが！」「わたしが！」と言い張る時期です。けれども、身体も小さくて電気のスイッチにも手が届かないし、ジュースが入っているとわかっている冷蔵庫の扉は重くて開けることができません。子どもたちは、何でもやりたいという気持ちがある反面、それが思うようにいかないことで、イライラしたり不安になったりしています。

　『きんぎょがにげた』は一度読んでもらうと、記憶力のよい子どもたちのことですから、もちろん、きんぎょがどこに隠れているか憶えてしまいます。子どもたちは、予測をたて、自分の思ったところにちゃんといるきんぎょを見つけて安心し、自信をとりもどすのです。昨日いたきんぎょは、今日も明日も必ずそこにいます。「きんぎょ

がにげた。どこににげた。」の問いかけに、子どもたちは、「わたし知ってるよ、お花のところだよ」「ほーらぼくの思った通り、キャンディーのビンの中だよ」とこころの中で絵本と会話を交わします。この絵本をクラスで読んでもらったあとで、一人でパラパラとめくって楽しんでいる子どもの姿もよく見られます。この絵本はいわば、したいことと、できることの間で揺れ動く幼いこころの安定剤といったところでしょうか。子どもたちは自分に必要なものを知っているのですね。「子どもが借りたいというのには何か理由があるに違いない」と、子どもを信じることが、子どものこころによりそうことにつながります。そして、ゆったりといっしょにその絵本を楽しむことで、子どもたちは安心し、それが次のステップへの糧となります。

　ところでこの絵本、実はそれだけではありません。次の成長への道しるべもしっかり用意されています。きんぎょが最後に逃げるページ（20ページ）で、きんぎょは三面鏡の前にいます。もちろん、本物は1匹であとの3匹は鏡に映った偽物です。どれが本物のきんぎょかを見分けることは3歳の子どもには難しいことで、違うきんぎょを指差すことがよくあります。これを一目で見分けられて判断できるようになるのは、ふつう自分を客観的に見ることができる4歳以降です。子どもは何度もこの絵本を見るうちに、やがて自分で気づきます。「あら、違うわよ。本物はこれでしょ。」なんて、大人が言ってしまっては子どもが発見する楽しみを奪ってしまいます。このページの本物のきんぎょが見つけられるようになるころには、もうそろそろこの絵本は卒業かも知れません。

　また、この『きんぎょがにげた』は、きんぎょが逃げるページと、かくれるページの2ページずつがセットで構成されているのですが、全編を通してもストーリーになっています。きんぎょは結局「いたいた。もうにげないよ。」（22ページ）でたくさんの仲間のいる池にたどりつきます。さらに最終ページでは逃げたきんぎょ、1匹のきんぎょと楽しそうに向かい合っています。親友でしょうか？　それとも彼女（彼）？　そもそもおはなしのはじまりではテーブルの上の水槽から逃げ出したきんぎょです。それが、仲間、そしてパートナーまで見つけてしまうのです。飛べないはずのきんぎょが、水槽からジャンプして成長していく、そのたくましさとユーモアもこの絵本の魅力です。

　蛇足ながら、作者のちょっとした遊び心でしょうか。きんぎょがたくさんの仲間と出会う場面で、1匹だけ目がへの字で笑っているきんぎょがいます。大人はなかなか気がつきませんが、子どもはちゃんと見つけます。

『わたしのワンピース』

西巻茅子絵・文

こぐま社　1969

　大人に「子どもの時に読んでもらった絵本で印象に残っている絵本は何ですか？」とたずねたときに、よくあげられる絵本の一冊が『わたしのワンピース』です。40年前に初版が出版されていますから、そろそろ三世代目の読者を迎えようとするロングセラー絵本です。何冊も読んでもらっている絵本の中で、何十年たってもこころに残っている絵本には、やはりそれだけの力があるのだと思います。うさぎが主人公の明るい色彩の可愛い絵本の中には、どんな力がかくされているのでしょうか。

　『わたしのワンピース』は、しろいうさぎが歩いているところに「まっしろなきれふわふわって　そらからおちてきた」ところからはじまります。うさぎはそのきれでワンピースをつくり、うれしくなって「できたできた　ラララン　ロロロン　わたしににあうかしら」と散歩にでかけます。ところが、うさぎがお花畑を通るとワンピースの柄は花模様に、雨が降ると今度は水玉模様にと、どんどん変わります。なんて、すてきでワクワクするワンピースなのでしょう。子どもなら誰でもこんなワンピースがほしいと思うに違いありません。それからも、麦畑で麦の穂模様になり、鳥が麦を食べに来て鳥模様になり、まるでつながり言葉遊びのようにワンピースの模様は変わっていき、やがて模様になった鳥たちが飛び立つことでうさぎも空に昇り…それからもワンピースの変化は続きます。

　はじめ、ワンピースが花模様になった場面に「わぁ！」と目を輝かせた子どもたちは、「あぁ　まわりの様子と同じに変わっていくんだな！」とすぐにその法則性に気づきます。

　この絵本は、

① ラララン　ロロロン　とうさぎがあるく

↓

② まわりの環境が変わる

↓

③ ワンピースの模様が変わる

という三拍子でお話がすすんでいきます。子どもたちに、次はまわりにどんなものが来るのかがわかるように、①のうさぎが歩くページの右上すみには、次のページの様子（お花畑のときにはお花）が描かれます。ですから、子どもたちはページをめくるごとにガラッと世界が変わるのではなく、予想してこころの準備をしながら変化を楽しむことができます。

次々に模様が変化するうさぎのワンピースは結局どうなるのでしょうか。夜空で眠っている間に星の模様になったワンピースは、朝になっても星の模様のままで、もう周りの様子で模様が変わることはありません。そのワンピースを着てどこまでも長く続く一本道を、うさぎが歩くうしろ姿で終わっています。この絵本は、周囲の環境の影響を受けてさまざまな経験を繰り返しながら、それを自分のものにして、最終的にはまわりに左右されない、自分自身の「こころの模様」を決める姿を表現しているようにも思えます。

『わたしのワンピース』は、「ぼくが」「わたしが」と、自我を主張する3歳頃の子どもたちが、無理なく楽しめるわかりやすい表現で、思春期以降に子どもたちが迎えるであろう自我の確立の姿を示してくれているように読みとることもできるかも知れません。子どもたちは、そんな先のことへのメッセージは忘れてしまうだろうとも思われますが、多くの大人たちがこの絵本を心に残る絵本としておぼえていることは、無意識の中にも何かしら心に残るメッセージを感じ取っているのでしょう。親しい大人に絵本を読んでもらい楽しかった記憶は、こころのどこかに残っていて迷ったときに、「それでいいんだよ」と背中を押してくれる存在なのでしょう。

＼ 絵本にはどうして繰り返しが多いの？ ／

『おおきなかぶ』

A.トルストイ再話　佐藤忠良画

内田莉莎子訳

福音館書店　1962

『ぞうくんのさんぽ』
なかのひろたか作・絵
なかのまさたかレタリング
福音館書店　1968

『てぶくろ』
ウクライナ民話　エウゲーニー・M・ラチョフ絵
内田莉莎子訳
福音館書店　1965

　簡単なストーリーのある絵本を楽しみはじめる3歳頃の子どもたちが、楽しめるおはなしには、次のような特徴があります。

　①同じ言葉の繰り返しによって展開されること
　②言葉と絵が連動していて子どもたちは目と耳でお話を追うことができること

　この年齢の子どもたちは、まだまだ不安なこともいっぱいある子どもたちです。『きんぎょがにげた』でご紹介したように、子どもたちにとって、知っていることは安心、知らないことは不安です。もしもページをめくるたびに、前のページとまったく違う世界が展開されていたら、子どもたちは余裕をもって物語を楽しむことができません。ですから、おおまかな流れはおなじだけれど、ちょっとずつ変わりながら展開していくお話が、3歳頃の子どもたちの発達に適しているといえるでしょう。子どもたちに人気で、ごっこ遊びなどでも再現される繰り返しによって展開する3冊の絵本について、子どもたちのこころをひきつける理由をひもといてみましょう。

　「うんとこしょ　どっこいしょ」　この言葉を聞いただけで、クラスの子どもたちは「あっおおきなかぶだ！」とすぐに気がつき、たちまちみんなの頭に「あまいげんきのよいとてつもなく大きい」かぶのイメージがうかびます。そして誰からともなく並んで、とっても重そうに全身でかぶをぬく動作の遊びをはじめるのです。3歳頃になると子どもたちは、お友だちと共通のイメージをもって、そこにないものを思い浮かべながら、ごっこ遊びがを楽しむようになります。そんな子どもたちが、みんなで同じイメージを共有するために絵本がとても役にたちます。

さて、おじいさんが植えたかぶは、「あまいあまいかぶになれ。おおきなおおきなかぶになれ」というおじいさんの願い通り、とてつもなく大きいかぶに育ちます。おじいさんは、かぶを「うんとこしょ　どっこいしょ」とぬこうとします。ところが、かぶは大きすぎてぬけません。おじいさんはおばあさんをよんできますが、2人でひっぱってもまだかぶはぬけません。こうして、おばあさんは孫をよび、孫は犬を‥と次々に助っ人をよんでくるたびに、「うんとこしょ　どっこいしょ」のかけ声が繰り返されます。子どもたちのこころは、かけ声をきくたびに、「今度こそ！」とかぶが見事ぬけることへの期待でふくらみます。こうして、おじいさん、おばあさん、孫、犬、猫と繰り返され、ついに小さなねずみも加わったときに、やっとかぶはぬけるのです。

この絵本の素晴らしさは、簡潔でわかりやすい文章もさることながら、なんといっても絵の力強さであり、リアルさにあります。いかにもロシアの農夫らしいいでたちのおじいさんが、頭を後ろにのけぞらせ、渾身の力を込めてかぶをぬく姿や、夫婦の

長年の農作業を思わせる節くれだった手の表情などの細部にいたるまで、絵は余分なものは排除しつつも、必要なものを雄弁に語っています。一人ずつ増える登場人物にぴったり連動している絵で、ストーリーを楽しみはじめる子どもたちが、自然に目と耳でおはなしの流れを確認して楽しむことができます。

最終ページ「やっと、かぶはぬけました。」で、肩を組んで小躍りする老夫婦と、若い娘さんらしく手をたたいて喜ぶ初々しい孫の姿は、収穫のよろこびそのものです。この最終ページは、そのまま表紙の取り入れの様子へと続きます。

かぶは大きすぎて、葉っぱは裏表紙にまで続きます。この表紙が、おはなしがはじまる前に子どもたちにかぶは無事ぬけることを示唆しています。ですから、子どもたちは「かぶはぬけるんだ」と知っていて安心しておはなしを楽しむことができます。小さなねずみのはたらきが最後に功を奏して、とてつもなく大きなかぶがぬけるという展開も、小さい子どもたちにとって喜びの大きいストーリーといえるでしょう。

『おおきなかぶ』は、横開きの絵本でおはなしがすすむに伴って、横に登場人物の列が長くなっていきますが、登場人物が増えるごとに上へ上へと重なる絵本が『ぞうくんのさんぽ』です。この絵本はぞうくんがさんぽにでかけるところからはじまります。そして、カバ、ワニに出会い、「おや、ぞうくん。どこいくの」「さんぽだよ。いっしょにいこう」「せなかにのせてくれるならいってもいいよ」というやりとりの繰り返しで

進行していきます。身体が大きくて強そうなカバやワニがおんぶされている姿は、なんだかとてもユーモラスです。最後に登場するのが小さいカメ。カメも背中にのってみんなでさんぽをしていたのですが、池のところまできてとうとうバランスをくずし、みんなで池の中にどっぼーんと落ちてしまいます。そしてみんなで

水遊びです。小さなカメが次の大きな展開へのきっかけとなる点は、『おおきなかぶ』のねずみを思い起こさせます。1匹でも大きなゾウ、カバ、ワニが次々と重なり高くなる様子は、大きくなりたい子どもたちのこころに満足感を与えてくれます。

　3冊目は、中にどんどん入っていく展開の『てぶくろ』です。「おじいさんがもりをあるいていきました。こいぬがあとからついていきました。　おじいさんはあるいているうちに、てぶくろをかたほうおとして、そのままいってしまいました。」こうしてお話はじまります。そこへ、ねずみがやってきて、「ここでくらすことにするわ」と言って、てぶくろに入ってしまいます。このねずみのせりふのが魔法の言葉のような役割をして、その言葉をきっかけにこの普通の手袋は動物たちの家になっていきます。ねずみが中に入ったとたん、てぶくろにはしごがつき、土台がつきます。その「家」に、カエル、ウサギ、キツネ、オオカミ、イノシシ、クマがやってきて、どんどん家に入っていくのです。てぶくろに、そんな大きな動物たちが入るなんて、とうてい無理だと思われますが、画家ラチョフの表現力の巧みさは、ちょっと窮屈だけれどそれが可能なことであるかのように感じさせます。

　新しい登場人物が増えるたびに、「だれだ手袋にすんでいるのは？」「くいしんぼねずみとぴょんぴょんがえるとはやあしうさぎとおしゃれぎつね。あなたは？」「おおかみだ。おれもいれてくれ」というやりとりがくりかえされます。すでに登場した動

物たちの名前がせりふの中で繰り返されるので、子どもたちはせりふを聞きながら絵を見て確かめることができます。手袋の家はといえば、動物が増えるたびに、窓ができたり、呼び鈴がついたり、ウッドデッキがついたりと、少しずつ家らしく変化していきます。

このお話は、てぶくろを落としたことに気づいたおじいさんが、手袋をとりにもどり、おじいさんの連れている子犬の声でみんながびっくりして手袋からはい出すことで終わります。しかし、はじめのページの手袋と、動物が出て行ったあとの手袋の絵をよく見比べてみると、手袋の位置も、まわりの小枝への雪の積もり具合もまったく同じです。つまり、時間が経過していないのです。これは、現実の時間の流れとは別に、手袋を落とすことでその扉が開かれた、動物たちによって繰り広げられるファンタジーの物語なのです。この絵本では、現実世界の住人であるおじいさんの姿も犬の姿も絵には登場しませんから、子どもたちははじめから、ファンタジーの世界に無理なく入り込んで楽しめます。『おおきなかぶ』や『ぞうくんのさんぽ』と同じように、繰り返しの文章と絵で表現されていますが、『てぶくろ』の導入とおしまいには、手袋を落とす、拾うという形で、日常のとなりにあるファンタジー世界への入口と出口が用意されています。こうした作品を経験しながら、子どもたちは本格的な物語世界を楽しむための準備をしていくのです。

「もう大きいの　一人前なの　だから役に立ちたいの」

『おでかけのまえに』

筒井頼子作　林明子絵
福音館書店　1980

　3歳になる前、まだ2歳頃の子どもたちは、自分が何かできるようになると、「見て見て、ここからジャンプできるよ！」と大人に自慢しにきます。そして、何かできるたびに大人の方を見ては、うれしそうにニコッと満面の笑みをうかべます。ここで大人に「あら、すごいわねぇ」と賞賛されればもう大満足でした。けれども、3歳ともなるとそれだけでは満足しません。食事や着替えなど、身の回りのことは一通り、一応できるようになっていますから、自分はもう一人前だと思っています。ですから、自分ができることを自慢するだけではなく、自分が大人やお友だちの役に立ちたいと考えだします。この時期、おせっかいさんがあちらにも、こちらにも…。自分の洋服のボタンをかけちがえているのに、お友だちの着替えを手伝ってあげる姿などがみられます。大人からすれば、人のことはいいから自分のことをちゃんとやってね、と言

いたいところですが、本人は役に立っていると思っていますから真剣そのもの。これは、3歳頃の子どもたちが、意欲や自信はあって気分はもう一人前なのだけれど、結果を振り返る力がまだ十分でないことのあらわれです。

『おでかけのまえに』には、そんな、この時期の可愛いお手伝いの姿がほほえましく描かれています。おとうさんおかあさんと、ピクニックに行くのをとても楽しみにしているあやこは3歳頃の女の子のようです。朝、ピクニックの準備に忙しいおかあさんを手伝おうと「いいことを思いつき」お弁当をつめるのがですが、お弁当箱はぎゅうぎゅうづめでぐちゃぐちゃ、おなべはひっくりかえり、朝食のミルクもこぼしています。それでも、あやこは得意顔。「おかあさん、みて！わたしおべんとうをつめてあげたの。おとうさんにおしえてくるね」自分がやった、ということが大切で結果は全く気にしていません。「つめてあげた」という言葉にも、役に立ったという気持ちがあらわれています。こんな具合にあやこのお手伝いは続き、かえって大変なことになるのですが…。

『おでかけのまえに』と同じく筒井頼子と林明子のコンビによる『はじめてのおつかい』（福音館書店 1976）の主人公みいちゃんは5歳ですが、みいちゃんが困難を自分で解決しながらお手伝いを全うする姿に比べると、あやこのお手伝いは、同じお手伝いでもずいぶん違います。3歳頃の子どもは、自分の姿や行動を客観的に見たりふりかえったりする力はまだ十分ではないので、失敗したとしても、それで落ち込んだりはしません。その姿は屈託なく、お手伝いをしたという満足感でいっぱいです。子どもたちは、この絵本を「あ〜ぐちゃぐちゃ〜」「全部出た〜」と笑いながら楽しみます。先ほどの、自分はボタンをかけちがえているのに、お友だちの着替えを手伝っている3歳児の姿と同じですね。子どもたちは、身近でイメージがしやすいテーマの絵本として、ピクニックを楽しみにするあやこの気持ちに共感しながらこの絵本を楽しみます。あやこのおとうさんとおかあさんも素敵です。あやこの一人前の気持ちを尊重して、しかったりせずに見守ってくれています。

ところで、よい絵本というのは、文章にないことを絵が物語っています。この絵本でも本文には表現されておらず絵からわかることですが、あやこがピクニックにいつも大切にしているお人形を連れて行っています。あやこがこのお人形を大切にしていることは、各ページに必ずあやこといっしょにお人形が描かれていることからわかります。文を読んでいる大人は案外気がつかないこともあるのですが、子どもはこういう点を見逃しません。2ページだけお人形が描かれていないページがあり、読んでもらったあとに自分で絵本を開いてそのページをじっとみつめている姿も

あります。幼いこころの動きが、文だけでなく絵にも、細部にわたりていねいに描かれており、ここでも子どもたちの共感をよびます。

ごっこ遊びは本格的に

『パンやのくまさん』
フィービとセルビ・ウォージントン作・絵
間崎ルリ子訳
福音館書店　1987

　子どもたちの成長にごっこ遊びは欠かせません。ごっこ遊びが成立するためには、見立てる力などの象徴機能や、コミュニケーションとしての言葉の力が必要です。ごっこ遊びの定番のひとつであるお店屋さんごっこのイメージを広げてくれる絵本が、『パンやのくまさん』です。

　「あるところに、パンやのくまさんが、すんでいました。くまさんは、パンをうるみせと、くるまを1だい、もっていました。」ではじまるこの絵本は、パン屋を営むくまさんの、朝から晩までの1日の仕事を描いています。まずなんといっても、この絵本の魅力は、その仕事の様子がとてもリアルであることです。お店はロンドンの街角に実際にあるようなたたずまいの小さいながらもこざっぱりした店ですし、パンを売る自動車は明るい黄色にテディ・ベアー・ベイカーと書かれたとても素敵な、そしていかにもありそうな、移動販売車です。2ページ目、くまさんの1日は、こんなふうにはじまります。

　　くまさんは、あさ、とてもはやく　おきて、
　　おおきな　かまどに、ひを　いれます。
　　かまどが　じゅうぶん　あつくなるのを　まちながら、
　　くまさんは、あさいちばんのおちゃを　のみます。

　朝、まだ暗いうちに起きて、これからはじまる忙しい1日に思いをはせながら、簡単な朝食をすませる職人さんの姿のようです。このページのくまさんはうしろ姿です。暖炉の火を見つめる背中、床に伸びる影、頭には真っ白で糊のきいたコックさんの帽

子、きちんと整った仕事場、このくまさんが誇りをもって仕事をしていることが一目でみてとれます。こんな風にこの絵本は、簡潔な文章と語る絵で、職業人としてのくまさんの日常を描いていきます。

　そのリアルな内容と対象的なのが、くまさんの外見です。くまは、うさぎや犬とともに、擬人化されて絵本によく登場する動物ですが、この絵本のくまさんはどうみてもぬいぐるみのくまです。コックさんの帽子はかぶっていますが、洋服は着ていませんし靴もはいていません。ふわふわでボア素材のような線のタッチにぷっくりとした柔らかそうなおなか、牙や爪など攻撃的なものもなく、思わず抱っこしたくなる感じです。まるで、まだ身体に比べて頭が大きい3歳頃までの子どもたちの姿のようです。こうした表現によって、子どもは、くまさんに自分の姿を重ねて、職業人としての日常を体験することができるのでしょう。

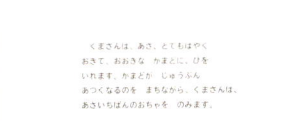

　また、この絵本には、子どもたちの願望がところどころでうまく表現されています。くまさんは、小さい子どもがくると、ときどきカウンターの下においてある「とくべつのかん」からキャンディーをだして子どもたちにあげます。実際、小さい子を連れて買い物に行くと、レジの横のキャンディーなどをくれるお店がありますが、子どもたちにとってそれをあげる立場はあこがれです。「とくべつの」という表現にも子どもたちの気持ちがよく現れています。そしてくまさんは、1日の終わりに、その日の売り上げを数えます。

　　ばんごはんが　すむと、くまさんは、　おかねを　かぞえます。
　　1こ、2こ、3こ、4こ、5こ！　　1こ、2こ、3こ、4こ、5こ！
　　それから、ちょきんばこに　しまいました。　これで、あんしんです。

　お金の計算にでてくる数字は5まで、しまうところは貯金箱です。しっかり売り上げ計算はしていますが、それも子どもたちが理解できる範囲ですね。なんとも可愛いではありませんか。こうして、くまさんは目覚まし時計をかけて8時にはぐっすり眠りにつくのです。子どもたちはくまさんになりきって、ごっこ遊びではないお店屋さんを体験します。この絵本を聞いたあとに、一人でページをパラパラとめくり、お店で売っているパンや、くまさんの部屋の様子にじっと見入っている子どもの姿が見られます。よく見るとお店のカウンターの棚には包装紙や紐が置かれていますし、壁は地域の掲示板になっていて、乗馬のレッスンやダンスパーティーの案内が貼られています。細かいところまでていねいな表現はイメージをいっそうふくらませてくれます。

　この絵本は、子どもが自分自身を重ねやすい、ぬいぐるみの様なくまさんの姿と、リアルに描かれた職業人としての日常、そして小さい子の生活体験にあった表現が特徴ですが、その他に特筆すべき点としては、「がらんがらんがらん！と、かねがなります。がらんがらんがらん！」にみられるようなリズミカルな文章があげられます。繰り返しによる擬音の表現は、音の響きとして面白く、印象的に耳に残り、ともすれば単調になりがちな、朝から晩までの日常を追うという物語を楽しいものにしています。

ふくらむイメージ　物語絵本の楽しみ

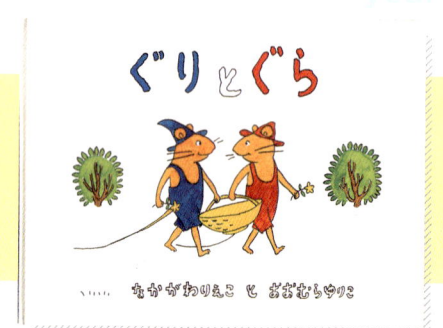

『ぐりとぐら』
中川李枝子作　大村百合子絵
福音館書店　1963

　子どもの頃に好きだった絵本について雑談をしていたとき、『ぐりとぐら』が大好きだったという方がおられ、ちょうどそこが絵本のある部屋でしたので、棚からとりだしてきてその人にお渡ししました。すると、その人は早速この絵本をパラパラとめくられたのですが、カステラが焼きあがるシーンで、「あれ？カステラってもっと大きかったのでは？」と意外な表情です。

　この人の気持ちに、「うんうん。あるよなぁ、そういうことって。」と共感なさる方は多いのではないでしょうか。小さいころよく遊んだ公園に大人になってから行ってみると、ずいぶん小さいなあと思ったり、広いと思っていた商店街の道が、案外狭かったり、小さいころの印象というのは、大人になってから再会するとずいぶん違っていて驚くものです。とりわけ、絵本の場合はそれが顕著であると思います。なぜなら、絵本を読んでもらっている子どもたちは、ストーリーの展開にそって、こころの中に期待やイメージがふくらんでいて、実際にそのときに見た絵以上に、こころの目で見た印象が強く残っているからです。

　『ぐりとぐら』は、イメージが豊かに広がる絵本です。この絵本は物語絵本を楽しみ始める子どもたちにわかりやすい、簡単なストーリーと、身近な題材がテーマになっています。1ページ目—

ぼくらの　なまえは　ぐりと　ぐら　　このよで　いちばん　すきなのは
おりょうりすること　たべること　　ぐり　ぐら　ぐり　ぐら

　ぐりとぐらは、歌で自己紹介をしながら登場します。読み手によってさまざまな
メロディーがつくこともある楽しい部分ですね。ぐりとぐらが、お料理好きなのがわ
かり、何かおいしいものがでてくるのかな、と期待がふくらみます。この2匹が森で
大きなタマゴを見つけることから、物語は一気に展開していきます。『ぐりとぐら』は、
はじめからお料理がテーマですから、そこから決して離れることなく、2匹は「この
たまごは何のたまごだろう？」などとは少しも考えず、タマゴを見るなり、「おつきさ
まぐらいのめだまやきができるぞ」「ベッドより、あつくてふわふわのたまごやきが
できるぞ」と調理法をあれこれ考えます。タマゴ焼きは色鮮やかでお弁当のおかずの
定番ですが、それがベッドみたいにぶあつくて、ふわふわなんて、考えただけで素敵
ですね。おいしいものへの期待はますますふくらみます。

　ところが、このタマゴは大きすぎて持ち帰れないとわかります。しかし、2匹はそ
んなことではあきらめず、素敵なアイデアを思いつきます。森の中で「あさからばん
までたべても、まだのこるぐらいのおおきいカステラ」を焼くことにしたのです。朝
から晩まで食べても残るくらい・・これこそ子どもたちの夢ですね。食べものの一つ
一つの表現が、とても子どものこころにそっていて、それがいっそう想像力をかきた
てます。

　この絵本の特徴は、簡単なストーリーでありながら、カステラの作り方に関しては
かなり具体的に表現されていることです。「たまごをボールへながしこむと、おさと
うといっしょに……」他の材料も入れてあわたて器で混ぜる様子は、文章だけでなく、
絵でも表現されます。子どもたちにとって、お料理、とりわけおやつは毎日の楽しみ
でもあり、身近な生活体験としてもっとも興味ある楽しみのひとつですから、イメー
ジもふくらみます。

　こうしてストーリーはいよいよハイライトシーンになります。カステラは、あと
は焼けるのを待つばかり。いいにおいをかぎつけた森の動物たちも集まってきました。
カステラができあがるページです。

「さあ、できたころだぞ」
ぐらが　おなべの　ふたを　とると、
まあ！　きいろい　かすてらが、
ふんわりと　かおを　だしました。

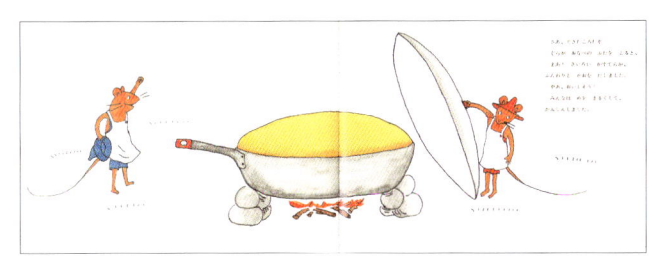

　子どもたちのうれしそうな顔！だんだんふくらんでいった子どもたちの期待が一気

に開花します。子どもたちはこのページから、カステラの香りも感じるし、食感だってイメージできているはずです。イメージの中ではカステラはページからあふれんばかりにふくらんでいることでしょう。はじめにご紹介した人が証明してくれたように、そのページだけをとりだしてみても、カステラの素晴らしさはわからないのですが、そこまでの展開によって、こころの中にイメージがふくらんでいるからこそ、カステラはとてつもなく大きくてふわふわなのです。これが絵本の醍醐味ではないでしょうか。

　お友だちとイメージを共有しだすこの時期の子どもたちにとって、『ぐりとぐら』のような、自分たちの生活に身近なこと、興味のあることをテーマにした絵本は、イメージしやすく、どの子も楽しめる絵本といえるでしょう。絵本で共有した喜びの体験は、幸福な記憶として子どもたちのこころに残ります。

可愛い知りたがりやさんへ

『いたずらこねこ』
バーナディン・クック文
レミイ・シャーリップ絵　間崎ルリ子訳
福音館書店　1964

　3歳頃の子どもたちは知りたがり屋さんですね。「なぜ」「どーして」を連発して大人を閉口させることもしばしばです。　『いたずらこねこ』の主人公のこねこも、とても知りたがり屋です。この時期の子どもたちは、絵本に登場する人物や動物と自分を同化して考えるようになりますから、これは子どもたちが、主人公のこねこになって楽しめる絵本です。

　この絵本は、好奇心あふれるこねこの様子を横開きのページを効果的に使って表現しています。ストーリーはごく簡単です。こねこが庭で生まれてはじめてカメを見つけ、カメが頭をひっこめたことに驚いて、あとずさりをするうちに、とうとう池にはまり逃げ帰るというものです。画面の右端にはこねこがかくれる垣根があり、左端にはカメがかくれる池が描かれています。左から歩いてくるカメと右からやってくるこねこが見開きページ中央で出会うのですが、どのページにも全編を通じて垣根と池が描かれているので、こねこにもカメにも逃げ込める安全地帯が常に子どもが目で見て

わかるようになっています。こうした表現の工夫によって、子どもたちは、ドキドキするお話も、主人公になりきって安心して楽しむことができるのです。

　このおはなしの大きな転換点は、こねこがカメのまわりをぐるりと回ってカメと池の間にくるところです。カメは自分の住まいである池に帰るためにユーターンして歩きだします。こねこは驚いて後ずさりをします。ここから、カメの前進とこねこの後退が対比して交互に描かれ、一気にスリルのある展開になります。

　　　かめは、こねこのほうへ　ひとあし　ちかづいてきました。
　　　こねこは、もうひとあし　うしろへ　さがりました。
　　　かめは、また　ひとあし　まえへ　でてきました。
　　　こねこは、また　もうひとあし　うしろへ　さがりました。

　聞き手がハラハラ・ドキドキする場面です。言葉とともに、一足一足、こねこがうしろの池に近づいていくことを絵が表現しています。そしてとうとう、こねこは池にパシャーン！と落っこちます。驚いたこねこは垣根の後ろに逃げ帰り、聞き手もああよかったと、ほっと一息です。でも、こねこは垣根にかくれながらも、また顔をちょっと出して池のカメを観察しています。恐いもの見たさの気持ちがおさえきれないのですね。最終ページも素敵です。垣根の後ろに、かくれているつもりのこねこのおしりとしっぽが出ています。好奇心で顔を出してしまったり、隠れているつもりでもおしりが丸見えだったり、まるで3歳頃までの幼い子のかくれんぼそっくりです。

　絵は池だけが青みを帯びたきれいな緑色で、こねことカメは鉛筆画のような素朴な黒一色です。余分なものは描かれず、地面を表わすのは一本の線です。表紙が池と同じ色で、シンプルでとてもデザイン性に優れた美しい絵本です。派手で彩色の多い絵本が並ぶ本棚では、この絵本は目立つ絵本ではないために、もしかするとあまり手にとってもらえないかも知れません。しかし、実際に子どもたちに読んでみると子どもたちが本当にワクワクした様子で楽しみます。絵本は、大人が黙読してみたときと、子どもたちに読むのとでは、楽しさや印象が違います。この『いたずらこねこ』は子どもたちに読んでみてはじめてその真価や魅力がわかります。

みんなで同じイメージを共有する

はなをくんくん

『はなをくんくん』

ルース・クラウス文　マーク・シーモント絵

木島始訳

福音館書店　1967

　3歳頃になると、お友だちと共通のイメージをもって遊ぶことができるようになることで、子どもたちの絵本の楽しみはいっそう豊かになります。『はなをくんくん』は、みんなでいっしょにイメージをふくらませることができる、よろこびにあふれた絵本です。

　ゆきがしんしんとふりつもる冬の山で、たくさんの、のねずみやくま、かたつむり、やまねずみが冬の眠りについています。寒さに耐えて、まるくなって固く目を閉じ一心に春を待つ眠りです。やがてその動物たちが、深い眠りから目覚めます。

　　や、みんな　めを　さます。みんな　はなを　くんくん。
　　のねずみが　はなを　くんくん、　　くまが　はなを　くんくん。

　何かを感じ取ったたくさんの森の動物たちは、ねぼけた目で穴から出て、皆同じ方向に一生懸命雪の中をかけていきます。たくさんの動物が一斉に駆け出す様子から期待感が高まります。みんなが向かったその先には、春を告げる黄色い小さな花が雪を割って咲いていたのです。

　　みんな　とまった。みんな　うっふっふっ、
　　わらう、わらう。おどりだす。
　　みんな「うわあい！」さけびだす、
　　「ゆきのなかに　おはなが　ひとつ　さいてるぞ！」

　なんという春の喜びでしょうか。雪国の子どもたちならなおのこと、そうでない子どもたちにも、動物たちの思わず笑いだす、躍りだす様子から、春の喜びがひしひしと伝わります。

　モノトーンの濃淡のみで描かれた雪山と動物たち、最後のページの小さな花だけが鮮やかな黄色で印象的です。幼い子どもたちのための絵本には、子どもたちにわかり

やすいような表現の工夫がされています
が、先にあげた『いたずらこねこ』や、こ
の『はなをくんくん』では、お話のポイン
トとなる池や花だけが、印象的な美しい
色で描かれており、子どもたちがお話
のテーマを理解することを助けています。
さらにその表現が、本全体としてもたい
へん美しいデザインとなっています。

　この絵本は、子どもたちを、冬眠のページの「静」、動物たちが目を覚ましてかけて
いく躍動感あふれる「動」、そして最後の春の喜びの場面まで、一気に引き込ませる展
開によって、ぐいぐいひきつけます。詩のような簡潔でリズミカルな文章も効果的で
す。年齢に関わらず、春を待ちこがれる頃に必ず読みたくなる絵本です。

豊かな言葉の体験がはぐくむ、豊かな感情

『かばくん』
岸田衿子作　中谷千代子絵
福音館書店　1962

　3歳を迎える頃になると、子どもたちは語彙数もかなり増え、日常生活での言葉の
やりとりにはほぼ不自由しなくなります。想像力もついてきますので、この時期には
ぜひ、会話言葉だけではない豊かな言葉の世界を子どもたちにたっぷりと味わってほ
しいと思います。
　『かばくん』は、簡単なストーリーの物語絵本のようですが、声に出して読んでみる
と、やさしく語りかけるような文が耳に心地よく、それは素敵な一編の詩のようです。

　　かばより　ちいさい　かばのこ
　　かばのこより　ちいさい　かめのこ
　　かめより　ちいさいもの　なんだ？
　　あぶく…

　　かばの親子の穏やかな表情や、落ち着いた色調で統一された絵のタッチが、文章の雰囲気にぴったりとマッチして相乗効果となり、絵本全体として独特の芸術世界をつくりあげています。子どもたちは、質の高いものを見分ける確かな感性を持っています。この絵本を読むと、不思議と子どもたちの様子が落ち着いてきます。甘ったるい類型的な絵や、不必要な幼児言葉で書かれた絵本を目にするにつけ、この絵本の真価があらためて認識されます。これからもずっと世代を超えて子どもたちに読みついでほしい絵本です。

いちごとお話をする子どもたち

『いちご』

平山和子作

福音館書店　1984

　　知的な好奇心がだんだんめばえてくる3歳頃の子どもたちは、身近なことに対して、興味が広がる時期です。けれども、まだ主観的で物事を客観的に見るということは難しい時期ですから、この頃の子どもたちに、科学的あるいは論理的に物事を説明することは難しいでしょう。そんな子どもたちに適したやさしい表現で、いちごの成長を伝える絵本が『いちご』です。

　　この絵本は、いちごが冬まだ寒い時期、雪の下に埋まっている様子からはじまって、やがて白い花が咲き、緑の実がなり、真っ赤に熟すまでを描いています。子どもたちに分かりやすいように工夫されている特徴が、絵は写実的に描かれていながら、文章ではいちごは擬人化され、いちごと子どもとの会話によって、いちごの生育過程がわかるようになっていることです。雪の下に見え隠れするいちごの葉が描かれている場

面の文です。

「いちごは　どこにあるの？」
「いちごのみは　あたたかくなったら　なりますよ。
それまで　まっていてね。いまは、まだ　さむいふゆです」

　はじめのせりふは、子どもの質問です。この時期の子どもたちは、「ナンデ？」「ド
ウシテ？」と質問が盛んですね。その質問に答えているのは、いちごです。いちごの
文章は赤い文字で書かれていますから、読み手にはこれはいちごの言葉だな、とわか
ります。いちごは〜と言いました、などの間接的な表現になっていないので、子ども
たちは本当にいちごと会話をしているようにこの絵本を楽しみます。やがて少しずつ、
赤くなっていくいちごが、とうとう真っ赤に熟す場面は圧巻です。畑中のいちごが、
子どもたちに呼びかけるのです。

「はい　おまちどおさま。さあ　どうぞ」
「あまいですよ。さあ　どうぞ」
「さあ　たべてください」

　子どもたちが、思わず手をのばしていちごを食べるまねをする場面です。本当にも
ぐもぐと、それはおいしいそうに食べるのです。きっとこの絵本を読んでもらった子
どもたちは、いちご畑に行くと、あちらこちらから、宝石のようにぶらさがった真っ
赤ないちごの声が聞こえるのではないでしょうか。植物や物にもこころがあると思っ
ているこの時期の子どもたちの気持ちによりそった、科学絵本です。

第**4**章

4 歳児の絵本

～ぼくが、わたしが、絵本の主人公～

4歳児の絵本 ～ぼくが、わたしが、絵本の主人公～

「もりのなか」
空想の森で過ごす体験は
子どもの時にだけ流れる豊かな時間。
モノクロームの絵に森の深さが感じられる。

「そらいろのたね」
夢のあるお話の中にも、
リアリティーのある言葉のやりとりがあり、
お友達関係が大切になる
4歳頃の子どもたちをひきつける。

「おふろだいすき」
あたたかな色調のお風呂の湯気の中。
想像力が豊かになる子どもたちに、
ファンタジーの扉が開く。

「かいじゅうたちのいるところ」
どこか愛嬌のあるかいじゅうたちと共に、
空想の世界で遊びに没頭することで、
子どもたちの心は満たされていく。

「どろんこハリー」
家出をして、どろだらけ、すすだらけ、
子どもたちがやってみたいことを
すべてかなえるいたずらなハリー。
でもやっぱり家が一番。

「ぐるんぱのようちえん」
失敗を繰り返し、しょんぼりしながらも
ぐるんぱはいつも一生懸命。
失敗だって無駄じゃない。うれしい結末は
ぐるんぱから子どもたちへのメッセージ。

「しょうぼうじどうしゃじぷた」
じぷたの活躍が自意識が芽生える時期の
子どもたちを応援する。
「ちびっこでも、せいのうがいいんだぞ！」

「こすずめのぼうけん」
「ぼくひとりで、せかいじゅうをみてこられる」
小さなすずめの無鉄砲な冒険。
堀内誠一の絵による、お母さんすずめの羽の下で
眠るこすずめの安心しきった姿が印象的。

「三びきのやぎのがらがらどん」
子どもは様々なものを乗り越え
大きくなっていく。
力強いメッセージがこめられた、
時代を超えて読み継がれる北欧の昔話。

「3びきのくま」
森で迷子になった女の子がくまの家で
見つけたものは…。心の成長を支える民話の世界。
ロシアらしいくまの名前の響きが
子どもたちをひきつける。

「あおくんときいろちゃん」
色に生命がふきこまれ、遊びだし、
感情が動き出す。
レオ・レオーニの遊び心あふれる絵本。

「わたし」
物事を多面的にみつめるようになり、
一人称を使いだす4歳の頃、
他者から見た自分について考える
科学の絵本。

泥だんごが作れる！

　泥だんごを作ることは3歳頃ではまだ難しいのですが、4歳になると固くて丸い泥だんごを上手に作れるようになります。泥だんごは、泥と水の配合や、芯の部分と仕上げの部分で使う泥や砂を変えることなど、なかなか奥の深いものですが、4歳になった子どもたちは、泥や水の特性を知り、それをうまく使うことで、試行錯誤をしながら泥だんごを作り上げていくのです。このように、この時期の子どもたちは、自然など身近な環境に積極的に関わり、様々な物の特性を知り、それらとの関わり方や遊び方を体得していきます。子どもが自分の興味にそって、実際の自然や物との関わりの中で体験したことを、絵本の世界でさらに広く深く追体験することで、創造力や知的な好奇心が豊かに育まれ、その経験はいっそう豊かで確かなものになります。

不安な気持ちは、成長の表れ

　4歳頃の子どもたちは、想像力が豊かになり、目的を持って行動したり、試したりするようになりますが、自意識が芽生えることで、自分の行動やその結果を予測して不安になるなどの葛藤も経験するようになります。3歳頃までは、屈託なく音楽にあわせて体を動かし、自由に絵を描いていたのに、4歳頃になると少し様子が変わってきます。他人から見える自分を意識するので、「上手にできるかな？」「これでいいのかな？」と、結果を気にするようになるのです。これは、精神的な成長のあらわれです。こころが揺れ動くこの時期に、いつでも安心して戻れる場所、無条件に愛されていることをもう一度確認することは大切です。こころの安定をテーマにした絵本などをゆったりと読むなど、こころによりそうことで、子どもたちは気持ちが落ち着き、安心することができます。発達の節目を迎える時期に、自己肯定感や安定根をしっかりていねいに確認していくことが、次の発達を保障します。

けんかしながら大きくなる

　4歳の子どもたちは、時には自己主張をぶつけあい、けんかをして、悔しい思いをしながらも、相手の主張を受け入れたり、自分の主張を受け入れてもらったりすることを経験していきます。このような経験を重ねることで、目には見えない心を感じられるようになり、少しずつ相手の気持ちがわかるようになっていきます。精神的な発達の節目であるこの時期、こころを育てる絵本の世界がますます重要になります。絵本の世界を大人やお友だちとともに楽しみ共感することで、子どもたちのこころは豊かに育まれます。絵本の主人公に共感して、物語世界を自分の体験として楽しめるようになる4歳の子どもたちに、わくわくするファンタジー世界の扉が開かれます。

子ども時間の輝きの中で

『もりのなか』
マリー・ホール・エッツ文・絵
間崎ルリ子訳
福音館書店　1963

　幼い頃、夢中で遊んでいて、気がつくといつの間にか空は夕焼けになっていた、そんな経験はどなたもおありですね。大人になってしまうと、どうしても時間に追われ、時計なしに1日はすすんでいかないのですが、子どもの時には、特別な「子ども時間」が流れているように思います。ふりかえってみれば、そうした時間がとても貴重であったことが実感されます。子ども時代に時間を忘れてたっぷりと遊びこむ体験が、その後の人生の底力になるようにさえ思われます。

　そんな子ども時間の輝きが感じられる絵本が『もりのなか』です。この絵本は表紙の茶色以外は、白と黒だけで描かれています。私たち大人は、子どもたちに読む絵本を選ぶとき、実際に手にとってみて「この絵本は子どもたちは好きかな？　楽しむかな？」とあれこれ想像しながら選びますが、『もりのなか』は、地味な印象で、文字も少ないとはいえないので、いったい子どもたちはこの絵本を楽しんでくれるだろうか、と思うかもしれません。ところが、実際に読んでみると、この絵本は幅広い年齢で、子どもたちを圧倒的にひきつける力をもっており、子どもたちは何度も繰り返し読んでほしがります。この絵本の裏表紙には、「読んであげるなら2歳から」と書かれています。実際に2歳の子どもたちにも読んでみると、そんな幼い子どもたちも、この絵本の世界にじーっと見入るほど、不思議な力がこの絵本にはあるのです。

　『もりのなか』は、一人の男の子が主人公です。その子が森の中でさまざまな動物に出会い、いっしょに遊びます。はじまりの文です。

もりへ、さんぽに　でかけました。

　　ぼくは、かみの　ぼうしを　かぶり、
　　あたらしい　らっぱを　もって、

　文章の途中ですが、1ページ目はここまでです。男の子は、新聞で折ったよう

な、三角の帽子をかぶっています。手にはラッパを持ち大きな木の根元に立っています。子どもたちは、新聞紙などで作った本当にかぶれる大きさの帽子をとても喜びますね。それだけで、自分がいつもと違った自分になるような気がするのでしょう。ラッパや笛も子どものこころをひきつけます。この男の子にとって、帽子をかぶり、ラッパをもつことは、いつもの日常から、冒険の旅へのこころのきりかえの役割があるのでしょう。さあ、出発の準備は整いました。文章は2ページ目の「もりへ、さんぽにでかけました。」へと続きます。

　このページの男の子はうしろむきです。体を奥深くに広がる森の方へ向けています。男の子がうしろむきであることはとても重要です。この絵があることで、読んでもらっている子どもたちは、まるで自分が森の奥へ入っていくような気持ちがするのです。色彩のないモノクロームの絵が、いっそう豊かに森の奥深さと広がりを表わしています。

　森の中で、男の子は次々にいろいろな動物たちに出会います。もしゃもしゃ頭のライオンは、「ちゃんとかみをとかしたら、ぼくもついていっていいかい？」と言ってついてきます。水遊び中の2匹のぞうは遊びをやめて、洋服を着てついてきます。2匹のくま、カンガルーの親子、無口なコウノトリ、2匹のさる、次々に仲間が増え行列は男の子を先頭に一列になってすすみます。最後に登場するのはうさぎです。他の動物たちは自分からついてくるのですが、男の子はうさぎだけは自分から誘います。

　　「こわがらなくって　いいんだよ」
　　「きたけりゃ、ぼくと　ならんで　くれば　いいよ」

　うさぎは黙って、行列のうしろではなく、先頭をいく男の子にぴったりとついて歩きだします。他の動物たちが、ほえたり楽器をならしたりしても、うさぎだけは黙ってそっと歩きます。

　やがて、みんなは、だれかがピクニックをしたあとのテーブルをみつけ、一緒におやつを食べます。食べたあとは、ハンカチおとしや、ロンドン橋落ちたをします。伝承遊びにはどの文化にも共通したものが多く、これらは、日本のわらべうたにも似た遊びがありますね。そして遊びはかくれんぼへと続きます。男の子は鬼になりますが、このときもうさぎだけは他の動物たちのようにかくれないで、男の子の足元にすわっています。男の子は木に顔をふせます。

　　「もういいかい！」と、ぼくは　いって、めを　あけました。
　　すると、どうぶつは、一びきも　いなくなっていて、
　　そのかわりに、ぼくの　おとうさんが　いました。
　　おとうさんは、ぼくを　さがしていたのです。

おとうさんの登場と入れ替わりに、動物たちの姿は見えなくなります。うさぎもいません。

　　「いったい　だれと　はなしてたんだい？」と、おとうさんが　ききました。
　　「どうぶつたちとだよ。みんな、かくれてるの」
　　「だけど、もう　おそいよ。うちへ　かえらなくっちゃ」と、おとうさんが　いいました。
　　「きっと、またこんどまで　まっててくれるよ」

　そして、男の子はおとうさんのかたぐるまで森から帰って行きます。最後のページは動物も男の子もいなくなった静まり返った森のシーンです。
　この絵本で描かれているのは、男の子が、自分のこころの内面に広がる空想の森で、こころの中の住人たちと思いのままに、たっぷりと遊びこんでいる情景なのかも知れません。登場する動物たちも、もつれた髪をとかそうとして困っているライオンや、水遊びをしていてあわてて洋服を着るぞう、ピーナッツを数えるくま、行列が大好きなさるなど、どれも子どもたちの姿を思い起こさせます。としとった寡黙なコウノトリや、カンガルーの親子は、動物の姿ではありますが子どもに身近な誰かのようでもあり、象徴的な存在として描かれています。1匹だけ、男の子にぴったりとよりそうのがうさぎです。うさぎは、絵本によく登場する動物です。動物には、それぞれのもつイメージがありますが、うさぎのイメージといえば、柔らかくて、ついつい抱っこしたくなり、寂しがりやで甘えん坊。まるで、幼い子どものようです。うさぎは、子どもたちが自分の姿を重ねやすい動物なのでしょう。ですから、この絵本でもうさぎは、男の子自身の分身か、あるいは普段は気づかない男の子の違った面を投影しているのかもしれません。
　男の子は、空想の世界の友達と食事の卓をかこみますが、絵本で、登場人物みんなで食事をする光景は、しあわせで満ち足りた場面を表わすことが多く、この場面は男の子のこころが満たされる場面です。けれども、その後もまだまだ空想の世界の友人たちと遊び続ける男の子を、現実の世界に連れ戻しにやってきたのが、おとうさんです。このおとうさんの台詞が素敵です。男の子に、もうおそいから帰ろうと説得するのですが、男の子が空想の世界で遊んでいた気持ちにさりげなくよりそいます。「きっと、またこんどまでまっててくれるよ」　この言葉で、男の子は納得して、自分の空想の世界を認められながら、現実の世界へ戻っていきます。『かいじゅうたちのいるところ』[注①]で、主人公を現実の世界に連れ戻した母親は「とおいとおい世界のむこうからおいしいにおいがながれてきた」こと、つまり美味しい食べ物を用意して息子を連れ戻しました。『もりのなか』の父親は、「もうおそいから帰らなくっちゃ」と社会の

ルールで説得しています。絵本の中のちょっとした表現にも、父性と母性の違いがでていて面白いですね。

　4歳の子どもたちは、少しずつ自分を客観的に見ることができるようになります。社会にはルールがあり、それを守ることの大切さもわかってきます。けれども、まだまだ自分の思い通りにしたい気持ちがあるのも当然です。子どもたちは『もりのなか』の空想の世界でたっぷりと遊びこんで、自分を解放しながら、同時に様々な自己を受け入れることで、少しずつ社会性を身につけていくのではないでしょうか。男の子は、迎えにきたお父さんといっしょに森から出て行くとき、お父さんに肩ぐるまをしてもらっています。自分中心の世界から、やがては成長していく子どもたちですが、今はまだ大人の支えが必要なのです。子どもたちは行きつ戻りつしながら成長していきます。この森は、子どもたちがいつでも帰ってこられる森です。だからきっと、子どもたちはこの絵本を繰り返し読んで欲しがるのでしょう。この森には、濃厚な「子ども時間」が流れているのです。

　ところで、この絵本を子どもの頃に好きだったという人が、絵本を思い出しながら、「男の子が黄色い三角の帽子をかぶっていた」と言われました。でもこの絵本は白と黒のみで描かれていますね。では、どうしてこの人はそのような印象を持ったのでしょうか。それはおそらく、この人が『もりのなか』の絵本を、主人公の男の子と同化して豊かなイメージをもってこころから楽しんだからだと思います。色彩がおさえられたことで、逆に想像力がかきたてられ、イメージが豊かに広がったのでしょう。この人は自分の想像力でもりのなかにさまざまなたくさんの色を見たのです。色彩の表現をおさえることで、かえって聞き手の想像力が豊かにふくらむということに、大人とは違う子どもの絵本の楽しみ方が感じられ、興味深いことです。

注① 『かいじゅうたちのいるところ』（モーリス・センダック作　冨山房　1975）

おともだちとの関係が大切になるころに

『そらいろのたね』

中川李枝子作　大村百合子絵
福音館書店　1964

　子どものお話には、『ジャックと豆の木』など、種が大切な役割を持つお話がいくつかあります。思えば種は不思議です。ちっぽけな種から、緑の葉がしげり、美しい花を咲かせ、たわわに実をつけることはまるで魔法のようです。さて、もしも種を植えてでてきたのが芽ではなくて「家」だったら。『そらいろのたね』は、小さな種からはじまる素敵なファンタジーです。

　主人公の男の子ゆうじが、野原で模型飛行機をとばして遊んでいると、1匹のきつねがやってきます。

　　　「やあ！　いいひこうきだなあ！　ゆうじくん、
　　　ぼくに、その　ひこうきを　ちょうだい」と、いいました。
　　　「あげないよ。だって　この　ひこうきは、ぼくの　たからものだもの」
　　　と、ゆうじが　いうと、きつねは、
　　　「それじゃあ、ぼくの　たからものと、とりかえて」
　　　と、ぽけっとから　そらいろのたねを　ひとつ　だしました。

　子どもたちは、きつねとゆうじのやりとりに納得します。「ちょうだい」と言われても、「ぼくのたからものだからあげない」ときっぱりと言うゆうじに、「そうだ。そうだ。」と共感しますし、そこで怒り出すのではなく「それじゃあ、ぼくのたからものと、とりかえて」と提案するきつねにも、「なるほど。どちらもたからものだったらいいか」と納得します。こうしたやりとりは、お友だち関係も広がり、時には意見の食い違いやぶつかりあいをしながら、人間関係の折り合いをつけていくことを繰り返している4歳頃の子どもたちにとって、実感があります。

　ゆうじは早速その種を植えてせっせと水をあげます。種の色は水色ですから、どうも普通の種ではなさそうです。いったいどんな芽がでてくるのだろうと子どもたちの期待はふくらみます。そして出てきたのはなんと小さなそらいろの家です。「うちがさいた！」とよろこんだゆうじが、「おおきくなあれ」と水をかけると、そらいろのいえは、ゆうじの願い通り少しずつ大きくなっていくのです。種をキーワードとした、ほかの物語でもそうですが、種を植えるという行為は主人公がするものの、芽がでてからは主人公の予想を超えたお話が展開していきます。種は、ファンタジー世界へのきっかけとなるのです。

　どんどん大きくなるそらいろの家に、たくさんの動物たちが遊びにやってきます。はじめのきつねもやってきました。きつねは、大きな家が自分がゆうじにあげた種からはえてきたときいて驚きます。

「ゆうじくん、ひこうきは　かえすよ。
だから　このうちも　かえして」

　確かに理屈は通っているようですが、ちょっとずるい気がします。子どもたちも戸惑いの表情です。きつねが続けます。

「おーい、このうちは　ぼくのうちだからね。
だまって　はいらないでよー。
みんな　でていっておくれー」

　これも、確かに理屈は通っているのですが、なんだかけちん坊ですね。さて、このきつねは、みんなが出て行ったあと、おおいばりでそらいろの家に入り鍵をかけてしまいます。その間にもそらいろの家はどんどん大きくなり、絵本のページからあふれんばかりにふくらんで、今にもお日さまに届きそうです。そして、大きくなりすぎたそらいろのいえは、とうとうはなびらがちるように、崩れ落ちてしまいます。あとには、びっくりぎょうてんしたきつねが、めをまわしてのびています。ドキドキ緊張して聞いていた子どもたちから、「はぁ〜」のため息がもれます。それほど、子どもたちは集中してこの絵本に聞き入ります。

　友達関係が広がってきて、仲間同士のルールもわかりだす4歳の子どもたちは、ゆうじときつねの一種の取引ともいえるやりとりに、自分だったら、と当事者になって考えます。だからこそ、きつねが「ひこうきを返すから家からでていって」と言ったときに自分なりに思いを巡らせて戸惑いの表情を見せたのでしょう。

　この絵本は、大人から子どもへの一方的な上から目線の教訓というものでは決してありません。子どもたちは自ら物語を体験しながら、自分の目線で考えます。ファンタジーとは、空想の物語の形をとりながら、非常にリアルに現実世界の真理を描いているのでしょう。その意味でこの絵本は、そらいろのたねからはじまる夢のような楽しい物語でありながら、同時にゆうじときつねのやりとりは身近な体験にそった現実的なものであることが、一層物語としての魅力を備え、子どもたちを強くひきつけるのだと思います。

日常のすぐそばにあるファンタジー

『おふろだいすき』

松岡享子作　林明子絵

福音館書店　1982

『おふろだいすき』もこの年齢の子どもたちに適した身近な生活から始まるファンタジー絵本です。全編を通して黄色をベースに暖色で描かれる絵には湯気がほかほか漂う様子が感じられて気持ちのよいお風呂や石鹸のかおりさえ感じられます。

　この絵本には海の生き物がたくさんでてきます。ペンギン、カメ、オットセイ等、みんなつるんとしていて、なんだか親しみのもてる姿です。もしも、家のお風呂が海とつながっていて、海の生き物がやってきたら・・・そんなわくわくするお話です。

　子どもたちは、たいていお風呂に入るときのお気に入りのおもちゃがありますね。アヒルのおもちゃはその代表でしょう。『おふろだいすき』の主人公の男の子まこちゃんも、アヒルのプッカといっしょにお風呂にはいります。そのプッカが、お風呂の底でカメをみつけるところから、ファンタジー世界がいっきに展開していきます。

　「まこちゃん、おふろのそこに、おおきなかめがいますよ。」

　ぼかっ、ざぁーっと浮いてきたカメに、まこちゃんが、「ここはぼくんちのおふろです。」というと、かめは「ほう、おふろにも、ペンギンがいるんですか。」との答え。見ればうしろに2匹のペンギン。あっけにとられているまこちゃんがうっかり石鹸をすべりおとすと、その石鹸のすべった先にはオットセイがいるではありませんか。登場した生き物から次々と別の生き物の登場に連鎖して、ぐいぐいと、ファンタジーの世界にひきこまれていきます。ついにはお風呂の中に、大きなカバまででてきます。まこちゃんはカバを洗ってやります。カバのせりふです。

　「それから、みみのうしろを、わすれずにあらってくれたまえ。」
　「あしのゆびも、きれいにしてくれたまえ。」

　なんだか、まこちゃんがいつもお母さんに言われていることのようでおかしいです

ね。空想の世界にちらほらと現実の世界が垣間見えます。最後にはクジラも登場し、みんなでお湯につかって50まで数えます。4歳頃になると数への興味もでてきて、1、2、3…、と数えるだけの数唱なら、100くらいまで数えることができる子どももいます。みんなで数を数えるのですが、カメが20の次に30と数えて「ずるいや」といわれるなど楽しい場面もあります。もう少し小さい子だと、このおかしさはわからないかも知れませんが、この場面は4歳頃の子どもたちには楽しい表現です。

　さて、お母さんがお風呂場にちょっと顔をのぞかせることで、このファンタジーの世界の幕が閉じられます。動物たちが消えたあと、お母さんが広げた手にもった、ふかふかのバスタオルにとびこんでいくまこちゃん。しっかりと現実の世界にもどる場面です。お母さんは、肩から下が描かれており、顔は描かれていませんから、子どもたちは自分がお風呂あがりにお母さんの広げてくれるバスタオルにとびこんで、いい香りにくるまれる様子を思いうかべて幸せな気分になるでしょう。興奮のあとの安堵です。

　『そらいろのたね』も『おふろだいすき』も、想像の世界の中に、4歳頃の子どもたちが共感する現実の体験が、巧みに織り込まれています。小さな種から、お風呂から、子どもたちに身近なところに、ファンタジー世界の扉が開かれていることを体験した子どもたちは、日常の何気ない風景の中にも、自ら空想の扉を見つけるでしょう。このように空想の世界にこころおどらせて遊ぶ体験は、目に見えないものを大切にするこころに通じる気がします。

やんちゃざかりの子どもたちへ

『かいじゅうたちのいるところ』
モーリス・センダック作　神宮輝夫訳
冨山房　1975

　4歳後半頃になると、子どもたち、ことに男の子は動きがはげしくなり、なんだか急にやんちゃになるように思います。年中クラスの子どもたちを担任なさった先生は

きっとそのことを実感しておられるでしょう。もちろん、個人差や性格はあるのですが、どちらかというとじっとしているのが好きな子どもでも、よく見ているとそれまでより動きや表情が活発になってくるようです。実際この時期になると運動能力もかなり伸び、両手をひろげながら走ったり、拍手しながら足踏みをしたり一度に二つの動作もできるようになります。

『かいじゅうたちのいるところ』はそんな元気な男の子が主人公です。モーリス・センダックはこのお話を1963年に書いていますから、もう半世紀以上も子どもたちに愛されている絵本です。

主人公のマックスは、家の中でやんちゃ放題です。マックスが着ているおおかみの着ぐるみは、あばれまわるマックスの内面を外からでもわかりやすく表現しているかのようです。ぬいぐるみを乱暴に扱い、壁に釘を打ちつけてカーテンをぶらさげ、犬をフォークで追い回します。眉を釣り上げ、口はへの字のすごい顔です。さすがに、お母さんもだまってはいません。

> おかあさんは　おこった。「この　かいじゅう！」
> マックスも　まけずに、「おまえを　たべちゃうぞ！」
> とうとう、マックスは　ゆうごはんぬきで、しんしつに　ほうりこまれた。

さて、こうして閉じ込められたマックスの寝室で、不思議なことがおこります。にょきり、にょきりと、木がはえだすのです。その木はどんどん増えて、寝室はとうとう森や野原になってしまいます。

マックスが暴れる家のシーンでは、絵をとりかこむフレームのように、外側に余白が残されています。けれども、木が増えるにしたがって、余白は上下だけになり、寝室が木でいっぱいになる場面では、ついに余白はなくなりページ全体に森が描かれ、マックスの世界の広がりが感じられます。そこへ、波がざぶりざぶりとうちよせて、マックスのふねをはこんできます。ファンタジーの世界では、水を超えることで異世界への旅立ちが表現されることがよくあります。さあ、海を越え、異世界への旅のはじまりです。

マックスは、昼も夜も航海を続け、1年と1日たったころ、ついにかいじゅうたちのいるところに到着します。たどり着いた島では、黄色い目玉をギョロギョロさせ、爪や歯をむきだしにしたおそろしいかいじゅうたちが待ち構えています。しかし、マックスはひるむどころか、「しずかにしろ！」とどなりつけて、かいじゅうならしの魔法で、かいじゅうたちを手なづけるのです。かいじゅうたちは、確かにすごい形相をし

ているのですが、恐いというよりなんだかユーモラスです。センダック自身が、インタビュー^{注①}の中で、かいじゅうの姿のモデルは、「かわいいわねぇ　食べちゃいたいわ」といつも自分に言っていた親戚のおばさんたちだと明かしています。

マックスは、かいじゅうたちの王様になり、みんなでかいじゅうおどりをはじめます。かいじゅうおどりは見開き6ページにわたっており文字はありません。まるで野生の姿そのままに満月を見ながら踊る様子、サルのように枝から枝へわたる様子、かいじゅうの背中にマックスがまたがって行進する様子が画面いっぱいに描かれます。

この部分は、子どもたちがマックスと一体になって、存分に遊びたい本能のままに、たっぷりと遊びこむところです。ここでは余計なことは言わずに、絵をじっくりと見せてあげることで子どもたちのイメージがふくらみます。子どもたちのこころの中では、かいじゅうのうなり声や、ドスンドスンと足を踏み鳴らす音が聞こえていることでしょう。

さて、暴れたい放題に遊んだマックスですが、だんだん寂しくなってきます。

「もう　たくさんだ。やめえ！」マックスは　さけんだ。
ゆうごはんぬきで　かいじゅうたちを　ねむらせた。

そのとき、遠い世界の向こうから美味しいにおいが流れてきて、マックスはやさしい誰かさんのところに帰りたくなるのです。マックスはここで、自分が夕ごはんぬきで寝室にいれられたのと同じことをかいじゅうたちにしています。かいじゅうたちが大人しくしている姿がユーモラスです。マックスは再びふねにのりこみ、かいじゅうたちがとめるのもきかずに、海を渡って自分の寝室にもどります。

いつのまにやら、おかあさんに　ほうりこまれた　じぶんの　しんしつ。
ちゃんと　ゆうごはんが　おいてあって、
まだ　ほかほかと　あたたかかった。

マックスは、ここではじめて、それまでずっとかぶっていたおおかみの着ぐるみの帽子を脱ぎます。その表情は落ち着き、への字だった口は、口角があがってはじめとは別人のように穏やかに微笑んでいます。

マックスが海を越えていった異世界とは、マックスにとってどんな意味を持つのでしょうか。その場所は、かいじゅうたち（原文 Wild Things）のいるところでした。そこは、本能のままの野生の世界であり、マックスが自分でもどうしようもない、大暴れしたい気持ちが渦巻く、マックスの内面の世界だったのかも知れません。マックスは、そこでかいじゅうたちをしたがえ、こころゆくまで暴れました。現実ではできな

かったことも、その世界では可能だったのです。マックスは、ここで思う存分に自己を発散することで、気持ちが落ち着いたのでしょう。

　ところで、このお話が、マックスのこころの内側の冒険を描いているとすると、現実の世界ではそれほど時間は経過しないはずです。実際、1年と1日かけて行き、1年と1日かけて戻ってきたはずの寝室の夕ご飯はまだほかほかと温かです。ですから、やはりこれはマックスのこころの中のファンタジーなのです。けれども、月だけが変化しています。マックスが寝室にほうりこまれたとき、窓から見えていた三日月は、もどってきたときには満月に変わっているのです。月の変化はいったい何を意味するのでしょうか？

　月は、マックスがかいじゅうたちのいるところに到着したときには、まだ三日月でしたが、かいじゅうおどりの場面で満月に変わっています。この満月は、明るく大きく輝きを放って、とても印象的です。マックスが船に乗って帰るページでも、満月はマックスにぴったりとよりそい、ここでも存在感をもって描かれています。絵本の中で三日月は、薄く描かれた円の一部を濃く描くことで表現されています。つまり、三日月に見えているものは、本来は満月だということを示唆しているようです。確かに、ただ地球の影になっているために、三日月の形に見えているだけなので月の本来の姿は円ですね。つまり、月はマックスのこころを象徴しているのではないでしょうか。だとすると、月が三日月から満月に変化することは、マックスのこころの満足感を表わすと考えられます。

　『かいじゅうたちのいるところ』では、あたたかい晩ご飯に象徴されるお母さんのもとに戻るマックスの姿が、聞き手の子どもたちをほっとさせてくれます。この絵本は、行って帰るお話のスタイルや、キーワードとなる水や食べ物など、ファンタジー物語の定番のスタイルをきっちりと踏襲しながらも、かいじゅうたちの表現にはユーモアがあり他の絵本にはない独創性があります。

　この絵本はまた、4歳〜5歳頃の子どもたちだけではなく、小学校での読み聞かせでは3年生〜4年生にも人気があります。この子たちは9歳〜10歳で、やはり発達の節目をむかえる子どもたちです。そのことを考えると、この絵本にはやはり揺れ動くこころを受け止めてくれる懐があるのでしょう。良い絵本には、年齢が違っても読むたびに、新しい発見や違った読み解き方があります。『かいじゅうたちのいるところ』は、まさにそうした絵本といえるでしょう。

注①　株式会社ヤマハ・ミュージックアンドビジュアルズ世界絵本箱『かいじゅうたちのいるところ』収録インタビューより

\ どろんこ大好き /

『どろんこハリー』

ジーン・ジオン文　マーガレット・ブロイ・グレアム絵
渡辺茂男訳
福音館書店　1964

『どろんこハリー』の主人公も、たいへんなやんちゃさんです。

　　ハリーは、くろいぶちのある　しろいいぬです。
　　なんでも　すきだけど、おふろにはいることだけは、
　　だいきらいでした。
　　あるひ、おふろに　おゆをいれるおとが　きこえてくると、
　　ブラシをくわえて　にげだして・・・　うらにわに　うめました。

本当にいたずらです。子どもたちは、「あーあ、いけないんだ。」と、思いながらも、
実はちょっとわくわくしています。そのまま、外へ飛び出したハリーはどうなるのでしょうか。

　物語は子どもたちの期待を裏切りません。ハリーは、まず手はじめに道路工事をしているところで遊んで、泥だらけになります。工事中のところは、もちろん立ち入り禁止ですが、働く車や、砂利、砂にセメントなど、子どもたちのあこがれのものがたくさんあるところです。子どもたちのこころは、すっかりハリーになりきっています。次に、線路の橋の上で遊んで、こんどはすすだらけになります。挿絵では、もくもくと煙をあげる蒸気機関車がはしっている上の高架橋から、ハリーが顔を出しています。いつだって、子どもたちは「手をだしちゃだめ、顔をひっこめて」と注意されているのですから、これも楽しい遊びに違いありません。それからまた工事現場で、今度は仲間の犬たちといっしょになって、鬼ごっこをします。本当にこころから楽しむためには、仲間が必要ですね。今度はトラックの荷台にのって、トラックが積み荷

をおろすときにすべり台のように、積み荷といっしょにすべってくるのです。なんて夢のような暮らしでしょう。ハリーは、子どもたちが日頃一度やってみたいと思っていることを、次々に実現させていきます。

　しかしさすがのハリーもお腹がすいてきたので、うちに帰ることにします。ところが、ハリーはあんまり汚れてしまって、白地に黒いぶちの子犬だったのに、黒地に白いぶちの子犬になっています。物語の挿絵では、はじめのハリーの姿と、汚れたハリーの姿を見比べることはできません。なぜなら、同時に2匹を比べることは時間の流れの中では不可能だからです。けれども、子どもたちのイメージを助けるために、表紙には汚れていないハリーと、汚れたハリーが同じポーズで向かい合って描かれています。お話のはじめに表紙を見ている子どもたちは、「ああ、あの2匹は違う子犬じゃなくて、両方ハリーだったのか」とわかります。画家は、デザインとしても美しい方法で、子どもたちのお話の理解を助けています。また、気持ちがすっきりすると、今度は身体が汚れて、黒白逆転するという発想は、気持ちの変化が目で見てわかりやすい象徴的な表現です。実際、子どもたちは、どろんこで思い切り遊ぶことで、こころがすっきりすることを体験として知っているので、こうした表現は子どもたちがハリーの気持ちに共感できる、巧みな表現であるといえるでしょう。

　さて、うちに帰ったハリーですが、家族は誰もこの黒地に白いぶちの子犬がハリーだとわかりません。子どもたちはハリーの行動の一部始終を見ていますから、当然目撃者として、「ぼくは知っている」「私は知っている」と思っています。これもお話の楽しみの一つです。ハリーは結局、自分で埋めていたブラシをほりだし、あれほど嫌いだったお風呂にいれてくれとおねがいすることで、自分のことを家族に知らせるのです。

　子どもたちは、現実と空想の世界を自由に行ったり来たりすることができます。ハリーの体験は子どもたちの体験です。現実にはできないことも、絵本の中でなら、ハリーになって体験することができます。ですから、子どもたちは繰り返しこの絵本を読んでもらいたがるのです。決まりがわかりだす時期に、決まりの大切さばかりを強調するのではなく、好き勝手に、やりたい放題にしたい気持ちにも、しっかりよりそうことが、子どもたちのこころのバランスをとるためには重要なことです。

大人になっても、大切なともだち

『ぐるんぱのようちえん』

西内ミナミ作　堀内誠一絵
福音館書店　1965

　4歳頃になると、子どもたちは外から見える評価を気にするようになります。「上手にできるかな？」「これでいいのかな？」と自分の行為を確認しはじめます。3歳までは、自分がすごいと思えばそれが自信になりました。けれども、4歳ともなるともっと複雑です。相手の期待にこたえようとするだけでなく、自分でも納得したいのです。ですから、自分で思った通りに描けていない絵を大人が「あら、よく描けたわね」と褒めても素直に喜べません。できないかもと思う活動にはわざとふざけて「まじめにやってないからね」というポーズをとったり、はじめから参加しなかったりします。本当はきちんと参加して評価にこたえられる自分でありたいとも思っています。そんな、「できるかな」「できないかな」の間で揺れ動く4歳の子どもたちをひきつける絵本が、『ぐるんぱのようちえん』です。

　『ぐるんぱのようちえん』は、ぞうのぐるんぱが、失敗を繰り返しながら、自分を見つける物語です。

　　　ぐるんぱは、とっても　おおきなぞう
　　　ずうっと　ひとりぼっちで　くらしてきたので、
　　　すごく　きたなくて　くさーい　においもします。

　絵には、ぐるんぱが哀しげに目を閉じて広い草原に一人寝そべる姿が描かれます。ひとりぼっちのぐるんぱは、ときどき、「さみしいなさみしいな」といって、耳を草にこすりつけ、そんなとき大きな涙がつーっとながれ落ちるのです。なんて、哀しい始まりの場面でしょうか。子どもたちも戸惑いの表情です。ぐるんぱはいったいどうなるのでしょう。さて、そんなぐるんぱの将来を心配して、ジャングルの仲間たちは、とにかくぐるんぱを働きにだそうと、みんなで身体を洗ってやります。なんとか、見かけはりっぱになったぐるんぱは、仲間に見送られていよいよ働きにでかけます。

　はじめにいったのは、ビスケットやさんのビーさんのところです。ぐるんぱははり

きって、ビスケットをつくりますが、あんまり大きいので誰も買ってくれません。ぐるんぱは、びーさんに「もう　けっこう」と言われて、しょんぼりとビスケットやさんをあとにします。

　ビーさんは、ぐるんぱにもっと小さいビスケットの作り方を教えてあげようともせず、ぐるんぱが焼いたビスケットを渡して「もう　けっこう」と追い出します。完全に見放されている感じで辛いですね。その後も、お皿つくり、靴屋さん、ピアノ工場、自動車工場と、いろいろな仕事に挑戦するのですが、ぐるんぱの作るものはどれも大きすぎて、使えません。そのたびに、「もう　けっこう」と言われ、ぐるんぱはしょんぼりと出て行きます。文章には、失敗した仕事の数だけしょんぼりの言葉がふえていきます。ぐるんぱが5軒目にたずねた自動車屋さんをあとにするページの文章です。

> ぐるんぱは、しょんぼり　しょんぼり　しょんぼり
> しょんぼり　しょんぼり。ほんとに　がっかりして
> びすけっとと　おさらと　くつと　ぴあのを
> すぽーつかーに　のせて、でていきました。
> また、むかしのように　なみだが　でそうに　なりました。

　スポーツカーに乗ったぐるんぱの頭の上には、売り物にならなかった、巨大なピアノ、靴、お皿、ビスケットがのっています。このまま、ぐるんぱには、もう仕事がみつからないのでしょうか。

　ところが、ぐるんぱがしばらくいくと、子どもが12人もいるおかあさんが忙しく働いています。おかあさんはぐるんぱに子守をたのみます。そこで、ぐるんぱは、ピアノをひいてうたいます。子どもたちはおおよろこび。よろこんだぐるんぱはようちえんをひらきます。ビスケットは少しずつちぎって子どもたちのおやつに、靴はすてきな遊具になり、お皿はプール兼食事テーブル、ぐるんぱ自身もすべりだいになります。なんてすてきな、ぐるんぱのようちえんでしょう。ぐるんぱにぴったりの仕事が見つかりました。聞いている子どもたちの表情も晴れやかです。

　外からの評価を気にしだす4歳の子どもたちは、失敗することや、期待通りにできないことに不安をおぼえます。けれども、ぐるんぱのお話では失敗が決して無駄になることはなく、むしろその失敗があとになって役に立っています。毎日泣き暮らしているぐるんぱの背中を押して、社会にだしてやったのは、まわりの大人のぞうたちでした。客観的な判断で自分を見つめはじめるために、不安になっている4歳の子ども

たちに、まわりの大人ができることは、新しいことにチャレンジできるように、具体的に見通しを伝えて不安をとりのぞき、気持ちによりそいながらも、失敗しても大丈夫だよというメッセージと共に見守ることではないでしょうか。

　子どもたちがこころから共感した絵本の主人公は、子どもたちの友人として心の中に存在し続けます。ずっとあとになって子どもたちが大人になっても、こころのどこかでぐるんぱの姿は、絵本を読んでくれた人の声とともに、子どもたちに勇気を与えてくれるでしょう。

\「ちびっこでも　すごくせいのうが　いいんだぞ！」/

『しょうぼうじどうしゃじぷた』
渡辺茂男作　山本忠敬絵
福音館書店　1963

　4歳頃の子どもは、こころが人だけでなく、他の生き物にもあると思っています。『しょうぼうじどうしゃじぷた』は、ジープを改良して作った小さなしょうぼうしゃじぷたが主人公です。

　じぷたがいる消防署には、高圧車のぱんぷくんや、はしご車ののっぽくん、救急車のいちもくさんがいます。じぷただって、小さいけれどはたらきものです。けれども、のっぽくんと、ぱんぷくんと、いちもくさんは、じぷたのことをばかにしています。

　ある日、検閲がありました。ぴかぴかに磨かれた消防車たちが並びます。いつもは、「小さいけれどぼくだって！」と思っているじぷたもこのときばかりは、大きくて立派な3台の横に並んで、なんだか自分がとってもちっぽけで、みにくく思われて悲しくなってしまいます。

　ふだんのじぷたは、自信家です。「ぼくだってすごいんだぞ」と思っています。ここまでなら、3歳の子どもと同じです。けれども、じぷたは4歳の子どもたちの様に自分を客観的にみる目も育っているので、他の車の立派さに比べて、自分の小ささが、みじめに思われるのです。4歳頃の子どもたちには、消防署のすみっこでしょんぼりしているじぷたの気持ちがわかることでしょう。

　ちょうどそのとき、消防署の電話がなります。隣村の山小屋が火事だというのです。

山の道は狭くて、はしご車やポンプ車では通れません。さあ、じぷたの出番です。じ
ぷたは小さいけれど、大きなはしご車やポンプ車にはできないことができます。ジー
プだから、山道も走れますし、狭い道でも通れます。川から水を汲みあげるホースだっ
てついているし、小さいながらポンプもあります。じぷたの活躍で火事は消えました。
そして何よりうれしいことに、じぷたがとても役に立つことが、みんなにも認めても
らえたのです。

　もう大きくなったから、何でもできるんだ、と自信はあるのだけれど、まだでき

ないこともあるとわかっている4歳の子
どもたちです。小さくても、大きな消防
車たちにはできない活躍をするじぷたに、
子どもたちはこころから喝采をおくりま
す。「ちびっこでも、せいのうがいいん
だぞ！」は、まさに子どもたちの言葉です。

安心して帰るところがあるから、冒険ができる

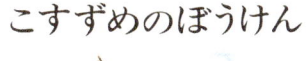

『こすずめのぼうけん』
ルース・エインズワース作　堀内誠一画
石井桃子訳
福音館書店　1976

　一人で歩けるようになった赤ちゃんが、お母さんのところからはなれてヨチヨチ
と探検をします。でも不安なことがあると、すぐにお母さんのところに帰ってきます。
それを繰り返しながらも、小さな冒険は、今日は十歩でも、明日は十五歩、その次は
二十歩と、その距離が確実に伸びていきます。安心して冒険できるのは、いつでもも
どってこられるところがあるからです。これは、安定根とかこころの基地と表現され
ますね。4歳になり、もうハイハイでもヨチヨチ歩きでもない子どもたちですが、こ
の時期は、不安や葛藤も経験する精神的な発達の節目です。ですから、いつでも安心
して戻れる場所、つまり無条件に愛されていることをもう一度確認することが必要で
す。それを描いた絵本が、『こすずめのぼうけん』です。
　一羽のこすずめが、はじめて飛ぶ練習をする場面からはじまります。お母さんか

ら飛び方を教わり、こすずめは、勇気をだして言われた通りにやってみます。すると、驚いたことに、ちゃんとうかんでいるではありませんか。初めて自分の力で飛べたのですから、こすずめはおもしろくて仕方がありません。お母さんが、石垣の上まで、と言うのもきかないで、もっと遠くへ飛んでいきます。はじめるまでは、不安なのですが、いざやってみてできるとわかると、とたんに大胆になり、「ぼく一人で、世界中をみてこられる」と思うのです。これは、子どもたちの姿そのままです。子どもたちには、一種の全能感があるのでしょう。最初は不安でも、やり方がわかってがんばったら、自分にできないことはないと信じています。確かに子どもたちは、毎日「ちょっとがんばったらできること」に挑戦し続けて成長しています。「わたしは、ぼくは、すごいんだぞ」という自信が、成長の源なのでしょう。

　さて、はじめのうちは、飛ぶのがおもしろくてしかたがないこすずめですが、そのうちに羽や頭が痛くなってきます。どこか、羽を休めるところを探さなくてはなりません。こすずめは、色々な鳥の巣をみつけては、たずねます。

　　　「あの、すみませんが、
　　　なかへ　はいって、やすませて　いただいて　いいでしょうか？」

　巣の住人である鳥たちは、自分と同じようになくことができればいれてやると言います。でも、こすずめはちゅんちゅんとしかなけません。

　　　「ぼく、ちゅん、ちゅん、ちゅんってきり　いえないんです」
　　　「じゃ、なかへ　いれることは　できないなあ。おまえ、おれの　なかまじゃないからなあ」

　いくつもの巣を訪ねますが、こすずめを休ませてくれる鳥はいません。日はとっぷりと暮れ、こすずめはもうとぶことができなくなって、地面を歩いていきます。今までお母さんすずめのもとを離れたことがなかったこすずめです。どんなにこころぼそいことでしょう。そのとき、向こうから一羽の鳥がやってきます。こすずめは、もう休ませてくださいとはたのまずに、ただ一生懸命にたずねます。

　　　「ぼく、あなたの　なかまでしょうか？」
　　　「ぼく、ちゅん、ちゅん、ちゅんってきり　いえないんですけど」

　疲れ果てたこすずめは、今や体を休ませるところを探しているのではありません。こころから安心できる自らの居場所であり、よりどころを求めているのです。うれし

いことに向こうからやってきた鳥はお母さんすずめでした。そのときの、こすずめのよろこびと安堵といったらどれほどのものだったでしょうか。絵本をきいている子どもたちも、こころからほっとすることでしょう。

生まれてはじめての冒険に疲れ果てたこすずめは、安心してぐっすり眠ります。巣の中のすずめの親子の絵は本当に幸せな安心感に満ちています。お母さんすずめにぴったり寄り添い眠るこすずめ。それを温かい眼差しでみつめるお母さんすずめ。その表情には、優しさとともに、強さも感じられます。こころが揺れ動き不安になる時期に、繰り返し子どもたちに読みたい絵本です。

作者のルース・エインズワースは、もともとラジオの脚本としてこのお話を書きました。言葉の力もつき、想像力が豊かになる4歳児は素話としても『こすずめのぼうけん』を楽しむことができるでしょう。

発達の節目を乗り越える

『三びきのやぎのがらがらどん』
ノルウェーの昔話　マーシャ・ブラウン絵
瀬田貞二訳
福音館書店　1965

『三びきのやぎのがらがらどん』と、次にご紹介する『3びきのくま』はどちらも、幼稚園や保育園で長年にわたって読まれていて、劇遊びなどにも使われますね。このよく知られた2冊の絵本には、子どもたちの成長へのメッセージが込められています。それらをひもとくことで、あらためて、この定番絵本の意義を再確認してみましょう。

『三びきのやぎのがらがらどん』は、ノルウェーの民話で子どもたちに人気の絵本です。しかし、お母さんの中には、「なんだか残酷な話だし、絵もかわいくないと思ったのですが、子どもが何度も読んでというので・・・」とおっしゃる方もおられます。

ストーリーは簡単です。あるところに、大中小と3びきのやぎがすんでいて、名前はどれもがらがらどんです。このやぎたちは、谷川にかかる橋をわたって、向こうの

山においしい草を食べにいこうとします。ところが、その橋の下にはこわいトロルが住んでいて、やぎたちを食べようとねらっています。はじめに小さいやぎが橋をわたります。すると、橋の下から「だれだ、おれのはしをかたことさせるのは。きさまをひとのみにしてやろう」とトロルがどなります。ところが、この小さいやぎは、「ああどうか食べないでください。ぼくはこんなに小さいんだもの。少し待てば、二ばんめやぎのがらがらどんがやってきます。ぼくよりずっと大きいですよ」と言って、まんまとわたってしまいます。次に2番目の中くらいのやぎがやってきます。トロルは1番目と同じようにやぎを食べようとしますが、「おっと食べないでおくれよ。少し待

てば、大きいやぎのがらがらどんがやってくる。ぼくよりずっと大きいよ」と、これまたすましてわたっていきます。

さて、いよいよ3番目の大きいやぎのがらがらどんがやってきます。ところが、このやぎはトロルをまったくこわがりもせず、いきなりトロルにとびかかると、

つので　めだまを　くしざしに、ひづめで　にくも　ほねも
こっぱみじんにして、トロルをたにがわへ　つきおとしました。

「めだまをくしざし」だなんて、ちょっとドッキリしますね。挿絵でもトロルは無残にバラバラです。「なんだか残酷だし…」とおっしゃるお母さんの気持ちもわかります。でも、この絵本には大切なメッセージが込められているのです。

絵本には様々な読み取り方がありますが、その一例としてこの絵本のテーマは、子どもの成長と子離れであると考えることができます。川は2つの世界を隔てるものです。がらがらどんの3びきのやぎたちは、谷川にかかる橋をわたろうとしています。ですから、川の向こう側とは、つまり別世界へ行こうとしているのです。さて、それではその別世界とは何を意味するのでしょうか。ここで、3びきのやぎがいったい何を表わすのかを考える必要があります。3びきのやぎは、名前が全部がらがらどんです。ですから、このやぎたちは兄弟や親子、友達ではなく、同一人物と考えられます。大きいやぎはひどくしゃがれたがらがら声です。がらがら声といえば、思春期の男の子の変声期です。小さいやぎは、自意識が芽生える4歳頃、中くらいのやぎは9歳から10歳頃、大きいやぎは思春期の、それぞれ発達の節目をあらわしているのではないでしょうか。別世界とは、親の庇護からはなれた、自立した子どもの世界であるといえるでしょう。

子どもたちは、発達の節目を経て成長し、やがて親から離れていきます。親から自

立するためには、精神の上で親と別れる、ちょっときつい表現をすれば精神の上で親をやっつける必要があるのでしょう。そうだとすると、橋の下でなんとかやぎを食べてやろうとすごい顔をしているのは、母親と考えられるかも知れません。お母さんにとっては辛い解釈ですね。しかし、この絵本のトロルに限らず、絵本の中にでてくる、日本ではやまんば、西洋では魔女は、母親のことだと考えると納得がいく場合がよくあります。

　大人自身が、子どもに自分がやっつけられる内容の絵本を読むということは、つまり子どもたちがやがては自分を越えて成長していって欲しいという、成長への肯定のメッセージであると考えられます。もちろんこの内容を子どもたちに解説する必要はまったくありません。むしろ、この絵本のメッセージには大人が耳を傾ける必要があるかも知れません。いつまでも橋の下で子どもをひきとめていないで、ある時期がきたら、潔くやられてしまわないといけませんね。だからこそ、今幼い子どもたちといる時間がなおさらかけがえのないものに思えます。子どもたちはこの絵本のおしまいの言葉も大好きです。

　　　チョキン、パチン、ストン。　はなしは　おしまい。

　親をやっつけてしまうといってもそれはお話の中でのこと。何も本当にやっつけるわけではありませんね。ですから、絵本の最後で、3回も、チョキン　パチン　ストン　とおはなしのおわりをきっちり告げ、子どもたちを現実の世界へとひきもどしています。日本の昔話の、「とっぴんぱらりこぶう」「いきがぽーんとさけた」などの面白いおしまいの言葉もこれと同じ役割です。

自分の居場所を確かめる

『3びきのくま』

トルストイ文　バスネツォフ絵　小笠原豊樹訳
福音館書店　1962

『3びきのくま』は、イギリス民話がもとだとも言われていますが、似たような話は

世界各地にあり、この絵本はロシア人の作家によるものです。ひとりの女の子が森で迷子になり、小さな家に迷い込むことから物語ははじまります。そこは3びきのくまの家でした。ロシアらしいくまたちの名前が子どもたちの興味をひきます。しかし、女の子の名前は書かれていません。大きいくまはおとうさんぐまでミハイル・イワノビッチといいます。中くらいのくまはおかあさんぐまのナスターシャ・ペトローブナです。小さいくまは子どものミシュートカです。

　さて、3びきのくまたちは、散歩にでかけていて留守だったので、女の子は勝手に家にあがりこんでしまいます。すると、すーぷがありました。女の子は、大きなおわん、中くらいのおわん、小さなおわん、と次々に口をつけますが、一番小さなミシュートカのおわんのすーぷがいちばんおいしいと思います。

　次に、女の子は大中小それぞれの椅子に順番にすわってみます。今度も一番小さいミシュートカの椅子が気に入って、シーソーのように遊んでいましたが、うっかり壊してしまいます。さて、最後にベッドのある部屋にいって、また大中小とそれぞれに寝てみます。やはり、小さなミシュートカのベッドの具合がちょうどよかったので、女の子はすぐにぐっすりねむってしまいます。

　そこに、3びきのくまが帰ってきました。聞いている子どもたちがドキドキするところです。さて、寝ているところを見つかった女の子、怒ったくまにかみつかれそうになり、驚きあわてて窓から逃げ出します。そして最後のページ、「3びきのくまは　おんなのこにおいつけませんでした。」でお話が終わるのです。

　女の子は勝手にくまの家にあがりこんで、すーぷを食べ、椅子を壊し、おまけに眠ってしまい、最後は窓から逃げ出すなんて、ずいぶん行儀が悪いですね。けれどもこの絵本は、子どもたちが繰り返し読んで欲しがる絵本です。子どもたちが繰り返し読みたがる絵本には理由があります。

　この絵本はロシア名のくまの名前が面白い響きをもっていたり、繰り返しの表現が楽しかったり、くまが帰ってくるところでドキドキしたりといった楽しみ方がありますが読み取り方の一例として、少し深読みをしてみると、違ったテーマが見えてきます。女の子がくまの留守中にしたことは、次の3つでした。

　　①すーぷをのむこと
　　②椅子にすわって遊ぶこと
　　③眠ること

それは食べること、遊ぶこと、眠ること、であり子どもたちの成長に欠かせない3つの要素です。椅子はまた、「居場所」ととらえることもできるでしょう。女の子はそれを大中小と、ひとつずつ確かめました。そしてその結果、こぐまのミシュートカのものが自分にぴったりであることに気づきます。ということは、つまり女の子はミシュートカが姿を変えてあらわれたと考えることができるでしょう。森で迷ったのは、単に物理的に道に迷ったのではなく、こぐまのこころが不安になって迷ったのかも知れません。

　4歳は、精神的な発達の節目です。これまで考えつかなかったことに考えがおよぶようになり、それが時として不安感につながります。その視点は家族にもそそがれ、自分はここにいていいのだろうか、と大人が考えもしないようなことで不安になることもあります。そんなときに、自分の居場所を確かめることがテーマの『3びきのくま』を身近な大人といっしょに楽しむことは、子どもたちのこころに安定感をもたらすように思います。

子どもたちには、最高の芸術を！

『あおくんときいろちゃん』
レオ・レオーニ作　藤田圭雄訳
至光社　1967

　4歳は、まわりの色々なことに積極的に目を開き、耳を澄まし、感性を総動員して、認識力や色彩感覚などを育んでいく時期です。子どもに絵本を選ぶときには、文章やお話の内容が子どもたちの発達や興味にあっているかとともに、絵の質の高さにも細心の注意を払う必要があります。あらゆることを、感性のアンテナを最大限にはって吸収する時期に、最高の芸術に出会ってその感動を分かちあうことは、子どもたちにとってもそれを読む大人にとっても大きな喜びです。

　『あおくんときいろちゃん』は、どのページをとってもそのデザインが美しく一流のアートです。美しいものは無駄がなくシンプルですが、何度見ても飽きることがないのは不思議です。作者のレオ・レオーニはもともと、アート・ディレクターとして活躍し高い評価を得た人です。『あおくんときいろちゃん』は、孫のお守りをしていると

きに、偶然手近にあった紙をちぎってできたというのですから、芸術家というものは
すごいものだと感心してしまいます。この絵本が、レオ・レオーニの絵本の原点となり、
その後『フレデリック』注①や『スイミー』注②など、素晴らしい絵本が次々に生まれます。

　1ページ目、真っ白なページの中心に、手でちぎったような、あるいは絵の具をぽ
とんとたらしたような自然な輪郭の青い丸が描かれています。文章はひとこと、「あ
おくんです」だけです。なんてシンプルで美しく、それでいて主張しているのでしょう。
しかもそれは決して単純ではありません。もしも、あおくんの輪郭の曲線がコンパス
で描かれたようなきれいな円だったら、このページの印象はかなり違ったものになっ
たでしょう。けれども、手でちぎったような自然な線になっているために、あおくん
には個性が生まれ、ページは左右対称にはなっていません。動きがあるのです。これ
からどんな世界が広がっていくのでしょう。聞き手の期待は高まり、このページのたっ
たひとことの文章で、レオ・レオーニの世界にひきつけられていきます。

　この絵本では、あおくんの家族や友達のきいろちゃんなど、すべての登場人物が、
色の円で表され、その配置によって、ともだちといっしょに遊んだり、教室にいった
りして過ごす様子が描かれます。とんだり、はねたり、まるくなったり、ページの中
で色たちは、自在に動き回ります。

　物語が大きく展開するのは、るすばんをたのまれたあおくんが、退屈で家から飛び
出し、きいろちゃんを捜す場面からです。それまでは、白地だったページが、あおく
んが一人できいろちゃんを捜す心細い場面では黒地、なかなか見つからず途方に暮れ
る場面では赤地になります。この黒と赤のページは見開きの左と右になっていて、子
どもたちは、同時にこの2ページを目にすることとなります。黒地のページでは、青
が浮き出すように見えて、あおくんの孤独感が強調されます。赤地のページでは、青

がチカチカして見え、あおくんが混乱し
ている様子が伝わります。目も鼻も手足
もない、青い丸と背景との配色によって、
こころの動きを表現しているのです。レ
オ・レオーニの圧倒的な表現力です。そ
して、あおくんはやっときいろちゃんを
見つけます。

　　よかったね　あおくんと　きいろちゃんは　うれしくて
　　もう　うれしくて　うれしくて
　　とうとう　みどりに　なりました。

　子どもたちがびっくりする場面です。重なりあった部分が美しい緑になり、やがて

2人はひとつの緑の丸になります。ふたりは緑のまま夢中で遊び続け、疲れておうちに帰ります。ところが、あおくんのパパとママも、きいろちゃんのパパとママも、緑の子が自分の子どもだとはわかりません。悲しくなった2人は、泣き出し、大粒の青と黄色の涙があふれます。そして、青の涙はあおくんに、黄色の涙はきいろちゃんになり、2人はまたもとの姿にもどります。帰ってきた子どもを見てよろこんだパパとママは、わが子とその友だちを抱きしめます。すると、重なりあった部分が緑になり、パパにもママにもやっと訳がわかりました。

　それからが素敵です。まずあおくんときいろちゃんの親同士がちょっと重なり、一部緑になります。遊んでいるあおくんときいろちゃんも、一部重なり、ちょっと緑になります。でも、今度は全部重なることはありません。自分の本来の色をちゃんと残すことを忘れません。

　4歳は、自己を主張することで、おともだちとのけんかや、葛藤を経験する時期の子どもたちです。自分の色を主張しながらも、お互いの主張を一部重ね合わせることで、新しいものを作り出すあおくんときいろちゃんは、まるでこの時期の子どもたちの姿のようです。それは言い換えれば、人と人とのこころの融和、あるいは、自主と協調を象徴しているとも、表現できるでしょう。けれども、この絵本の最大の楽しみ方は、そこに何か意味あいを見出すことよりも、まず美しさや楽しさ、混色の驚きを、感覚として感じ取ることではないかと思います。読み手の大人も、ぜひこの絵本の美しい世界を子どもと一緒に、ただ感じ、そして楽しんでほしいのです。子どもたちの豊かな感性の扉を開くためには、感動を分かち合う大人が側にいてくれることが欠かせません。

注① 『フレデリック』（レオ・レオニ作　谷川俊太郎訳　好学社　1969）
注② 『スイミー』（レオ・レオニ作　谷川俊太郎訳　好学社　1969）

わたしは女の子　ぼくは男の子

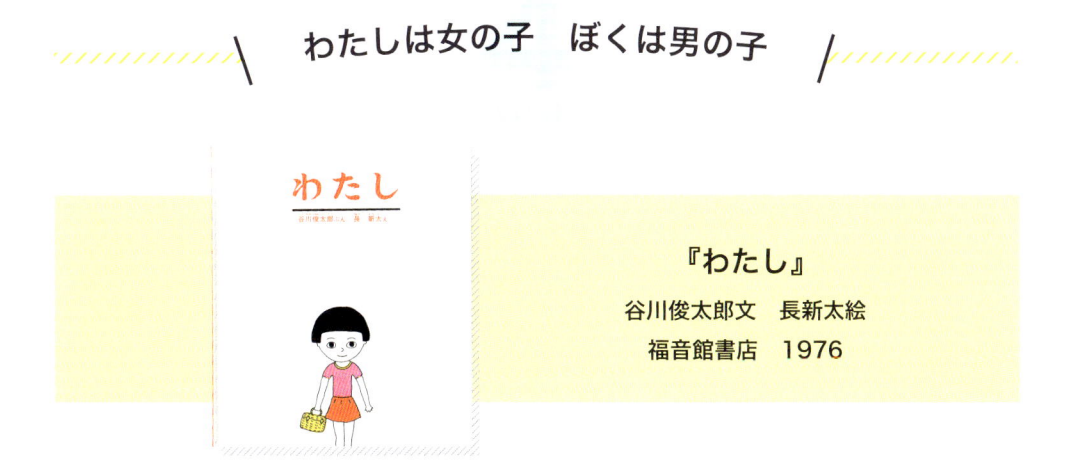

『わたし』

谷川俊太郎文　長新太絵
福音館書店　1976

　子どもたちは3歳頃になると、一人称の「わたし」や「ぼく」を使いはじめるようにな

り、4歳頃には、多くの子が一人称を使いはじめます。これは、この時期の子どもたちに、自意識が育っていることのあらわれです。

　『わたし』は、相手によってさまざまに呼び名が変わる、「わたし」を描いている絵本です。わたしは、男の子からみると女の子、おばあちゃんからみると孫、お父さんから見ると娘…左のページには、一貫してわたしが描かれ、右のページには、さまざまな相手と、その相手から見た女の子の呼称が表現されます。わたしはずっと同じなのに、次々にあらわれる右ページの登場人物によって、呼び名が変わることは、人が人間関係の中で生きて生活していることを、子どもたちにあらためて気づかせてくれます。

　相手によって自分の呼び名が変わることに気づくことは、自分も相手によって言葉遣いを適切に変えることにつながります。この時期、自分を意識しだすということは、自分以外の人をじっくりと観察することにもつながります。ですから、4歳頃の子どもたちは言葉の使い方も、少しずつ、相手にあわせて変えられるようになるのです。

　ともだちには、「おはよう」とあいさつしていても、大人には「おはようございます」と、あいさつができるようになります。二人称を使いだすのもこの時期です。

　4歳頃になると、興味の対象もさまざまですから、もちろん科学絵本も一人一人の興味にそって、虫の好きな子には虫の絵本、食べ物の好きな子には食べ物の絵本などをていねいに選んで読んであげるとよいと思います。それとともに、『わたし』は、自分を意識し、相手の立場を考え、人間関係を意識しはじめるこの時期の子どもたち共通の発達にそったテーマですから、どの子も興味をもって楽しめる科学絵本です。日常生活を通して、なんとなく理解はしていても、このように客観的に表現されることであらためて自分という存在について知ることは、この時期の子どもたちの思考や他者への理解を助けます。

　谷川俊太郎の文は簡潔でありながらも、示唆に富んでいます。宇宙人や外国人、きりんも登場し、読み返すほどにおもしろく、様々な社会的な関係の中のわたしをずっと読み進めていった最後のページは、「わたし　ほこうしゃてんごくではおおぜいのひとり」となります。子どもたちが大きくなって読み返すとまた新しい発見もあることでしょう。長新太のユーモアあふれるイラストは、シンプルながらそれぞれの人の表情や服装から、その人柄や人となりが伝わってきます。

第 **5** 章

5 歳児の絵本

〜広がるイメージ〜

5歳児の絵本　〜広がるイメージ〜

「11ぴきのねこふくろのなか」
ユーモアの中に描かれる、
集団の強さと危うさ。
仲間との活動が活発になる5歳の子どもたちの
興味をひきつける。

「げんきなマドレーヌ」
パリの寄宿舎を舞台に、
女の子たちの暮らしが生き生きと描かれる。
最後のオチは相手の気持ちがわかる
5歳だからこそ理解できるおもしろさ。

「せんたくかあちゃん」
テンポよく痛快な物語。
「あったりめえのこんこんちき」と
威勢のいい方言が、お話を一層愉快にする。

「めっきらもっきらどおんどん」
創刊当初から子どもたちを強くひきつける、
言葉の魅力あふれるファンタジー。
異世界の3人の住人たちが楽しい。

「ピーターのいす」
妹が生まれ、揺れ動くピーターの気持ち。
自分はもう赤ちゃんではないことに、
ピーター自身が気づくのを
やさしく見守る両親。

「ラチとらいおん」
らいおんと一緒なら、
こわいことにも挑戦できたラチ。
らいおんがいなくなっても、ラチの心の中には
いつも、小さな赤いらいおん。

「しんせつなともだち」
食べ物の少ない冬の森で、
思いやりの気持ちが連鎖する。
相手の気持ちを察する力がつく
5歳頃から楽しみたい情感あふれる物語。

「おしいれのぼうけん」
大人の圧力には屈しない。
自分で考え納得して物事を判断し始める
5歳のたのもしい姿が、ドキドキする
ねずみばあさんとの攻防で描かれる。

「はじめてのおつかい」
人の役にたつことがうれしく誇らしく
感じられるようになる5歳の頃。
牛乳をしっかりかかえて帰る姿が頼もしい。

「ピーターラビットのぼうけん」
絵本の宝石ともいわれる、
手のひらサイズの美しい絵本。
イギリスの湖水地方を舞台に、野生のうさぎの
ピーターの命がけの冒険が描かれる。

「すてきな三にんぐみ」
独特の魅力をもつアンゲラーの世界。
単純な善悪だけでなく、
多面的に見つめる視点を持ち始める
この時期にふさわしい絵本。

「すみれとあり」
種を運んでほしいために、
ありの好物の甘い部分をもつすみれの種。
共存によって生命をつなぐ、身近で
小さな生き物たちのたくましい姿を描く。

「おまめ」「ごまめ」

　年齢の違う子どもたちが、いっしょに鬼ごっこやかくれんぼをして遊ぶときに、小さい子にはハンデをつける特別ルールを、子どもたちは遊びの中で必要に応じて作ってきました。そのときの小さい子の呼び方は地方によって違い、おまめ、ごまめ、など様々です。この様に工夫することで、小さい子へ配慮しながらも、遊びをより楽しく発展させていくことができるのが、5歳の子どもたちです。また、けいどろ（どろけい）など、チームに分かれて遊ぶ鬼ごっこでは、友達と協力して連帯感を味わいます。自己を発揮するとともに、集団としても機能しだすこの時期、集団の中での言葉による伝達や会話が重要な意味を持ち始めます。幅広く、絵本や童話の世界を楽しむことで、子どもたちはイメージ力、言葉の力や、内面の豊かさを養うとともに、実体験では遊びを通して生きていくうえで必要な協調性、社会性を培っていきます。

「好きじゃないけど、がんばって食べるよ！」

　5歳になった子どもたちは、今までのように大人の言うことをそのまま鵜呑みにするのではなく、自分なりに考えて納得し物事を判断するようになります。それは「ずるいや」「おかしいよ」と、相手を批判する言葉になって表れることもあります。その判断は自分自身にもむけられ、好きでないことでも納得すれば、がんばって挑戦することができるようになります。一つ一つの行動に大人の手助けは必要とせず自分でがんばってやろうとしますが、がんばっている自分の姿を大人に知っていてもらいたいとも思っています。自分で判断し、行動しようとするこの時期に、絵本の楽しみは、思考を深め、自分の気持ちを表現することや、相手の気持ちを推し量る力の源となります。

笑いに包まれた真実

『11ぴきのねこ ふくろのなか』
馬場のぼる作
こぐま社　1982

　大人の会話で「これ、秘密なんだけどね…」と言って誰かが耳打ちをしてきたら、もうその話はまわりのたくさんの人が知っているということは、よくあることですね。

秘密だと言われれば誰かに話したくなり、禁止されるとやってみたくなる、人間は矛盾に満ちていて、だからこそ人間味があるのかも知れません。

　そういう意味では、『11ぴきのねこ』シリーズのねこたちは、とても「人間味」にあふれています。お調子もので、けっこう欲深く、ちょっとずるくて、約束なんて守らないし、そのくせ間がぬけていて、根はけっこういいねこたち、それがこのシリーズを長年ささえている人気の理由なのでしょう。

　『11ぴきのねこふくろのなか』は、子どもたちが笑って大喜びする絵本です。しかも、その子どもたちの笑いは、単純な可笑しさによる笑いだけではなく、お話がすすむにつれて様々に変化していきます。

　11匹のねこが遠足に出かけるところから、このお話ははじまります。はじめのお花畑のシーンでは、丘いっぱいにピンクや紫のきれいな花が咲いている道を、ねこたちがリーダーのとらねこたいしょうを先頭に、一列に並んで歩いています。「わあー、きれい」「はながいっぱい」「とりたいなあー」けれども、道端には"はなをとるな"の看板。ところが次の場面では、なんと、とらねこ大将以外のねこがみんな、我先にと花をとっているではありませんか。（あ〜あ、いけないんだ〜。）子どもたちは、ちょっと戸惑いながら笑っています。「いっぱいさいてるからひとつぐらいとってもいいさ」というねこたちを、たいしょうは、リーダーらしく、「だめっ、とってはいけなーい」と必死でとめます。ところが、その次の場面では、なんということでしょう。10匹のねこたちが、みんな一輪ずつ頭に花をさして歩いているではありませんか。とらねこたいしょうまで！ここで、子どもたちは大爆笑です。作者は、子どもたちの期待を楽しく裏切ります。予想を超えた意外性は子どもたちのこころをとらえ、絵本の世界に釘付けにします。

　次に、行く手にあらわれるのは、今にも落ちそうなボロボロの吊橋。"きけん！はしをわたるな"の標識があります。もちろんねこたちはわたっていきます。「みんなでわたればこわくない　ニャゴニャゴニャゴ。」やれやれ、集団の心理の恐ろしさですね。そのあとは、登ってはいけない木に登ってお弁当です。悪いことをしているときの、ねこたちのとってもうれしそうな顔といったら！ここらへんまでくると、子ども

たちはねこたちが今度はどんないけないことをやってくれるのだろうと、もう顔は笑顔のままでゆるみっぱなしです。

　さて、今度は野原の真ん中に大きな袋が落ちています。横の切り株には、"ふくろにはいるな"とハリ紙があります。こんなわざとらしい袋は、罠に決まっています。けれども、禁じられていることは、

とりあえずやってみずにはいられないねこたちです。やっぱり入ってしまいます。そこにあらわれるのが、ばけものウヒアハ。ウヒアハは、袋の口をぎゅっと閉じて、山の上の自分の城までねこたちを連れて行ってしまいます。でも、ウヒアハは、ばけものといっても、みかけはあまりこわくありません。緑のけむくじゃらに牛のような角はあるものの、間のぬけた表情で水色のポシェットを肩からさげ、しっぽにはリボンを３つもつけています。ウヒアハという名前は、どうやらおかしな笑い声からきているようです。笑いにも色々ありますが、ウヒアハの笑いは、まんまとだましてやった、といういじわるないやらしい笑いです。笑いはときとしてとても残酷ですね。ウヒアハの笑いとひきかえに、ねこたちからも、聞いている子どもたちからも、笑いが消えます。

　さあ、大変です。ねこたちは囚われの身となって、ウヒアハの運動場を作るために、みんなで重いローラーをひかされます。ぎゅっと目と閉じて、重さに耐えるねこたちの辛そうな顔。「それ、ちからいっぱいひけえ。ウヒアハ」ウヒアハだけが笑っています。ねこたちは昼間は重労働で、夜は冷たい牢屋で寝かされます。

　　「もうだめだ」「とても　にげられないよ」
　　「しょくん、まけてはいけない。われわれ11ぴきは　つよいねこなんだ！」
　　「げんきを　だそう」「なにか　いいさくせんはないか？」

　くじけそうになった仲間を、別の仲間が元気づけます。そしてみんなで相談して知恵をだしあって、とうとう作戦がまとまりました。集団の力が発揮されます。次の朝、ねこたちは、元気よくとっても楽しそうに、歌いながらローラーをひいたのです。「ローラーひきはたのしいな　ニャゴ」「こんなたのしいものはない　ニャゴ」その様子が、あんまり楽しそうなので、たまらなくなったウヒアハは、自分でローラーをひきはじめ、その間にねこたちはさっさと逃げ出すのです。

　ねこたちの作戦には脱帽です。絶望的な状況におかれてなお失わないユーモアの力、笑いの力は、人間だけがもつ尊い生きぬく知恵なのかも知れません。笑いをとられたねこたちは、自らを奮い起こして笑顔をつくることで、もう一度本当の笑いをとりもどします。なんてすてきな作戦でしょうか。子どもたちは、喜びのいい表情になっています。ねこたちに笑顔がもどり、みんなでニコニコ帰ります。もうすぐ家という時に、道路に"わたるな"の標識。ところが、

　　おお！　11ぴきのねこ、どうろなんか　わたらない。
　　だって　ほら、こちらに　ほどうきょうが　あるんだもの。

　歩道橋をわたるねこたちの顔には自信の笑みが感じられます。子どもたちにも、ほっ

と安堵の笑みが浮かびます。

　ところで、この絵本を、子どもたちが禁止されていることをきっちり守るためのしつけ絵本と考えるのは、少々早合点といえるでしょう。この絵本が単にそのような絵本だとしたら、30年近くにわたって、子どもたちに読み継がれることはなかったと思います。作者の馬場のぼるは「チャップリンの喜劇のような絵本を作りたい。」という言葉を残しています。笑いの中に、反戦や人間愛のメッセージを込めたチャップリンの喜劇の様に『11ぴきのねこふくろのなか』には、ユーモアにくるまれた力強いメッセージが込められています。

　ねこたちは、はじめは禁止されていることをことごとくやっては楽しんでいました。その単純なパターン行動はまんまと利用されて、かいぶつウヒアハの罠に落ちてしまいました。ウヒアハがねこたちの行動を観察していたことは、裏表紙の木の上でねこたちの様子をうかがう怪しい影からわかります。一人一人が考えることなく、集団ゆえのパターン行動にはまってしまったときに、その集団にはとんでもない落とし穴が待ち構えているのです。5歳の集団としての活動の目標は、一人一人の個性や役割が存分に生かされることで、集団の活動を活発なものにしていくことにあります。そして、そのことにより、さらに個々の子どもの成長が促されることが期待されます。『11ぴきのねこふくろのなか』は、ユーモアの糖衣に包みながら、集団の持つ力強さとともに、一人一人が考えをもたない集団の危うさをも描いているのかも知れません。

＼ イメージの力で、世界を旅する ／

『げんきなマドレーヌ』
ルドウィッヒ・ベーメルマンス作・画
瀬田貞二訳
福音館書店　1972

　4歳頃までの子どもたちは、自分の経験したことや、身近な題材ならば共通のイメージをもって楽しむことができました。5歳になると、今度は言葉によって共通のイメージを描くことができるようになります。このことは、絵本の世界を大きく広げます。子どもたちは、絵本を通して遠い外国の物語や、時空を超えた冒険など現実では経験し得ないさまざまな興奮と感動に満ちた体験を、楽しむことができるようになります。知ら

ないところ、不思議な世界に、時や場所を越えて子どもたちのこころは自由に翔きます。

『げんきなマドレーヌ』は、子どもの生活を描いていますが、舞台はパリです。原書は1939年出版ですから、70年以上にわたり世界中で愛されてきました。表紙には、緑をバックにパリのエッフェル塔が大きく描かれています。塔のてっぺんにはフランスの国旗。その前を、シスターの服装をした女性と、つばの広い黄色い帽子をかぶった12人の女の子が後ろ姿で描かれています。サラサラとさりげなく描かれたような線のタッチが、洒落た雰囲気です。エッフェル塔や、シスターの服装などは、子どもたちには普段なじみのないものばかりです。この表紙は、子どもたちにこれからはじまるお話が、遠い国のお話であることを予感させてくれます。お話はこんな文章ではじまります。

　　パリの、つたの　からんだ　ある　ふるい　やしきに、
　　12にんの　おんなのこが、くらしていました。

この導入から、3〜4歳までの子どもたちだったら、これからはじまるお話の設定を具体的なイメージとして描くことは少々難しいかも知れません。屋敷や蔦といった言葉は耳慣れない言葉ですし、女の子たちがいっしょに暮らしているという寄宿舎の設定も、日本の幼い子どもたちには理解しづらいものです。けれども、5歳の子どもたちは、「パリの蔦のからんだ、ある古い屋敷」という文と絵から、知らない言葉があったとしても、推測してイメージをすることができます。「パリとかいう場所に、蔦とかいう葉っぱがいっぱいついている古くて大きい家があるんだな…」『げんきなマドレーヌ』を楽しむためには、豊かなイメージの力が必要です。

ストーリーを簡単にご紹介します。パリの寄宿舎に、先生と12人の女の子が暮らしていて、そのなかでいちばんのおちびさんで、ものおじしない子がマドレーヌです。ある晩、マドレーヌはお腹が痛くて大声で泣きます。盲腸炎にかかっていたのです。早速、救急車で病院に運ばれて手術をし、そのまま入院することになりました。10日ほどたったある天気の良い日に、先生のミス・クラベルと11人の女の子達は、マドレーヌのお見舞いに行きます。おそるおそる病室をたずねた女の子たちはびっくり。病室はお見舞いのおもちゃやお菓子でいっぱいです。それに何よりみんながびっくりしたのはマドレーヌのおなかの手術のキズです。マドレーヌはそれをみんなに自慢して見せてくれました。さて、その日の真夜中、先生のミス・クラベルがどうも様子がおかしいので、みんなの部屋に行ってみると、「わーわー、もうちょうをきって、ちょうだいよー」みんなが大声で泣いていました。

このお話は、いわゆるオチのある内容です。このオチのおもしろさを理解できるのは、相手の気持ちに考えがおよび、言葉でイメージする力がついている5歳以降でしょう。

5歳頃の子どもたちに人気の、古典落語をもとにした絵本に『まんじゅうこわい』[注①]がありますが、そのオチの「ここらでおちゃがこわい」のおもしろさもかなりの言葉の力が必要です。また、浪曲をもとにした『ねぎぼうずのあさたろう』[注②]シリーズも、浪曲をベースに時代劇ふうのせりふが面白く大好きな子は夢中になる絵本です。落語にしろ浪曲にしろ、話芸というものは、話し手だけでなく、聞き手にも言葉の力が要求されますが、それを理解できることは、子どもたちに大きな喜びをもたらします。外国の物語であっても、日本の古典であっても、共通しているのは、そのおもしろさを理解するためには、言葉によってイメージする力がついていることが必要だということです。

　話をマドレーヌにもどします。言葉といえば、『げんきなマドレーヌ』の瀬田貞二の訳は、軽快でテンポがよく、とりわけ声にだして読んでみると美しい日本語です。それだけに、子どもたちの日常の会話にはない、日本語としての豊かな表現もでてきます。マドレーヌたちの日常が描かれているシーンでは、「ふっても　てっても　さんぽに　でました」です。マドレーヌがお腹が痛くて泣く場面は、「おめめを　なきはらしていました」で、夜のパリを救急車が走るシーンは、「やみのみちをとばしました」と表現されます。他にも、「盲腸」「面会」「ぬきあしさしあし」「たまげた」などは、子どもたちの日常の会話では、なじみのうすい言葉でしょう。しかし、子どもたちは、少しぐらいわからない言葉があっても全体として筋をとらえて理解します。もちろんよい絵本は、言葉を補うように、あるいはそれ以上に絵が語りますので、子どもたちは、絵も大いに参考にしているのでしょう。こうした力が将来の読解力や、言外の意味をくみとる力となっていくのではないでしょうか。

　言葉の力とともに、4歳後半を過ぎた子どもたちがこの絵本を楽しむことができる理由として、「～だけれども、～だ」という判断ができることがあげられます。最後の場面で、マドレーヌのことを羨ましいと思った11人の女の子たちがいっせいに、「わーわー　もうちょうを　きって　ちょうだいよー」と大声で泣きわめきます。この場面は可笑しさを誘うラストシーンです。それまでの黒白はっきりつける「うそをつくことは、悪いことだ」という単純な価値判断であれば、この可笑しさは本当には理解できないでしょう。しかし、5歳の子どもたちは、相手の気持ちも推測できます。ですから、うそをついたらいけないけれども、この子たちの気持ちもわかるのです。舞台はパリでも、世界のどこの街でも、子どもたちの気持ちは同じですね。

注① 『まんじゅうこわい』(川端誠再話　クレヨンハウス　1996)
注② 『ねぎぼうずのあさたろう』(飯野和好作　福音館書店　1999)

方言は素晴らしい言葉の文化

『せんたくかあちゃん』

さとうわきこ作・絵
福音館書店　1978

　『せんたくかあちゃん』は、とにかく文句なしに面白い絵本です。主人公のかあちゃんがなんとも豪快です。毎日膨大な量の洗濯物を、洗濯機なんか使わずに、タライと洗濯板でかたっぱしから洗い上げます。洗うものは、布製品ばかりではありません。靴に時計、傘やおなべなどの日用雑貨にはじまり、猫や犬、子どもまで。かあちゃんの洗濯からは誰も逃げられません。洗った洗濯物は、森の中にはったロープに、どんどん干していきます。見開き2ページにわたる、数々の洗濯物には子どもたちもびっくり。じっくり見て楽しみます。

　かあちゃんは江戸っ子です。豪快な行動にぴったりの、気風のいい関東の言葉です。空を見上げれば、「きょうもいいてんきだねえ」洗濯のあとは、「せんたくものをほしたあとはラムネのんだみたいにすっきりするねえ」みかけも頼りがいがありそうです。丸い顔とふくよかな身体つき、腕まくりされた袖からは、たくましい太い腕がでています。裸足の足はサンダルばき。こんなかあちゃんがいてくれたら、子どもたちはこわいものなんて何にもなさそうです。実際、かあちゃんは、カミナリさまだってちっとも恐がらず、それどころがカミナリさままで洗濯してしまうのです。

　ある日、かあちゃんがいつもの様に、洗濯物を干していると、ピカッ　バリバリバリッとカミナリさまが落ちてきます。カミナリさまは、おへそを狙ってやってきたというのです。ところが、それをきいて怒ったかあちゃんは、カミナリさまの首ねっこをぎっとつかんで、タライの中に放り込んでしまいます。すごい迫力です。有無を言わせない早業に、さすがのカミナリさまも抵抗するどころか、されるがままです。まったく大胆なかあちゃんです。聞いている子どもたちも、すっかりかあちゃんのペースにのみこまれています。

　さて、洗い終わったカミナリさまを干してみると、あれあれ、目鼻口まで洗い流されてのっぺらぼう。もう、何でもありです。「あんがいだらしがないんだねえ。カミナリさまの顔を描いておやり」とかあちゃんは子どもたちに言います。そんな無茶苦茶な、と思いますが、とにかく子どもたちは、クレヨンでカミナリさまに、とっても

かわいい、パッチリお目々の顔を描いてあげます。その顔がすっかり気にいったカミナリさまはよろこんで帰って行きました。関西の人間である私としては、「なんでやねん」と、思わずつっこみを入れたくなる楽しさです。

　さて、次の日が大変です。いつものように、かあちゃんがくるくるっと腕まくりをして洗濯にとりかかろうとすると、何十、何百といううすよごれたカミナリさまがやってきたのです。絵本のページはどこもかしこもカミナリさまだらけ。大変なさわぎです。

　最後のページは、かあちゃんの仁王立ちの後姿です。痛快な物語とはこのことでしょう。ナンセンスで、豪快で、テンポがよくて、何よりかあちゃんが素敵です。

　この絵本は、3歳頃からでも楽しめますし、奇想天外なストーリーが面白く、洗濯というテーマが子どもたちにも身近なために、異年齢の読み聞かせ会などでもよく使われます。けれどこの絵本の魅力がいかんなく伝わるのは、方言による表現のおかしさやニュアンスが自然に理解できる、5歳頃からではないかと思います。

　『せんたくかあちゃん』の大きな魅力のひとつが、はぎれの良い関東の方言です。もしも、カミナリさまのせりふ「あったりまえのこんこんちき」「いっちょやってくれえ」などの言葉を標準的な言い方に変えて、「決まっているだろう。」「ひとつ、やってもらいたい。」にしてしまったとしたら、この絵本の印象はかなり変わってしまうでしょう。5歳頃になり、相手や状況によって、言葉を使いわけるようになる頃から、様々な地方の方言絵本が楽しくなります。

　方言には、方言でしか表現できない独特の味わいがあります。『ごろはちだいみょうじん』[注1]の奈良の言葉は柔らかくまったりとした感じです。『じごくのそうべえ』[注2]には、関西弁ならではの可笑しさがあります。『さんまいのおふだ』[注3]の新潟弁は昔語りの雰囲気を今に伝えてくれますし、『八郎』[注4]では秋田弁による八郎伝説がこころに深く響きます。方言は言葉による文化です。その一つ一つの言葉の中に、その地方独特の価値感や世界観が含まれています。こうした豊かな方言の世界を、言葉の理解が深まる5歳前後から、たっぷり味わってほしいと思います。

　もっとも、方言の絵本は読み手にとっては、少し読みづらいかも知れません。けれども、今はテレビのドラマなどでも方言を耳にすることができますし、絵本の文章は、方言とはいえ比較的読みやすく書かれています。子どもたちに読む前に下読みさえし

ておけば方言の持つ雰囲気は十分に伝わります。もちろん、自分の地方の方言で書かれた絵本であれば、ぜひ、子どもたちに読んであげてほしいと思います。お国ことばで書かれた本を、その地方の方に読んでいただくと、本当に味わいがあります。やはり微妙なイントネーションや、間合いが、生きた話し言葉そのままになっているのでしょう。言葉のひとつひとつに生命がふきこまれるようで、生き生きと心地よい響きです。言葉は生きているものであることが、実感されます。

　それでは逆に、一般的な絵本や翻訳絵本のように、標準語で書かれた絵本は、アナウンサーのようなきれいな標準語で読まなくてはならないのかというと、必ずしもそんなことはないと思います。絵本は身近な大人が子どもたちに読んであげるものです。子どもたちは、その絵本の内容を、読んでくれた大人の声とともに、こころの中に持ち続けます。ですから、無理に標準語のイントネーションにする必要はなく自然な読み方で良いのではないかと思います。子どもたちには「正しい」日本語を教えなければならない、というご意見もあるかも知れませんが、子どもたちは5歳頃になれば、赤ちゃんには赤ちゃんがわかりやすい言葉で、おばあちゃんにはおばあちゃんがいつも使っている言葉、など相手によって表現を変えることができるくらい、言葉の力がついています。むしろ、さまざまなバリエーションの言葉を豊かに体験することの方が言葉を育てるという点においても大切だと思います。もしも、日本中の人が、標準語の「きれいな」日本語を話したらとても味気ないのではないかと思います。『せんたくかあちゃん』は、テンポのよい関東の言葉と、豪快なかあちゃんの姿が、子どもたちだけでなく読んでいる大人も元気にしてくれます。

注①『ごろはちだいみょうじん』(中川正文作　梶山俊夫絵　福音館書店　1969)
注②『じごくのそうべえ』(田島征彦作　童心社　1978)
注③『さんまいのおふだ』(水沢謙一再話　梶山俊夫画　福音館書店　1978)
注④『八郎』(斎藤隆介作　滝平二郎画　福音館書店　1967)

言葉の持つ不思議な魅力

『めっきらもっきらどおんどん』
長谷川摂子作　ふりやなな画
福音館書店　1985

　子どもたちは絵本を、その世界に入り込み、主人公になって楽しみます。絵本を読んだ後、パタンと最後のページを閉じたときに、「ふぅ〜」と小さなため息が聞こえることがあります。そんなときは、読んでいる大人も、まさに冒険の旅にいっしょに行って帰ってきたという心境です。そのような感動を何度読んでも読むたびに味わうことができる絵本が、『めっきらもっきらどおんどん』です。

　ある日、遊ぶ友だちをさがして神社にやってきたかんたでしたが、誰もおらず、しゃくなので大声でめちゃくちゃの歌を歌いました。

　　　ちんぷく　まんぷく　あっぺらこの　きんぴらこ
　　　じょんがら　びこたこ　めっきらもっきら　どおんどん

　するとどどどーっと風が吹き、御神木の根元から奇妙な声が聞こえます。かんたは覗き込んだとたん、穴に吸い込まれてしまいました。そこにいたのはおかしな3人組、もんもんびゃっこ、しっかかもっかか、それにおたからまんちんです。かんたは3人と次々に遊びます。ところが遊びつかれてみんなが眠ってしまうと、かんたは心細くなって思わず「お・か・あ…」と叫びます。そのとたん、かんたは光の渦に吸い込まれて気がつくと、もとの神社にもどっていました。ちょうどそのとき、おかあさんが「かんちゃーん、ごはんよー」とよぶ声がきこえてきて、かんたはうちに帰っていきます。

　物語は、ファンタジーの定番である行って帰る物語で、この絵本の面白さは、異世界の3人の強烈な個性にあります。かんたは3人のことを「ばけもの」と呼びますが、3人の姿は化け物やおばけというよりも、むしろ神様に近い様に感じられます。もんもんびゃっこは、くまどりをしたキツネのお面のようで、お稲荷さんのキツネを思い起こさせます。おたからまんちんは、七福神の福禄寿にそっくりの大きな頭と白いひげをたくわえ袋を持っています。しっかかもっかか、これは神様というより可愛い鬼の子といった感じです。

　かんたが、こんなユーモラスな3人とたっぷり遊んだあとの、「おもちの木」の場面は印象的です。かんたが3人といっしょに、大きな木にたわわになったおもちをおいしそうに食べるのです。ファンタジーの物語では、ふつう異世界のものを口にするということは、現実世界のことを忘れ、異世界の住人になってしまうことを意味します。けれども、かんたは3人といっしょに美味しそうにおもちをモグモグ食べているにもかかわらず、その後もお母さんのことを忘れません。このことに、私はちょっと疑問を感じていました。ところが、あるとき一人の女の子にこの絵本を読んでいると、多くの子が絵本の食べ物の場面でよくやるように、その子もおもちの絵を取るしぐさをして、「わたしこれ食べよー。」とモグモグやりはじめました。そして、「あのねー、かんたは白が好きなんだよ。私は白とピンク両方食べよー。」なるほど！よく見ると、同

じおもちでも、異世界の住人である3人はピンクのおもちを食べていますが、かんた
だけは普通の白いおもちを食べています。子どもは、耳で文章を聞きながら絵をじーっ
と「読んで」いるので、大人が気がつかないことでもしっかり絵から読み取っています。
異世界の住人とかんたとでは、食べるおもちが違っていたのです。それにしても画家
が文章にないことを、巧みに表現していることに驚かされますし、それと同時に絵か
ら読み取る子どもの力はすごいものだと感心します。

　こうして遊びつかれて、お腹もいっぱいになったあと、かんたはさびしくなってお
かあさんのことを思い出します。そしてかんたがふと口にした「おかあ…」の言葉の力
によってかんたはもとの世界へ戻るのです。この場面に象徴される様に、この絵本に
は全編を通して言葉の不思議な力が表現されています。かんたを異世界に連れて行っ
たのも、現実世界に連れ戻したのも、「言葉」でした。3人の名前も面白い響きをもっ
ていますし、遊ぶ場面にも遊び言葉としての不思議な言い回しが出てきます。

　はじめに、かんたが異世界へ行くきっかけとなっためちゃくちゃな言葉を唱える場
面で、かんたは手に木の枝をにぎっています。まるで、魔法の杖のようです。かんた
は、自分の想像力によって、魔法の道具と言葉を得ることで、こころの中のファンタ

ジー世界を堪能したのです。5歳になる
と、言葉を言葉として遊ぶことができる
子どもたちです。しりとりやさかさ言葉
など、言葉遊びも楽しめます。『めっき
らもっきらどおんどん』は、言葉の持つ
不思議な魅力を子どもたちにたっぷりと
伝えてくれます。

こころの成長

『ピーターのいす』

エズラ・ジャック・キーツ作　木島始訳
偕成社　1969

　5歳になった子どもたちは、人の役に立つことが嬉しくて、またそんな自分を誇ら

しく思い、喜んで大人のお手伝いをしたり、あれこれと年下の子どもの世話をするようになります。そうしながら、相手の気持ちを気遣ったり、自分の気持ちを抑えることを学んでいきます。また、この時期になると子どもたちは大人から一方的に言われてそれに従うのではなく、自分で考えて、判断し、解決しようとするようになります。ですから、何か問題が起こった時にも、大人の側は結論を押しつけるのではなく、子どもたちが、自ら思いをめぐらせることができるような経験を保障することが大切です。

　さて、幼い子どもにとっての大問題といえば、下に妹や弟が生まれることです。うれしい反面、家族の注目が赤ちゃんに集まることで気持ちは複雑に揺れ動きます。そんな上の子の気持ちを描いた絵本は数多くありますが、その中でも、こころの動きの繊細な機微と成長が、よく表現されているのが『ピーターのいす』です。

　エズラ・ジャック・キーツは、この短いお話の中に、ピーターの成長を巧みに表現しています。始めの場面で、ピーターがうーんとせいのびをして自分の背たけより高く積み木を積み上げています。できたと思ったとたんに積み木の塔はがしゃんと倒れます。ピーターにむかって、お母さんの声がとんできます。

　　「しいーっ　もっと、しずかに　あそんでね。
　　うちには、うまれたての　あかちゃんが　いるのよ。」

　お母さんは、せっかく高く積み上げた積み木を見てもくれないし、第一、静かになんて遊べるはずがありません。ピーターはふくれっつらです。お母さんは妹の世話に大忙し。妹が寝ているのは、ピンクに塗り替えられた自分のゆりかごです。お父さんまでもが「おい、ピーター、あかちゃんのしょくどういすにペンキぬるの、てつだってくれんかなあ？」と言います。自分の椅子を塗り替えられることは、ピーターにとって、まるで自分の居場所がなくなるようで、とても寂しかったのでしょう。ピーターは、悲しくなってしまいます。

　そこで、ピーターは家出する決心をします。まだ塗り替えられていない自分の赤ちゃんイス、赤ちゃんのときの自分の写真、おもちゃのワニを持ちました。犬のウィリーがおともです。赤ちゃんのときの写真を持っていったピーターの行動には、「あの頃はよかった。もう一度赤ちゃんにもどって、パパやママに大切にされたい」という気持ちが感じられます。ワニというのも、爬虫類は進化の大切な過程と考えると、成長という意味で象徴的であるように思われます。ところで、ピーターが家出した場所は、家の前の窓の下でした。ここなら、家の中の物音が聞こえるし、パパとママに自分が家出したことを知ってもらいやすい場所でもあります。5歳頃の子どもは、自分で決めたことを、実際の行動にして、がんばることができます。けれども、それをまわり

の大人に知っていて欲しいとも思っています。依存しながら自立する、ピーターのかわいい家出には、そんな気持ちがよくあらわれています。その窓の下で、ピーターが持ってきたイスにすわろうとする場面が、この物語の大きな展開となります。

> ところが、おしりが、いすに　はいらない。
> ピーターは、おおきく　なりすぎていたんだ！

　もちろんピーターはまだほんの小さな子どもです。けれども、赤ちゃんいすにすわるには、大きくなりすぎていたのです。ピーターはもう決して、自分は赤ちゃんに戻れないのだということを自分で確かめて納得します。
　ちょうどそのとき、お母さんが窓からピーターに声をかけます。「さあ、うちにかえっといで、ピーター。おひるはすてきなごちそうですよ。」とてもさりげなく、ごく自然に、そして帰ってくるのに好都合な理由をちゃんと用意しています。お母さんは、ピーターが家出するのを知って、窓から様子をうかがっていて、声をかけるタイミングを見計らっていたのかも知れません。
　そこからのピーターとお母さんが素敵です。ピーターが家に帰ったのがわかり、お母さんはピーターの部屋にやってきます。ピーターの姿は部屋にありません。でも、カーテンの下から靴がのぞいています。

> 「いたずらっこちゃん、カーテンの　かげに　かくれてるのね。」
> おかあさんは、うれしそうに、そう　いった。

　ところが、カーテンのかげにピーターはいません。ピーターは自分がまるでそこにいるかのようにみせかけるため、靴をおいていたのです。「こっちだよ」棚のうしろからピーターがうれしそうに出てきます。4歳〜5歳頃になると、子どもたちは相手から見える自分の姿に考えが及ぶので、かくれんぼもとても上手になります。
　ところで、お母さんは本当にピーターがカーテンのうしろに隠れていると思っていたでしょうか？　それはおそらくちがうでしょう。お母さんは、こころがたくさん揺れ動いたピーターの気持ちによりそって、わざとだまされたふりをしたのだと思います。懐の深い素敵なお母さんです。
　ピーターは、自ら思いをめぐらせ、家出をし、自分の成長を確認しました。それはピーター自身による気づきであり自己決定です。ピーターは昼食の席でお父さんに言います。

> 「おとうさん、あの　ちっちゃな　いす、スージーのために、ピンクに　ぬろうよ。」

「ちっちゃな」や「スージーのために」という表現に、成長したピーターの気持ちがよくあらわれています。

下の子の誕生は、上の子にとって、急激な母子分離を促すことになりかねません。その時、上の子の気持ちはぐらぐら

と揺れ動きます。もしも、このときに親が「お兄ちゃんなんだから、お姉ちゃんだから面倒見てあげて」と、上の子の成長を無理強いしてしまうと、子どもたちのこころは必死に抵抗するでしょう。赤ちゃん返りや、下の子に攻撃的になるなど、なんとか親の注意を自分にむけようとするかも知れません。5歳の子どもは、自分で考え判断することができる子どもです。ですから、理屈で言い聞かせたり、しかったりするよりも、ピーターのお母さんのように、揺れ動くこころの動きを見逃さずに見守り、子どもが自己決定したときにはその意思を尊重することが、子どものこころの成長には大切なのでしょう。

誰のこころの中にもいる、小さな赤いライオン

『ラチとらいおん』
マレーク・ベロニカ文・絵　徳永康元訳
福音館書店　1965

幼稚園や、保育園のバッグに、ちょこんとついている小さな赤いライオンのマスコットを見かけたことがある方がいらっしゃるかも知れません。あるいは、自分のお子さまに作ってあげた方もおられるでしょうか。『ラチとらいおん』に出てくる小さな赤いライオンは、子どもたちのこころの中にいて、勇気を与えてくれる存在です。

　このいえに、ラチという　おとこのこが　すんでいます。
　ラチは、せかいじゅうで　いちばん　よわむしでした。

『ラチとらいおん』はこんな風にはじまります。この絵本の主人公は、「世界中で一

番弱虫の男の子」なのです。ラチは犬を見ると逃げ出すし、暗い部屋には怖くて入ることができません。友だちさえ恐いので、そんなラチを誰も相手にしてくれません。ラチは毎日、勇ましいライオンの絵を見ては、強くなりたいと思っていました。

　幼い子どもたちには、恐いものがたくさんあります。ラチでなくても大きな犬や暗いところが恐くない子どもなんていないでしょう。友だちが恐いこともあるでしょうし、人がたくさんいるところも、ドキドキして恐いかも知れません。身体も小さく、経験も浅い子どもたちにとって、世の中は不安でいっぱいです。そんな気持ちを落ち着かせるために、小さい頃に大切にしていた毛布や、枕をお守りのようにいつも持ち歩くこともあります。子どもたちは、誰だって、ラチの気持ちに共感することでしょう。さて、そんなラチのところに、ある日小さな赤いライオンがあらわれます。ライオンが、強くなるためにまず教えてくれたのが体操です。

　　「つよくなるのには、まず　たいそうを　するんだよ。
　　こんなふうにね」　いち　にっ　さん！

　　　　　　　　　　　　　　　　　　　　この体操が、可愛らしくてユーモアたっぷりです。ラチが弱虫なのはこころの問題なのですが、「強くなるにはまず体操」というのは、子どもたちにとってとてもわかりやすいですね。強いこころは強い身体に宿る、というわけです。ラチとライオンは毎日いっしょに体操を続けます。

　そして、いよいよラチが強くなったかどうか、試すチャンスがやってきます。ある日、ラチがライオンをポケットにいれて散歩していると、女の子が犬が恐いといって泣いています。ラチは、思わず逃げ出そうと思いますが、ライオンがいっしょにいてくれることを思い出して、女の子の手をひいて犬のそばを見事通りぬけました。ライオンの存在が、ラチに勇気をふるい起こさせてくれたのです。

　犬はクリアできました。さて、次は暗いところです。それを試す日もやってきました。絵が描きたくなったラチは、クレヨンをとりにとなりの暗い部屋に行くのを躊躇しています。でもライオンが「ぼくがついていってあげよう」といってくれたので、ラチはライオンといっしょに、暗い部屋に行くことができました。どんどん恐いものを克服していくラチは、自信をつけ、もう何でもできるようになります。そして、とうとう運命の日がやってきます。ラチは―

　　あるひ、らいおんと　すもうをとって、　とうとう　かちました！

　もう、ラチには恐いものなどありません。ラチはポケットにライオンをいれ、ともだちのところに遊びにいきました。ともだちに会う場面のラチは、片手で友だちに挨拶しながら、もう一方の手では、ポケットのふくらみにさわって、そこにライオンがいるのを確認しています。自信はついたとはいえ、やはり、ドキドキしていることがうかがえます。ところが、友だちは、大きいいじめっこのノッポにボールをとられて泣いていました。「きみなんかきたって、なんにもならないよ、よわむしだから」という友だちに、「ぼくは、よわむしじゃないよ」と言いかえすラチ。友だちに、自分がどんなに強いか見せるときがやってきました。「じゃ、ボールをとりかえせるかい」と言われたラチは、「とりかえせるとも！」とノッポを追いかけます。ノッポは、みんながこわがっている自分を恐がりもせず、どんどん迫ってくるラチの迫力に驚き、あわてて逃げ出します。そしてとうとう、ラチはボールをとりかえしました。

　ラチが、ライオンにお礼を言おうと思ってポケットに手をつっこんでみると、そこにあったのは、ライオンではなくて、真っ赤なリンゴでした。ラチのライオンへの強い憧れが、ラチの心の中にライオンを生み出していたのでしょうか。ラチにとってライオンは、勇気を奮い起こすために、どうしても必要な存在だったのです。「ぼくには、強いライオンがついているんだ」自分にそう言い聞かせることで、ラチは一つずつ、自分の弱さを克服していきました。そして、自分の心の中に「ぼくは強いんだ」という自信が持てたとき、ライオンの役目は終わったのです。

　ところで、ラチははじめ、本当に弱虫だったのでしょうか。ラチが本当に勇気を奮い起こしてがんばったとき、それはいつも誰かを助けるためでした。ラチは、犬を恐がっている女の子をみて、手をひいて犬の横を通りました。ノッポにボールをとられて泣いている友だちをみて自分より大きいノッポを追いかけました。ラチは弱いのではなく、やさしいのです。本当の強さは、やさしさに裏づけられているのだということを、作者のマレーク・ベロニカは描きたかったのではないでしょうか。また、ラチの本当の強さと対比させて、いじめっこノッポの弱さを浮き彫りにもしています。ノッポは、自分をこわがらずに追いかけてくるラチをみて、「こいつはぼくより強いらしいぞ。逃げたほうがよさそうだ！」とボールを放り出して高い木によじのぼり、おびえて夜まで降りてこなかったのです。空威張りや乱暴者、いじめっこは、弱いこころの裏返しであることがよくわかります。

　ラチは、はじめから強くやさしいこころの持ち主だったのです。ただ、それを行動にうつすときに、自分を勇気づけて見守ってくれる存在が必要だったのです。子どもたちは誰でも、成長へのステップを大きく踏み出すときに、小さな赤いライオンが必要なのでしょう。すべての子どもたちに読んであげたい絵本です。

子どもたちに伝えたいこと

『しんせつなともだち』
方軼羣作　村山知義画　君島久子訳
福音館書店　1965

　西洋のおとぎ話は、お姫様と王子様が結婚していつまでもしあわせに暮らしましたという結末が多いですね。これが、日本になると、一寸法師のように、お姫様と共に、おじいさんおばあさんも一緒にいつまでも仲良く暮らしました、という結末になります。どちらにしても、共通しているのは、ハッピーエンドは愛する人や家族といっしょであることに変わりはありません。また、お話の主人公は、お城や打出の小槌など、豊かな暮らしを手に入れることも多いのですが、一人でお金持ちになって、豪邸で贅沢三昧してしあわせになりました、というハッピーエンドはほとんどないように思います。昔話のメッセージに耳を傾けると、どうやら昔から人は、自分が贅沢に何不自由なく暮らすだけではこころから幸福にはなれず、愛する家族や友人と幸福を共有することで、本当にこころから幸福になれるのだということを伝えてくれているようです。きっと、昔からどこの国でも大人たちは、子どもたちにお話を通して、人生観を伝えてきたのでしょう。そのことを思うとき、子どもたちに語る物語をいかに選ぶべきか、大人の責任の重さをあらためて感じます。

　『しんせつなともだち』は、大人からのメッセージとして、子どもたちに伝えたい絵本です。5歳の子どもたちは、友だち関係も深まり、人の気持ちにも思いがおよぶようになることで、感受性がますます豊かになっていく時期です。お友だち関係はこれまで以上に重要な意味を持ち始めます。『しんせつなともだち』は、ともだちを思う気持ちが、思いやりの連鎖として静かな冬を舞台に描かれる美しい物語です。

　冬、雪が降り積もって、食べ物がなくなったこうさぎが何か食べるものを探しに出かけます。すると雪の中に2つのかぶを見つけました。こうさぎは1つを食べ、もう1つは友人のろばもさぞお腹を空かせているだろうと思い、ろばの家に持って行きますが、留守だったのでそっと置いて帰ります。さつまいもを見つけて家に戻ったろばは、かぶを見つけます。ろばはそのかぶを、こやぎに届けることにしました。ろばからこやぎへ、こやぎからこじかへとかぶは届き、こじかはこうさぎに届けることにします。こじかがこうさぎの家に行くとこうさぎはぐっすり寝ていたので、そっとかぶ

を置いて帰りました。目を覚ましたこうさぎはびっくりします。でも、すぐに、親切な友だちがわざわざ持って来てくれたんだなと気がつきました。

　雪深く、食べものも乏しい冬の森を舞台に描かれる動物たちの物語です。文章そのものはやさしいので、3歳頃からこの絵本を楽しむことができます。しかしこの物語は、前の出来事から次の出来事へと、順に連鎖していく物語ですから、物事の関連性が無理なく理解でき、相手の気持ちを推しはかる力や、人の役にたつことに喜びを感じる5歳頃が、内容的にもっとも楽しめるのではないかと思います。『しんせつなともだち』では、こうさぎがみつけたかぶが、こうさぎ→ろば→こやぎ→こじか→こうさぎへと、回りまわって、また自分のところにやってきました。見返りを期待しないこうさぎの純粋な相手を思う気持ちが、何匹もの動物の手を経て、思いやりのこころとして、またこうさぎのところへ返ってくるのです。

　5歳児は、物事を対比する能力が育ち、時間や空間を認識することができるようになります。原因と結果との因果関係を、自分で確認しながら楽しむことのできる物語は、この時期の子どもたちにとって、とても面白く魅力的です。因果関係が楽しい物語としては、いわゆるぐるぐる話として、『ありこのおつかい』(石井桃子作 中川宗弥絵 福音館書店 1968) や、『おなかのかわ』(瀬田貞二再話 村山知義絵 福音館書店 1975) などがあげられます。

　『しんせつなともだち』は、無償の愛であり、思いやりの連鎖の物語ですが、それを、教訓的な押しつけではなく、情感豊かに描いています。幼児期に読んでもらった絵本は、子どもたちのこころの中に大切にしまわれていますから、子どもたちは将来、それが必要になったときにこの絵本のメッセージを思い出す日が来るかも知れません。

「大人の言いなりにはならないぞ」

『おしいれのぼうけん』
古田足日・田畑精一作
童心社　1974

　『おしいれのぼうけん』は、読み出したらやめられない、ワクワクする冒険ファンタジーです。自分が幼い頃に読んでもらって、とても印象に残っているという方もお

られることでしょう。

　　ここは　さくらほいくえんです。
　　さくらほいくえんには、こわいものが　ふたつ　あります。
　　ひとつは　おしいれで、もう　ひとつは、ねずみばあさんです。

　物語は、こんなふうにはじまります。いったいこれからどんな物語がはじまるのだろう、子どもたちは、期待に胸を躍らせます。主人公は、さとしとあきらという、2人の男の子です。絵の様子と行動から、さとしは、どちらかというと気が強くてやんちゃな子のようです。ねずみばあさんというのは、担任の水野先生の人形劇にでてくるこわいばあさんです。お話はさとしが、着替えているあきらのポケットから落ちたミニカーを「かしてよ」とひったくることから始まります。あきらは、さとしに比べてちょっと気が弱そうな感じです。でも、「だめだよ、ぼくのだから。」と、一生懸命とりかえそうとします。昼寝の準備をして寝ているみんなの間でとりあいの追いかけっこをして、とうとう2人は友だちの手を踏みつけてしまいます。怒った水野先生は、2人をおしおきとして、あやまるまでおしいれに閉じ込めてしまいます。上の段にさとし、下の段にあきらです。まさか今、保育園や幼稚園で、こんな先生がいたら虐待といわれ大変なことになりますね。でも、この物語にはそんな時代の価値観の変化を超えてなお魅力があります。

　さて、さとしとあきらは、それぞれに言い分があって納得していませんから、簡単に謝ったりはしません。ここが5歳児らしいところです。今までのように大人が「いけない」と言うから悪いことなんだとは簡単に判断しません。自分なりに考えて納得のいく理由がないと、ただ単に言いなりになるということはないのです。相手を批判する力もできています。あきらは、ミニカーをひったくったさとしが悪いのに、どうして自分が押入れに、と怒っていますし、さとしは、「おしいれの外で考えるよう。」という自分の言葉に耳もかさないでとじこめてしまう先生に対して腹をたてています。おかしいと思うことについて、言葉や行動できちんと表現できるのが5歳児です。ただ単に謝らせるという水野先生のようなやり方では、子どもたちに、とりあえず謝っておけばいいんだという、大人の顔色をみる、要領の良さだけを身につけさせてしまいます。子どもを一人の人格として尊重し、気持ちを聞いて話し合うべきでしょう。さとしとあきらのがんばりは、最後には水野先生に、自らの間違いを気づかせることになっていきます。

　さて、水野先生は、押入れの戸を押さえながら、2人が「ごめんなさい」と謝るのを待ちますが、2人にはいっこうにあやまる気配がありません。さとしは、上の段で眉をつりあげていますし、あきらは下の段でべそを書いています。2人の様子にそれぞ

れの性格の違いがあらわれています。そのとき、さとしが、押入れのふすまに穴が開いていて、光が差し込んでいるのに気がつきます。そこからのぞくと、みんなのいる部屋が不思議な感じに見えました。逆境の中でも遊びを見つけるのが、子どものたくましさです。さとしは、下の段でまだ泣いているあきらにも、教えます。幸い下の段にも穴がありました。「ふふ、おもしろいね。」さとしに対して怒っているあきらですが、今はさとしといることが心強く感じられます。もしも、押入れに入れられたのが一人だったら、2人ともこんなに長い間おしいれでがんばることはできなかったでしょう。

　2人が穴からのぞいていることに気づいた水野先生は穴を手でふさぎます。その手を穴から指を出してくすぐる2人。先生が穴をガムテープでふさぐと、さとしは、怒って戸をどんどん蹴飛ばします。まねをしてあきらも蹴飛ばします。ふすまの外では、水野先生だけでなく、先輩の木村先生もふすまを必死で押さえています。力では、どうしたって大人にはかなうはずがありません。この2人の悔しい気持ちを考えると、力で子どもを抑えつけようとする大人に対して不条理さを感じます。とうとう、2人は力尽き、力づくで押入れから脱出することをあきらます。あきらが悲しそうな声でいいます。「ぼく、もうだめだよ。」そのとき、さとしが感動的な行動に出ました。

　「あーくん。さっきは　ごめんね。　ミニカー、かえすよ。これで　あそべよ。」

　さとしは、自分で判断して自分から謝ったのです。誰に謝らせられたわけでもありません。水野先生は無理やり謝らせようとしましたが、子どもは自ら判断して納得すると、自分から謝るのです。思いを言葉や行動にできる、素晴らしい5歳児の姿です。ミニカーを渡すさとしの手に触れたあきらは、その手が自分の手の同じように汗で、べとべとなのを感じ、泣いてこそいないものの、さとしも自分と同じように必死であることをさとります。2人は固く手をにぎりあいます。「あーくん、がんばれ。」と励ますさとしを、あきらは、「さとちゃんもいいとこあるな」と思います。これも、5歳児の素晴らしさです。

　5歳の子どもたちは、物事を多面的に見る力が育っています。それは、友だちにもむけられ、相手を色々な面から理解することができるようになるのです。あきらは、さとしにポケットからミニじょうききかんしゃを取り出して渡します。「これ、さとちゃんにかしてやるよ。」あきらもまた、さっき自分のミニカーを貸してほしがったさとしの気持ちに応えます。それにしても、あきらはポケットにいろいろな乗り物を持っています。あきらは、泣き虫で気が弱そうに見えますが、乗り物が大好きで、きっと乗り物のことならとても詳しいのでしょう。ちょっとした行動や会話から2人の個性が光ります。このようなていねいな人物描写には子どもたちが実感を持つことができ、物語の世界に入り込んでファンタジーを楽しむための大切な要素です。

2人がしっかり手をつないだ場面は、2人が自らお互いを許しあった瞬間でした。この絵本で最も重要な場面です。そしてこの瞬間をまさに表現しているのが、表紙の絵です。真っ暗な押入れの中で、しっかり握り合う2人の手、まわりの虹色がこれからはじまるファンタジーの世界を暗示しています。2人が手をにぎる場面のとなりは、文字がなくこの絵本のはじめての色鮮やかな場面です。この絵本は、80ページに及ぶ長編で全編モノクロですが、その中にたった4枚だけ、彩色されたページが主人公のこころの動きを表して効果的に使われています。ここでは2本の虹が交錯している模様が大きく描かれます。2本の虹は、さとしとあきらそれぞれの想像の世界が交わることを表わしているのでしょう。こころを通わせた2人に、ファンタジー世界の扉が開かれます。さて、そこに現れたのが恐ろしいねずみばあさんです。たくさんのおとものネズミを連れています。2人をさんざん追いまわし、スリルある攻防の末、とうとう2人を追い詰めたねずみばあさんが言います。

「おまえたちは　にげまわって　さんざん　わしを　てこずらせたな。
でも、わしは　やさしいばあさんだから、　おまえたちが　あやまるなら
たべもしないし、この　ちかの　せかいからも　だしてやる。」

こんな相手の言いなりになどなってしまったら、自由になるどころか、一生とらわれの身となってしまうでしょう。けれどもここで、いつも威勢のいいさとしの方が、ふらふらになってもうどうでもよくなり、思わず謝ってしまいそうになります。ところが、今度は今までさとしに励まされていたあきらの方が叫びます。

「ぼくたち、わるくないもん。　ごめんなさいなんて、いうもんか！」

あきらの勇気ある言葉です。それをきいて、さとしもはっとします。ねずみたち

は　きいきい　きゅうきゅうないて、2人にとびかかろうとしますが、2人は決してあやまらないぞと決心します。かっこいい2人です。ねずみたちが、今にもとびかかろうとしたその時、機関車とミニカーがあらわれ、2人を救い出します。やっと脱出できた2人の頭上には無数の星が輝く夜空が広がっています。そのとき、押入れの戸ががらりと開きました。水野先生が謝ります。
「ごめんね。さとちゃんの　いったとおり、おしいれのそとで

　かんがえてもらったほうが　よかったな。」

　みんなが、わっと２人の側に集まってきました。さとしとあきらは、さっき手をふんでしまった子に「さっきはふんじゃってごめんね。」と謝ります。

　その日から、水野先生はおしいれに子どもをいれないようになりました。さとしがみんなに、「おしいれってねずみばあさんのくになんだよ。だいぼうけんのできるところなんだ。」と話したため、おしいれは子どもたちの格好の遊び場となりました。最後の文章です。

　さくらほいくえんには、とてもたのしいものが　ふたつあります。
　ひとつは　おしいれで、もうひとつは　ねずみばあさんです。

　さとしとあきらは、ねずみばあさんに決して屈することはありませんでした。２人で励ましあって、納得できないことに対して正義を貫きました。それにしても、水野先生の威圧的な態度は、ねずみばあさんに姿を変えて、２人を執拗なまでに追い詰めました。「さんざんわしをてこずらせおって。わしはやさしいばあさんだから、おまえたちがあやまるなら、たべもしないし、この地下の世界からもだしてやる。」これまで、水野先生におしいれにとじこめられて、恐さから、出たい一心で謝ってきた子どもたちは、この条件に屈してしまったのでしょう。しかしそれとひきかえに、自分で判断して考える力、まちがっていると思うことに対して批判する力をはぎとられてしまったのではないでしょうか。それでは、とうてい自立は望めません。

　５歳の子どもは、自分の行動を振りかえり、考え判断する力を持っています。ただ、気持ちがうまく整理できず、混乱してしまうこともあります。そんなとき、言葉に出してみることで、だんだん気持ちが落ち着いてきます。水野先生は、２人の言葉をまったく聞こうとはしませんでした。しかし大人が子どもを信じ、その言葉に耳を傾け、その言葉を繰り返すことで、子どもの気持ちは落ち着いてきます。子どもが自分の中で、もう一度言葉によって経験を確かめる時間を保障することで、子どもは、少しずつ自らの考えを深めていくのです。

『**はじめてのおつかい**』

筒井頼子作　林明子絵
福音館書店　1976

　子どもをはじめてお使いにだすのは勇気がいります。待っている時間がとても長く感じられ、なかなか帰ってこないと、いてもたってもいられなくなり、迎えに行こうか、とやきもきします。近頃は携帯電話で子どもの居場所がわかる機能もありますから、多少事情は変わっているでしょう。けれども、はじめておつかいに行くときの子どもたちのドキドキする気持ちは、いつの時代も同じです。

　『はじめてのおつかい』は、表題の通り主人公である5歳のみいちゃんが、生まれて初めて一人でお使いにいく物語です。ママが赤ちゃんのお世話に大忙しなので、みいちゃんが近所のお店まで牛乳を買いにいくことになりました。みいちゃんは、ママと2つ約束をします。車に気をつけることと、お釣りを忘れないことです。手に100円玉を2つしっかりとにぎりしめたみいちゃんの、はじめてのお使いのはじまりです。

　お使いは、指示されたとおりに、目的の場所へいって、目的のものを買ってこなければなりません。そのために、大人であるお店の人と、お客として対等にコミュニケーションをしなければなりません。何が欲しいか伝え、言われた金額のお金を出してお釣りがあればお釣り、それにレシートと商品を受け取る必要があります。これは幼い子にとって、緊張感のある課題です。

　5歳になると、子どもたちは目的をもって行動できるようになります。あらかじめ予想して、筋道をたててそれを実際の行動にうつすことが可能になります。また、相手や場所によって、言葉を使いわけることもできるようになります。ですから、やはり一人ではじめてのお使いに挑戦するのは、このくらいの年齢が適当なのでしょう。そして何よりも、この年齢の子どもたちは、人の役にたつことを嬉しく誇らしく感じる子どもたちです。いろいろな意味で、5歳ははじめてのおつかい適齢期です。但し、子どもをとりまく環境が悪化し、かつては頼りにできた周りの大人たちの子どもを見守る視線を、今は逆に警戒しなければならなくなっている状況を考えると、はじめてのおつかいは今や幼児期には体験しにくくなっているかも知れません。そうであればなおのこと、子どもたちは絵本の世界で、主人公に同化し、その気持ちに共感することで、はじめてのおつかいを疑似体験することの意義がでてくるでしょう。

さて、いよいよ、みいちゃんの冒険がはじまります。冒険といえば、ファンタジーの世界では火を吹く竜がでてきたり、嵐や得体の知れないもの、それに自分自身のこころのすきなど、困難がつきものです。みいちゃんにも、さまざまな困難が待ち構えています。さっそくやってきたのは自転車おじさんです。ベルをならしてすごいいきおいで疾走していきます。あぶない！みいちゃんはどきんとしてぺたっと壁にくっつ

きました。「車に気をつけること」とお母さんは言いましたが、暴走自転車おじさんも危険です。ここはなんとかクリアしました。続いて第二の関門です。転んで、お金を落としてしまうのです。みいちゃんはひざが痛いのも我慢して、100円玉を捜します。聞いている子どもたちが、絵本の中の落ちている100円玉を指さして「あそこにある〜」と必死に教えてくれます。なんとかお金を見つけたみいちゃん。やれやれ、ここもクリアです。

　しかし、本当の困難はここからです。いよいよお店のおばさん相手に一人で買い物です。どうしても牛乳を手にいれなければなりません。ドキドキする気持ちを抑え覚悟を決めたみいちゃんは、大きく深呼吸して、「ぎゅうにゅうくださあい」、ところが、気持ちばかり空回りして、肝心の声が出ていません。もう一度言ったときには、たまたま通りかかった車のエンジン音でその声が消されてしまいました。嵐のようなエンジン音が去ってほっと一息つく間もなく、こんどはサングラスのおじさんの登場です。なかなかの迫力、お店にいた猫が逃げ出す様子から、不穏な空気が伝わります。でも、このおじさんがタバコを買ったおかげで、とにかくお店のおばさんは店の奥からでてきました。よーし、今度こそと思った途端、ふとったおばさんがやってきます。まったく次から次へ色々とあるものです。このおばさん、おしりでどどーんとみいちゃんをおしのけるような格好で、お店のおばさんとぺちゃくちゃおしゃべりをしています。いつ果てるかわからないおしゃべり、途方に暮れるみいちゃん・・・・。ああ、どうしてこんなに困ったことばかり続くのでしょう。冒険というのはそういうものですね。でも、いよいよチャンスがやってきました。おばさんがパンを買って帰っていったのです。

　　　おみせのまえは、また　みいちゃんだけに　なりました。
　　　「ぎゅうにゅう　くださあい！」　とつぜん、じぶんでも　びっくりするくらい
　　　おおきな　こえが、でました。
　　　おみせの　おばさんのめと　みいちゃんのめが、ばちんと　あいました。
　　　むねが、どっきん　どっきん　なって、　めも、しぱしぱ　おとがしました。

　固唾を呑む瞬間。みいちゃんはついにやりました。しかも、おばさんは、「まあまあ、ちいさなおきゃくさん。きがつかないでごめんなさい」と何度も謝ってくれます。みいちゃんは、ほっとして我慢していた涙がぽろんとおっこちてしまいました。ぎゅっとにぎってあたたかくなったお金をわたし、牛乳を受け取ると、ダッとかけだすみいちゃん。でも、なんということ！ママの注意その2の、おつりを忘れているではありませんか。幸い、おばさんが追いかけてきてわたしてくれました。これは、みいちゃんとしては、結構ショックだったでしょう。家を出てママと約束したときには、絶対忘れないように自分にいいきかせていたはずです。ホッとしたとたん、大切なことを忘れてしまったのです。冒険の最後の難関は、自分のこころのすきでした。

　けれども、いろいろな困難をのりこえて、みいちゃんはとうとう目的を達成しました。坂の下でママが赤ちゃんを抱っこして手をふっています。最終ページ、ママと並んで歩くみいちゃんは、手をつないでもらっていません。手には牛乳をしっかりかかえているのですから。ママそっくりの背中のうしろ姿はとても頼もしく感じられます。さらに続く、裏表紙のみいちゃんは、ひざに絆創膏をはってもらって、牛乳をもらっています。ママはみいちゃんに何か話しかけているようです。「あら、まあ、そう、えらかったわねえ。」そんな会話がきこえるようです。子どもにとって、はじめてのおつかいの経験を話すことは、冒険談であり武勇伝です。それは誰かに聞いてもらいたいもの。しっかり聞いてあげることが子どもの自信につながります。裏表紙まで、細かく行き届いた描写です。

　5歳児は、自分の経験を言葉にして表現することができます。これは、子どもたちが思いをめぐらせるために大変重要なことです。子どもたちは自分の経験や事実を思い起こして、それらをパッチワークのようにつなぎ合わせることで自ら考え、判断や認識につなげます。子どもたちが何か特別な体験をしたときに、その体験を言葉であらわそうとする子どもの話に、じっくり耳を傾ける大人の存在が、経験をもとにして得られた判断力や認識力を確かなものに育てるのです。

　『はじめてのおつかい』は、すでにはじめてのおつかいを経験している子どもには、みいちゃんの気持ちが痛いほどわかる共感の絵本です。そして、まだお使いをしたことがない子どもは、みいちゃんといっしょにはじめてのおつかいを体験することになるでしょう。自分で何とか問題を解決しようとするみいちゃんのけなげな姿は、自分で考え、判断しようとしはじめる、5歳の子どもたちの姿そのものです。

ピーターラビットの
おはなし

『ピーター・ラビットのおはなし』

ビアトリクス・ポター作　石井桃子訳

福音館書店　1971

『はじめてのおつかい』は、身近な生活の中の冒険でしたが、『ピーター・ラビットのおはなし』では、ファンタジーの形で、もっとシリアスな生きぬくための冒険が描かれます。この、『ピーターラビットのおはなし』とそのシリーズは、繊細で美しい絵から絵本の宝石とも言われ、主人公のピーターは、青い上着を着た絵が上品で可愛らしく、多くの商品にキャラクターとして登場しています。けれども、原作のピーターのおはなしは、決してメルヘンチックな甘ったるい物語ではなく、スリルあふれる命がけの冒険物語です。

ピーターは、とてもいたずらっこです。お母さんと、3匹の姉妹たちとともに暮らしています。姉妹たちはお母さんの言いつけを守るのですが、ピーターだけは、お母さんが禁止したことでも躊躇せず実行してしまいます。お母さんがいつも、「マグレガーさんとこのはたけにだけはいっちゃいけませんよ。」と言い聞かせているそのマグレガーさんの畑に、野菜を食べに行ってしまうのです。お母さんがマグレガーさんのところに行ってはいけないというのには理由があります。それは、ピーターたちのお父さんは、マグレガーさんに捕まってうさぎ肉のパイにされたからです。

ピーターは、大胆にもそのマグレガーさんの畑にもぐりこみ、レタスやさやいんげん、二十日大根をむしゃむしゃ食べます。ところが、あんまり無用心にうろつくので、案の定マグレガーさんに見つかってしまいます。農具をふりふり、ピーターを追いかけるマグレガーさんの恐ろしいこと。何しろピーターのお父さんを捕まえて食べてしまった人です。そこから、スリルあふれる、マグレガーさん対ピーターの命がけの攻防がはじまります。かくれているピーターを捜してどんどん近づくマグレガーさん。子どもたちがドキドキする、スリルあふれる場面です。とうとうピーターは、くしゃみをして見つかってしまいます。ピーターを踏みつけようと、やってくるマグレガーさんの大きな足！靴底には鋲のような突起も見えます。こんな足でふみつけられたらひとたまりもありません。ピーターは間一髪、なんとか逃げることができました。

ところが今度は帰り道がわかりません。一難去ってまた一難です。けれど、ピーターはこの時点ですでに、これまでの失敗から学んでいます。ピーターはゆっくりと、あ

ちこちへ目をくばりながら歩きます。草食動物として大切な用心深さを身につけたのです。やっとのことで、出入り口を見つけますが、その戸にはピーターが通りぬけるすき間はありません。途方に暮れて泣き出すピーター。けれど、ピーターはあきらめません。また自分の足で出口を探して歩き出します。途中、池のそばでねこをみかけます。いとこのベンジャミンからねこのことを聞いていたので、ピーターはねこには話かけずに通りすぎます。ピーターは、ここでも自分の知っている情報を上手に使ってことなきを得ています。無鉄砲なようでいてなかなか賢いピーターです。

　ピーターはとうとう、畑の向こうに、出口の木戸を見つけます。手前には畑を耕しているマグレガーさんの姿。ピーターは、そっと、そしていちもくさんに、木戸に向かってかけだします。やっぱりマグレガーさんにみつかりました。またしても追ってくるマグレガーさん。

　　でも　ピーターは、もう　そんなことは　へいきです。
　　きどのしたをくぐりぬけ、とうとう　はたけのそとの森へにげだしました。

　あきらめず、勇気を奮い起こしてつっぱしり、勝ち目があるとみるや、「もうそんなことは平気」になるピーターは、なんてたくましいのでしょう。思えば、野生の生物たちは、いつだって命がけで生活しているのです。

　ピーターは、いたずらごころ、遊びごころを起こして、マグレガーさんの畑にもぐりこみ野菜を失敬して大変な目にあいますが、人間の生活圏と隣り合わせに生きているピーターたち野うさぎにとって、いつも危険ととなりあわせであることは自然の摂理であり、厳しい掟なのです。ピーターの無鉄砲と見える行いも、厳しい自然の中で生き抜く知恵と力を得るために必要な試練なのでしょう。

　ピーター・ラビットの絵本の大きな魅力のひとつは、やはりその絵にあります。うさぎたちは、服を着て、二足歩行で、手にかごを持っている絵もあります。けれども、それは決して擬人化されたような不自然な姿ではありません。目の位置、手足のつき方や筋肉の様子が、生物としてのうさぎをよく観察して描かれているために、とてもリアルなのです。リアルであるからこそ、ピーターの物語が現実味をおびて訴えかけてくるのです。ポターは、小動物やきのこの詳細な観察画を多く残していますが、その観察眼と絵筆の力は、絵本の仕事でいかんなく発揮されています。

　また、ピーターラビットの絵本は、とても小さい手のひらサイズです。これは、ポターが「子どもが気軽に手にとれる大きさ」としてこだわったものです。この絵本を子どもたちに読むときには、クラスでの読み聞かせのような距離では見えにくいため、どうしてもひざに子どもを座らせるか、近くに数人ほどがひざをよせて集まるかたちになります。きっと、この絵本が初版で発行された1902年当時も、子どもたちはこ

んな風に、暖炉の前に集まって、お話に聞き入ったのではないでしょうか。このお話は、とてもスリルがあり、子どもたちはドキドキして固唾を呑んで聞きます。親密に身体をよせあって聞くことで、緊張感のあるおはなしにも、安心感が生まれ、ポターが描いたあたたかみのある絵をよく見ることもできます。子どもたちは、繊細な筆で描かれた美しい湖水地方の風景や、そこでくりひろげられるピーターの命がけの冒険を、大人のぬくもりをすぐそばに感じながらゆっくりと楽しむことができるのです。

　美しい自然の中で繰り広げられる生きぬくための試練を、ポターは、幼い子に愛情をこめて描きました。その姿勢には子どもたちへの信頼が感じられます。残酷だから、かわいそうだから、と昔話を甘ったるく、薄っぺらな教訓絵本に変える姿勢とは対局にあるといってよいでしょう。自分なりに考えて判断したり、批判する力も生まれ、けんかも自分たちで解決しようとする5歳の子どもたちです。生き抜くことに必死に戦っているピーターのたくましい姿が、一人一人の子どもたちのこころに訴えるものは少なくないはずです。一見、愛らしく美しい絵本ですが、ピーター・ラビットのおはなしは、動物や自然、そして子どもたちへの深い愛情をもって描かれた厳しくリアルな生命の物語なのです。

深まる思考　広がる世界

『すてきな三にんぐみ』
トミー・アンゲラー作　今江祥智訳
偕成社　1969

　5歳の子どもたちは、いろいろな意味で幅が広がります。今までは、嫌いだから食べなかったものでも、「身体に必要だから」食べることができるようになりますし、お友だちとおもちゃの取り合いになっても「この前、○○ちゃんが譲ってくれたから今度は譲ろう」と経験から譲歩することができるようになります。やんちゃな子がいても、「でもあの子は優しいところもあるよ」と多面的にみることもできますし、自分のことも、「なわとびはちょっと苦手だけど、コマまわしなら自信がある」と、客観的に判断することができます。また、これまでは、ものごとを「好き─嫌い」「大─小」「強─弱」と、二面的にとらえていましたが、5歳前後になると「大─中─小」

「強─中─弱」と、中間の概念も発見します。

このように、世界観に広がりと深まりをみせる５歳の子どもたちといっしょに楽しみたい絵本が、『すてきな三にんぐみ』です。すてきな３にんぐみは、「すてき」と形容されていますが「こわい大泥棒」です。こんな風にこの絵本には単純に二元論では判断できない矛盾や風刺、ユーモアが盛り込まれており、そのことが作品の大きな魅力でもあります。それに、子どもたちは、お化けや、泥棒など、怪しげなものが好きですね。

この絵本は、コントラストのはっきりとした強烈な色彩が印象的です。表紙には群青の背景に、黒い帽子と黒いマントの３人ぐみが描かれ、真っ赤な大まさかりを持っています。ページをめくると、目のさめるような明るい黄色。これが続くタイトルページの満月の色に続きます。考え抜かれたデザインと、色彩の使い方による独特の世界観がこの絵本の大きな魅力です。文章は簡潔でリズミカルです。

　　あらわれでたのは、　くろマントに、くろい　ぼうしの　さんにんぐみ。
　　それはそれは　こわーい、どろぼうさまの　おでかけだ。

どのくらい恐いかということは、そのどろぼうたちの脅しの道具を並べることで表現されます。一つ目はラッパじゅう、二つ目はこしょうふきつけ、そして三つ目が表紙に描かれている大まさかりです。それらの恐ろしげな道具が、漆黒の背景に、真っ赤で描かれます。それぞれに、道具をもった３人ぐみが、満月の夜にシルエットで描かれます。「よるになったら、やまをおり、さて、えものは　おらんかな…」一級のホラー映画のようなはじまりです。この３人ぐみの姿がちらりとでも見えようものなら、女の人は気を失うし、しっかりものでも肝をつぶし、犬だっていちもくさんに逃げ出します。ところが、実はこの道具の使い方はそんなに恐くありません。こしょうふきつけは、馬車をひく馬にふきかけると、馬がくしゃみをするので馬の足を止めるために使います。一番ぶっそうに見える大まさかりは、馬車の木の車輪を壊すためです。三つ目のラッパ銃にいたっては、挿絵ではみんなブルブル震えて手をあげていますが、「プーッ」と音が出るだけでしょう。このあたりまでくると、子どもたちは「どうも悪人ではなさそうだ」と、ちょっと安心した表情になります。

こんなふうに、３人ぐみは毎日熱心に「仕事」をしては、せっせと、奪ったお金を自分たちの隠れ家に運ぶのです。ところが、ある日、いつものように３人ぐみがねらった馬車には、小さな女の子ティファニーちゃんだけが乗っていました。両親がいないためにおばさんのところにもらわれていく道中です。このティファニーちゃんは不思議な女の子です。大人がみんな恐がっているこの３人ぐみをちっとも恐がらずに、「いじわるなおばさんよりは、このおじさんたちのほうが、なんだかおもしろそう」とよろこぶのです。直感的に、この３人が本当の悪人ではなさそうだと感じたのでしょう

か。あるいは、おばさんがよほど意地悪だったのかも知れません。

　3人はティファニーちゃんを大事につれて帰ります。さて、どろぼうたちのあじとで、ふかふかのベッドでぐっすり眠ったティファニーちゃんは、あくる朝、奪った宝の山を見てビックリします。「まぁぁ、これ、どうするの？」ここもまた、驚くところがちょっとずれているような気がします。この3人がこれほどの大どろぼうだということにこわがりもせず、盗んできたお金の使い道をたずねているのですから。さて、当の3人ぐみは、毎晩どろぼう稼業に精を出し、せっせとお金を貯めこんできたのですが、使い道を考えていなかったことに気づきます。このあたりまでくると、子ども

たちはこんなちょっと間抜けな様子の3人に、親しみすら感じるでしょう。3人は額をよせあって相談し、家族がいなくて寂しい思いをしている子どもたちを集めることにします。そして、みんなでいっしょに暮らせるように、今までに貯めたお金で素敵なお城を買います。3人にお城を売っている人はちょっと怪しげな感じです。有名な大泥棒からお金をうけとってお城を売ろうというのですから、こちらが本当の悪党なのかも知れませんね。

　お城に集められた子どもたちは、みんなお揃いの赤いぼうしに、赤いマントです。赤といえば、これまで3人ぐみが大切にしていたおどしの道具も赤でした。泥棒の道具の赤から、子どもたちの帽子とマントの赤へと、赤いものが変化することは、3人ぐみの人生の目的の変化をわかりやすく象徴しています。やがて月日は過ぎ、子どもたちは次々に結婚し、お城のまわりに家をつくり、それはやがて町になりました。3人ぐみのいなくなった今でもその村の人たちは赤いぼうしに、赤いマントです。そして、みんなのすてきな3人ぐみを忘れないために、人々は3つの高い塔を建てました。屋根の形が3人のどろぼうの帽子の形にそっくりで、緑の色はティファニーちゃんの洋服の色です。

　トミー・アンゲラーの描く不思議ワールドにどっぷりと浸ってしまいます。読み終わってから、あれこれと思わず考えてしまう点があるために、この絵本はこころの中に、絵とともに鮮烈にその印象を残します。3人ぐみはたしかにどろぼうではありますが、どうも悪人ではなさそうです。それどころか、悲しくさびしい気持ちで暮らしている子どもたちのために、お城を買って、みんなで暮らせるようにしました。この子たちは、社会のひずみや、大人の勝手な都合で、孤独な状況においやられた子どもたちです。そもそも善と悪とは何なのでしょうか。こうした疑問に対する答えは、一人一人の人生観によってさまざまですから、ひとつの答えなど導きだせない問題なの

かも知れません。アンゲラーは、『月おとこ』[注①]でも、人間の愚かさや可笑しさを風刺と皮肉、そしてユーモアと愛情をもって、独特の視点で描いています。

　ところで、3人ぐみは、ティファニーちゃんに、「なににつかうの？」と質問されたことがきっかけで、自分たちで相談して、子どもたちを集めてお城を買うことに決めています。ティファニーちゃんの姿を見て思いついたのかも知れませんが、もともと優しい気持ちが3人の中にあったことは事実でしょう。ティファニーちゃんは、まるでカウンセラーの様に3人の中にあった優しい気持ちを「質問する」という行為だけでよび起こしたのかも知れません。

　『すてきな三にんぐみ』は、芸術的に優れたデザインや、子どもたちをひきつけるおもしろいお話はもちろんのこと、読み返すたびに、新しい発見や考えるところのある絵本です。読む人によっても、さまざまに考える点や解釈は違っていることと思います。こうした幅の広さや奥深さこそが、絵本の魅力の真骨頂ではないでしょうか。

　5歳頃になると、是か非かだけではない、中間の概念を獲得することで、思いをいろいろとめぐらせる子どもたちです。その多くは、自分の過去の経験をもとに再考されますが、思考が深まりつつある時期に、絵本を通して現実では体験しえない世界を、幅広く体験することが、子どもたちが将来さまざま物事に直面して判断していくときの、人間的な懐の深さにつながるのではないかと思います。5歳をむかえ、ますます多面的に、奥深く、絵本の世界が広がります。

注① 『月おとこ』（トミー・ウンゲラー作　田村隆一・麻生九美訳　評論社　1978）

不思議が開く科学の扉

『**すみれとあり**』

矢間芳子作　森田竜義監修
福音館書店　1995

　大人でも、すみれとありの共生関係を知っている人は少ないのではないでしょうか。私もこの絵本ではじめて知り自然の知恵に感心しました。身近なところで繰り広げられている科学の世界は驚きに満ちています。こんな絵本に幼いときに出会ったなら、

世の中は不思議な魅力で輝くにちがいありません。

　5歳の子どもたちは、植物や動物、昆虫をその名前だけでなく、どのように生きているのか、どのように育つのかに興味を持ちます。『すみれとあり』が描く、身近な生命のドラマは、子どもたちの知的な好奇心を刺激し、科学の世界へと誘います。科学のはじまりは、「不思議だな？」と思うことから始まりますが、この絵本も、普段の散歩道での素朴な疑問からはじまります。文は子どもたちに語りかけるようなやさしい文章です。

　　あれっ、コンクリートの　われめに　さいている　すみれを　みつけたよ。
　　どうして　こんな　ところに　さくのかな。

　たしかに、コンクリートの割れ目のわずかにのぞく土からたくましくはえる草を見ることはよくありますね。そういう光景に見慣れてしまった大人は、雨で流れた種がたまたま土のところで芽をだしたのかな、程度に考えて何となく見過ごしてしまうかも知れません。大人になると、「不思議だな」の感覚がにぶくなるのでしょう。

　　いしがきの　すきまに　さいている　すみれを　みつけたよ。
　　どうして　こんな　たかい　ところにも　さくのかな。

　そう言われてみれば、石垣のところには、種が風で飛んでくるにしても雨で流されてくるにしても、根づくことは難しいように思われます。けれども、確かにたくさんのすみれが石垣の側面にも咲いています。

　『すみれとあり』は、写実的で美しい絵で、まずすみれの花の生態を子どもたちにわかりやすく伝えます。ピチッピチッと音をたてて種が飛ぶようすを描いている場面は、画面いっぱいに見事に黄金の種が飛んでいます。実際には、瞬間のできごとであるために、このような場面を自然界の中でじかに見ることはできませんが、このように絵によって、自分で動けない植物ができるだけ遠くに種を飛ばそうと工夫する姿を見ることで、子どもたちは自然のたくましさを実感することができます。

　すみれの工夫はそれだけではありません。種が飛ぶと、すぐにアリがやってきて、せっせと種を運び出します。それは茶色い種にちょこんとついている白い部分が、ありの好物だからです。アリは白い部分を食べ物として、巣に運び入れると、今度は残りの茶色い部分を巣の外に出します。こうして、すみれは、ありに手伝ってもらうことで、自分で種をとばせる距離よりも、ずっと遠くに種を根づかせることができるのです。驚くべき植物の知恵です。この持ちつ持たれつの関係に、子どもたちは、興味深くじっと聞きいります。この絵本をきいて、「そういえばアリが白いものをせっ

せと運んでいるのを見たことがある」と自分の実体験を思い起こす子もいるでしょう。そのような、「ああ、そういえば見たことがある」と、絵本で得たことを直接体験につなげることは大切です。子どもたちの、これまでなんとなく摘んでいたすみれや、ありを見る視点が変わることでしょう。

　　ありは　ごちそうをもらって、　すみれの　なかまを　ふやす
　　てつだいを　していたんだ。
　　すみれと　ありは　ともだちなんだね。

　友達関係で様々なやりとりを経験している5歳の子どもたちですから、この持ちつ持たれつの関係は実感を伴って、納得して理解することができるでしょう。この様に、『すみれとあり』は、高度な内容を、子どもたちが共感できるやさしい言葉、工夫された表現で伝えています。身近なところで繰り広げられる、小さな生き物たちの不思議な世界は、子どもたちを科学的な興味へと誘います。小さなありや道端の花が、お互いに助け合って生きているというその事実、そのたくましい姿に、子どもたちは驚きます。そしてそれは、人間もまた生物の支え合いの中に生きる存在であることに、気づくきっかけとなります。まさにノンフィクションのもつ力です。『すみれとあり』は、物語の形式で、花や虫の図鑑ではわからない、小さな生き物のたくましい姿を生き生きと描いています。

6 歳児の絵本

～絵本の深い森へ～

6歳児の絵本　〜絵本の深い森へ〜

「おおきなおおきなおいも」
保育実践から生まれた、子どもたちの豊かな
想像力が生み出したすてきなファンタジー。
空想の力があれば、
雨で遠足が流れたってこんなに楽しい。

「わたしとあそんで」
森の生き物たちと少女の静かな心の交流を、
おひさまがやさしく見守る。
自己の内面を見つめる時期にふさわしい一冊。

「かにむかし」
劇作家、木下順二による民話の語りは
軽快でありながら心に残る。
絵のすばらしさとあいまって
昔語を今に伝える。

「おおきなきがほしい」
空想のツリーハウスの計画が、
季節のうつろいや細部まで表現され、
夢がどんどんふくらんでゆく。

「あおい目のこねこ」
ねずみの国を求めて旅をするこねこ。
ユーモアあふれる表現の中に、
深いメッセージが内包され
一生の宝物になり得る物語。

「くんちゃんのだいりょこう」
あの丘を越えて南の国へ。
くんちゃんの可愛い冒険を通して描かれる、
依存しながら自立しようとする成長の姿。

「こねこのぴっち」

もっと違う世界が知りたい。
違う生き物になってみたい。
ぴっちの好奇心は成長の原動力。
でもやっぱりねこがいい。

「モチモチの木」

「にんげん、やさしささえあれば、
やらなきゃならねえことは、
きっとやるもんだ」
山の暮らしを背景に描かれる本当の勇気。

「ペレのあたらしいふく」

生活者としての子どもを、
あたたかく見守る村の人々。
日々の暮らしが繊細な絵で
ていねいに描かれる。

「ちいさいおうち」

朝から夜、春から冬、親から子へ、
時が流れても変わらない小さいおうち。
バートンが第二次世界大戦さなかの
子育て中に描いた、情景豊かな物語。

「よあけ」

唐の時代に作られた詩を、ポーランドの
シュルヴィッツが印象的な絵で表現し、
瀬田貞二が美しい日本語に訳した、
奇跡的な出会いが形になった絵本。

「どんぐりかいぎ」

自然の生態系が作り出す不思議を、
どんぐりたちの会議という形式で
6歳の子どもたちにもわかりやすく伝える。
話し合いが活発になる時期の子どもたちの
興味にそった科学絵本。

お友だちと連帯感を感じる

　6歳になると、子どもたちの遊びは、エネルギッシュで、創造的で、いっそうの広がりを見せます。全身運動が滑らかで巧みになり、サッカーやドッジボールなど、球を巧みに扱い、すばやく動く姿がみられるとともに、竹馬や縄跳びなど、技術が必要な遊びにも積極的に取り組んで、みるみる上達していきます。仲間同士で過ごす時間は輝きを増し、秘密の基地づくりなどに熱中するようになります。部屋の中でも、カルタやトランプを楽しみ、遊びを通した勝ち負けにも気持ちの余裕が持てるようになります。また、仲間の意思を大切にしようとし、役割の分担が生まれるような協同遊びに、満足するまで取り組もうとします。その際、様々な知識や経験を生かし、創意工夫を重ね、遊びを発展させていきます。お友だちとともに、絵本を通して共に感動を分かちあう凝縮した時間を過ごすことで、現実の遊びの中にもその世界は反映され、表現の幅が一層豊かに広がっていきます。

自己の内面をみつめる

　この時期、子どもは思考力や認識力が高まり、自然事象や社会事象、文字などへの興味や関心も深まっていきます。お友だちと、ダイナミックな遊びを展開して、連帯感の喜びを味わう一方で、自己の内面をみつめるようになります。この2つは車輪の両輪の様に、子どもたちの成長にとって欠かせないものです。このような思考の深まりにより、自分とは異なる身近な人をじっくりと観察し、その人の思いや、特性、持ち味にも気づくようになります。この時期に、内容の深い絵本に出会うことで、子どもたちの思考はますます深まります。そうした絵本は子どもたちにとって、一生の宝物となるでしょう。

＼　イメージを共有することで広がる遊び　／

『おおきなおおきなおいも』

市村久子原案　赤羽末吉作・絵
福音館書店　1972

　『おおきなおおきなおいも』は、表紙のタイトルの上に「鶴巻幼稚園・市村久子の

教育実践による」と書かれています。この絵本は、雨で楽しみにしていた遠足が延期になることで、子どもたちの思いが一つになったことでできた、すばらしい保育実践がもとになっています。

　明日は芋堀り遠足。子どもたちはとても楽しみにしています。ところがせっかくてるてる坊主を吊るして待っていたのに、その日はあいにくの雨になってしまいました。遠足は1週間延期です。残念で仕方のない子どもたちは、「傘をさしていけばいいんだ！長靴はいていけばいいんだ！かっぱきていけばいいんだ！」と、口々にアイデアを出し、なんとかして先生を説得して遠足に行こうとします。この絵本には、子どもたちの年齢は書かれていませんが、この子どもたちの様子からこれは年長組であると推測されます。年少組や年中組の子どもたちだったら、残念に思うのは同じですが、案を出して大人を説得しようとはしないでしょう。

　なんとか行こうと必死にがんばる子どもたちに、どんなふうに説明すればよいでしょうか。「雨で濡れると風邪をひくから」「ドロドロになるから」あるいは、「そういう決まりだから」色々な理由はあるでしょうが、大人がどんなに説得しても、それでは子どもたちの残念な気持ちはおさまらないでしょう。そのとき、一人の子どもが素晴らしいことを言います。

　　だいじょうぶ　だいじょうぶ　おいもはね

　　1つ　ねると　むくっと　おおきくなって

　　2つ　ねると　むくっ　むくっと　おおきくなって

　　3つ　ねると　むくっ　むくっ　むくっと　おおきくなって

　　4つ　ねて　5つ　ねて　6つ　ねて　7つ　ねると

　　いっぱい　おおきくなって　まっててくれるよ

　この言葉で、子どもたちの残念な悲しい気持ちは、いっぺんに前向きで楽しい気持ちに変わります。なぜならお芋は今日掘るよりも、延期になる7日間分大きくなるのです！無駄だと思えた7日間が、お芋がどんどん大きくなっていくための大切な時間に変わりました。しかも、そのお芋たちは、大きくなってちゃんとみんなのことを「まっててくれる」というのです。もう安心です。子どもたちのお芋掘りに行けなくてがっかりした気持ちと、もうお芋がなくなっていたらどうしようという、心配な気持ちがこの子の「だいじょうぶ　だいじょうぶ」という言葉で一度にふきとびました。

　それにしても、この子はなんという素敵な言葉の力を持っているのでしょう。私は、はじめはこれは先生の言葉だと思いました。ところが、よく絵を見ると、みんなの輪の中に一人、両手をあげて一生懸命にしゃべっている子がいます。他の子どももその子の方をむいており、どうやらこれはこの子の言葉らしいということがわかりま

す。この絵本は現実のエピソードをもとにしていますが、実際、年長組になると、こういう子どもがあらわれてきます。「だいじょうぶ」というのは、きっとこの子が困ったときに、まわりの大人からかけてもらっている言葉なのでしょう。みんなのこころをとらえたこの言葉は、繰り返しになっていて、なんとなく昔話の語り口調のようです。この子のこころの引き出しにはたくさんの昔話がはいっているのではないでしょうか。子どものちょっとした会話や言葉から、その子のまわりの大人の存在が感じられます。また、この子はとても言葉が豊かであると同時に、がっかりしているみんなを元気づけることができるほど心も豊かです。豊かな言葉が豊かな人間性を育むことが感じられます。

　さて、この素敵な言葉をきっかけに、子どもたちのしぼんでいた気持ちが、期待でふくらみはじめます。子どもたちは、お芋が、どのくらいおおきくなっているか、手を広げて一生懸命に表わそうとします。一人でいっぱいに手を広げても足りなくて、2人、3人、と手をつないでも、まだまだ大きいお芋のイメージがみんなの頭の中に浮かび、とてつもないおおきなおおきなおいもの共通のイメージが広がります。

　子どもたちはこれを何とか表現しようと、みんなでお芋の絵を描くことにしました。表現したい衝動を抑えきれずに描く、これこそ本物の造形活動です。大きな紙いっぱいに、赤紫の絵の具を使って、みんなで頭をよせあって描きます。描いて、描いて、紙がなくなっても、まだまだ描きたりない子どもたちは、どんどん紙を足してつなげていきます。紙をつぎ足す！　これは大人にはなかなかできない発想です。それほど、子どもたちの心にはとてつもなく、おおきなお芋のイメージがふくらんでいるのでしょう。子どもたちは、お芋を描く係と、紙を運ぶ係に役割分担して、とうとうおおきなお芋の絵ができあがりました。みんなの中にはっきりと、共通のイメージと目的があることで、大人の指示を必要とせず、見事に役割分担ができて、表現活動が広がりました。

　「どんなおいもができたかな」ここで、先生がさりげなく声をかけます。喜んでお芋を見せる子どもたち。どんどん続くお芋…まだまだ　まだまだ…なんと、84ページの絵本中の、14ページにわたってお芋の絵が続きます。お芋の大きさを十分に表現することで、「え〜　まだある　すごーい」読んでもらっている子どもたちにも、このお芋の大きさが伝わり、おおきなお芋のイメージが連鎖します。この丁寧な表現によって、聞き手の子どもは、絵本の中にぐいぐいひっぱりこまれ、このあとの展開では、読み手は絵本の中の子どもたちと同化することとなります。「うわーおおきなおおきなおいも！」としりもちをつく先生。その後の先生の質問が素晴らしいのです。

　　　こーんな　おおきな　おいも　どうやって　ほりだすの？

　この言葉がなければ、子どもたちの表現したい気持ちはここで一応満足して終了したかもしれません。しかし、先生の言葉は、子どもたちの空想のスイッチを入れました。子どもたちはおいもをどうやって掘り出すか真剣に考えます。先生の言葉は造形活動から、さらに豊かな空想の世界に子どもたちを導きます。ところで、この先生の言葉のページだけは、背景が赤紫色で印象的です。画家の赤羽末吉は全編を白地に黒い線描画で描いていますが、お芋だけが赤紫に彩色されていますから、モノクロームの現実に対して、赤紫の色が空想の世界を表わしているようです。この先生の言葉が赤紫の背景で語られることはすなわち、この言葉から本格的に空想の世界がはじまることを読者に暗示しています。

　ここから、お芋は船のいも丸になったり、恐竜イモザウルスになったり、空想がどんどんふくらみます。ひとしきり遊んだら、今度は食べることになりました。スイートポテトや大学芋のお芋パーティーでお腹一杯になった子どもたち。でもまだ子どもたちの空想の楽しみは続きます。今度は、お芋を食べ過ぎてガスがたまり、飛び出すおならで宙に飛ぶのです！お芋を食べ過ぎると、ガスがたまっておならが出ることをちゃんとしっている子どもたちです。実生活での知識や経験が空想の世界をさらに豊かにしくいます。空想と現実を行き米しながら、表現する子どもたちです。子どもたちは「イモラス」となって空を飛び、青空遠足を満喫します。やがて、「ゆうがただからかーえろ」の誰かの一言でこころゆくまでたっぷり楽しんだファンタジーの世界の幕が閉じられます。空想の世界から帰るときにも、みんなが納得できる理由があるのが面白いですね。

　遠足に行けない子どもたちの、残念な気持ちから、一人の子どもの素敵な言葉によって、みんなの中に見事に共通のイメージが広がり、子どもたちは空想の世界でたっぷり遊ぶことができました。子どもの表現には、内面の成長やこころの

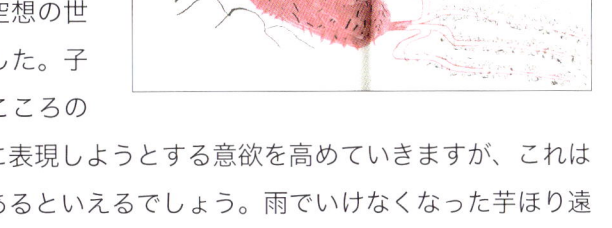

豊かさが現れ、一つの表現が更に表現しようとする意欲を高めていきますが、これはまさにそうした保育実践の例であるといえるでしょう。雨でいけなくなった芋ほり遠足という、身近な題材が、絵本を聞いている子どもたちを、絵本の中の子どもたちといっしょになってこころゆくまで楽しませてくれます。

こころの交流

『わたしとあそんで』

マリー・ホール・エッツ文・絵　与田準一訳
福音館書店　1968

　園で、ハムスターなどの小動物を飼っていると、その動物を扱う子どもたちの様子が年齢によってかなり違うことに気がつきます。3歳から4歳頃までの子どもたちは、とにかく触りたくて、上から手を持っていって何とか捕まえようとします。けれども、それでは捕まえたとしてもハムスターも必死で逃げようとするばかり、手の中でばたばたもがいています。子どもたちは、逃がすまいとぎゅっとにぎるので、見ていてとても危なっかしいのです。ハムスターにとってはとんだ災難でしょう。ところが、5歳〜6歳の年長組になると、家で動物を飼っていて扱いに慣れている子や、動物好きの子の中に、上手にハムスターを持つ子があらわれてきます。横から両手でそっとすくいあげるようにやさしく持ち上げます。慣れると手の中でハムスターがえさを食べることさえあります。そしてやがて、ほとんどの子どもたちが慣れた子のやり方をみようみまねで教わって、ハムスターが痛い思いをしないように気遣いながら上手に触ることができるようになります。自分のやりたいこと、したいことが行動の基準になっている3歳の子どもたちとは違う、相手のことを気遣い、それを行動で表わすことのできる頼もしい6歳の姿です。

　『わたしとあそんで』は、朝の光の中でくり広げられる、少女と小さな生き物たちの交流を描いた静かな喜びにあふれる絵本です。まず、クリーム色の表紙に描かれる女の子の表情にこころをうばわれます。まっすぐに前を見据える澄んだ瞳、優しげで、心細げで、同時に一文字に結んだ口元には意思の強さも垣間見える気がします。幼さの中に、どこか大人びた雰囲気を漂わせるこの少女の表情は、6歳の子どもたちが時折見せてくれる表情でもあります。

　一人で野原に遊びに行った少女は、バッタやカエルと遊びたくて、その小さな生き物たちを捕まえようとします。これは、3歳頃の子どもたちのように、自分の思いばかり先立って、相手の立場を尊重していない行動です。当然どの生き物たちも、みんな逃げてしまうので、少女は仕方なく水辺にそっとすわります。やがて、少しずつ生き物たちが戻って来ます。少女は今度は捕まえようとはしません。ただ、じっと動か

ず目だけが一生懸命その生き物を追っています。作者のエッツは、少女のこころの動きを、瞳の動きによって巧みに表現しています。子どもたちは、この繊細な表現を見逃しません。静かに時が流れます。小さな生き物たちは皆もどってはきましたが、まだどこか警戒している様子で、少し遠巻きに少女をながめています。そこへ、しかの赤ちゃんがやってきます。しかの赤ちゃんだけは、少女に捕まえられそうになっていない生き物です。赤ちゃんであることできっと警戒心もなかったのでしょう。このしかは無防備で親しげに少女のところに歩み寄り、ほっぺたをなめるのです。この赤ちゃんしかの行動が、みんなの警戒心をとくきっかけとなりました。しかになめられても、

少女がほほえみながら、されるがままに
しているのを見て、他の生き物たちも少
女にこころを開きます。みんなが少女の
ところに歩み寄り、りすはひざのうえに
のっています。小さな生き物たちと、少
女のこころが通った感動的な瞬間です。

　少女は、はらっぱでこのような時を過
ごしている間、一人だったわけでは決し
てありません。小さな生き物たちとの交
流を、お日さまがずっと、やさしい微笑みをたたえて見守っています。子どもが自己の内面をみつめて成長するためには、大人がすぐそばにべったりとついて、手を出し、口を出し、指示するのではなく、このお日さまのように、少し離れたところで、子どもの成長を信じて見守る姿勢が重要です。

　６歳ともなると、習い事に通いだし、忙しくなる子どもたちもでてきますが、物理的な時間に追われていると、こころ豊かに過ごすのは難しいことです。この少女が、池のほとりにただじっとすわっていたように、子どもが風の音や、虫の声など、周りの自然や生き物を感じることができるような、豊かな時間を保証することは大切です。自分を見つめ、思いを深める６歳の子どもたちにとって、そのような体験がどれほどかけがえのないものであるかを、『わたしとあそんで』は教えてくれているように思います。文章のない最終ページ、少女はお日さまに見守られながら、小躍りするように、手足を元気いっぱいにあげて家路についています。静かに流れる時間が、少女の成長を応援し、少女も自らの成長を実感して喜びに満ち溢れている姿です。

　この絵本はバッタなどの小さな生き物の様子や、少女の瞳の動きを、エッツの繊細な筆が雄弁に語っています。子どもたちが絵をよく見られるように、読み手と聞き手が近くによってゆっくりと楽しむとよいと思います。そうすれば、この絵本を読んでもらう時間そのものが、子どもたちがゆったりとした豊かな時を過ごせる時間となるでしょう。

豊かな言葉で楽しむ昔話

『かにむかし』

木下順二文　清水崑絵

岩波書店　1959

　『かにむかし』は、猿蟹合戦としてよく知られる昔話ですが、この絵本は、昔話とはこんなに面白いものなのかと、あらためて実感させてくれます。

　その魅力の一つが、木下順二による文です。木下順二は『夕鶴』[注1]が代表作の劇作家ですから、文章が簡潔で、繰り返し部分の言葉などは、一度きいたら忘れられないリズムのよい言い回しです。長いお話ではありますが、言葉の楽しさで、お話がテンポよくすすんでいきます。例えば、カニが、自分が植えた柿の種に早く大きくなれと催促する場面の文です。

　　「はよう　芽を　だせ　かきのたね、ださんと、はさみで、ほじりだすぞ」

　柿のほうは、「ほじりだされてはかなわん、とおもうたかして」急いで芽をだします。柿の焦っている様子が感じられます。ユーモラスな問答の繰り返しが続き、やがて、おいしそうな柿がいっぱいできます。喜んだカニは、柿の実をとろうとするのですが、気ばかり焦ってなかなか木に登れません。

　　「おら、やっと　かきのみが　うれたで、はよう　はいのぼって
　　もごうと　おもうが、きが　せくもんで、
　　なかなか　あしが　いうことを　きかんもんで、じゅくじゅく」

　じゅくじゅくがおもしろいですね。カニがあせって、くやしくて、泡をふきながらしゃべっている様子が伝わります。たくさんの形容詞で表現するよりもずっと効果的です。劇作家ならではの表現です。そこに猿があらわれます。ところが、猿は柿をとってやるといって、木に登りまだ青い固い柿をカニにぶつけます。カニはぺしゃりとつぶれ、カニのこうらの下から、ずぐずぐと、子ガニがたくさんはいでます。

　ここから、子ガニのあだ討ちがはじまります。何十匹もの子ガニたちは、めいめい、

キビ団子を腰につけ、猿が住んでいるという「さるのばんば」へとでかけます。道々に出会うものたちと、問答を繰り返しながら仲間を増やしていきます。はじめは、ぱんぱんぐりです。単にクリというのではなく、ぱんぱんぐり、というのが言葉の響きとして面白いし、今にもパンとはぜそうで、その後の展開のイメージを助けます。

　　「かにどん　かにどん、どこへ　ゆく」　　「さるのばんばへ　あだうちに」
　　「こしに　つけとるのは、そら　なんだ」　「にっぽんいちの　きびだんご」
　　「いっちょ　くだはり、なかまに　なろう」「なかまに　なるなら　やろうたい」

　熊本弁の方言が印象的な会話です。この後も、はち、うしのふん、はぜぼう、と仲間がふえていきますが、同じ問答がくりかえされるので、子どもたちはすぐにおぼえ、いっしょに言う子もでてきます。皆が隊列を組んで歩く様子がまたユーモラスです。

　　そこで、　そろうて　また　がしゃがしゃ、がしゃがしゃ、
　　それに　ころころ、ぶんぶん、ぺたりぺたり、とんとんという
　　さわぎになって　あるいてゆくと、

　カニが、蜂が、とは言わずに、擬声語、擬態語で表す表現の工夫によって、ともすれば退屈になりがちな繰り返し部分を愉快にしていますし、隊列を鮮明に印象づけます。
　問答をくりかえしながらすすむ子ガニたちは、どのページにもたくさん描かれますが、仲間が増えるごとに、1匹ずつ、肩にかけているキビ団子がなくなっていきます。子どもたちは、絵をじっと見ますから、このようなていねいな描写を目ざとく見つけます。
　いよいよ、さるのばんばにつきました。さるは留守です。それぞれに隠れて猿の帰りを待ちます。そしてあだ討ちのハイライト場面。ここには字はなく、画面いっぱいに、次々と猿にふりかかる災難が全て1ページに描かれます。はぜた焼き栗で驚く様子、水桶に手を浸してカニに体中はさまれる様子、蜂にチクリと刺される様子。このページは、子どもたちがじっくりと見て、こころの中で、仲間たちがどこに隠れたかを思い出しながら、「えーっと、まずクリがはぜて…それから…」と考えます。4歳頃までだと、ここの表現は少し理解がしにくいかもしれませんが、6歳の子どもたちは十分に理解します。次のページでは、その絵の内容を、一気にスピード感あふれる文章が伝えます。単に絵と文を対応させて表現するよりも、むしろこのあたりの展開は、6歳の子どもたちにとっては面白い表現になっていることを、実際に子どもたちに読んでみて感じます。
　続く最終ページ、猿の上に石うすがドスンと落ちてきます。石うすの表情がちょっ

ととぼけた感じで、文章の「さるはひらとうへしゃげてしもうた」にも、あまり悲愴感はなく、あっけらかんとした感じです。あだ討ちという内容ではありますが、全編を通してユーモアがあり、言葉の楽しさが感じられます。

　ところで、一般的によく知られている猿蟹合戦では、はじめは猿が柿の種を持っていて、カニが持っているおにぎりと取り替えるところからはじまるものが多いかも知れません。けれども、この『かにむかし』は佐渡の昔話（鈴木棠三採集『佐渡島昔話集』の中の『蟹ムカシ話』）を元にして書かれていますから、蟹は「しおくみをしようとおもうて、はまべへ出たところが、すなのうえに、どこからどうしてきたもんだか、ひとつぶのかきのたねがおちておった」と、自分で柿の種を見つけます。波にさまざまなものが運ばれて浜に打ちよせるということは、島の暮らしでは日常であり、この地方の子どもたちにとって、このお話の始まりは自然に受け入れられるものだったのでしょう。方言やその地方の子守唄、わらべうたがそれぞれに豊かで魅力的であるのと同じように、昔話もまた、その地方地方で、暮らしに根づいた違いがあり、それこそが伝承の昔話のもつ魅力でもあります。地方によって少しずつ違っている昔話は、どれが本物ということではなく、そのどれもがその地方の文化を語り伝えているのでしょう。『かにむかし』は、耳で聞く言葉の魅力を知り尽くした劇作家による再話の表現と、清水崑の墨絵による独特の世界観を堪能できる素晴らしい昔話の絵本です。

注①　「夕鶴」「鶴の恩返し」を題材とした木下順二の戯曲で代表作　1949 年初演

自己の内面をみつめる

『おおきなきがほしい』
佐藤さとる文　村上勉絵
偕成社　1971

　6歳頃の子どもは、友だちといっしょに、あるいは一人で「基地づくり」をすることに夢中になります。園庭の遊具の下といった手軽なものから、自分の周囲に椅子を並べたもの、積み木や、段ボール箱を組み合わせてつくるものなどさまざまです。基地づくりの中でも、ツリーハウスは、子どもたちの憧れではないでしょうか。そもそも

基地づくりとは、周囲とは隔離された自分あるいは、自分の仲間だけの空間を作り上げることです。ですから、樹上に基地をつくることはその目的にとてもかなっています。しかも、子どもたちにとって、高い目線で周囲を見渡せるというのは、何とも魅力的であるに違いありません。

　『おおきなきがほしい』の主人公かおるは、あるお天気の良い日に、洗濯物を干しているお母さんに、「おおきなおおきな木があるといいな。ねえおかあさん。」と話しかけます。この時点では、かおるのツリーハウスのイメージはそれほど明確ではなかったかも知れません。しかし、お母さんとの会話が、かおるの想像をふくらませていきます。二人の会話の部分を抜粋してみます。

> 「おや、まあ、どうしてなの。」
> 「どうしてって、ねえ　おかあさん。おおきくて、たかい　たかい
> 木に　のぼってみたいと　おもわない？」
> 「でも、あぶなくないかしら。」
> 「あぶなくなんか　ないよ。ぼく　あぶなくないように、
> いろいろ　かんがえたんだ。」
> 「ふふふ。ほんとうに、木のぼりが　できるような、おおきな　木が　おにわに
> あると　いいわねえ。」

　この会話の次のページから、かおるの空想が語られます。おかあさんの、「危なくないかしら？」の問いに答えるように、かおるは木にはしごをつけることを考えますし、「ほんとうに木のぼりができるような大きな木がお庭にあるといいわねえ」と言うお母さんの言葉も、木の大きさをかおるが具体的に想像する助けになったでしょう。このページからは、絵本は高さを表現するために画面が縦に使われ、読み手は絵本を90度回転させて読むことになります。かおるの木の描写は、とても具体的です。太さは「おとうさんとおかあさんと、それにいもうとのかよちゃんにもてつだってもらって、やっとかかえられるような」太さです。直径何メートルだとか、樹齢何年と言われても木の大きさは子どもたちにはピンときませんが、この説明ならよくわかります。

　木登りをしたことのある子どもなら、実感できると思いますが、まず一番下の枝に足をかけないといけません。この木は大きいので、そこまではしごが必要だというのです。この表現も、子どもたちが木の大きさをイメージするのに役立ちます。想像力が豊かにふくらむためには、実感をともなった表現が必要です。

　こうして、具体的なツリーハウスの描写が続きます。かおるは、ひととおり全体像をイメージしたところで一旦満足して、この木のことをお母さんに話しに行こうとします。けれども、その時あいにく妹が昼寝から起きてしまいます。

「かおるちゃん、ちょっと　まってね。いま　おかあさん、いそがしいのよ。
あとで　ゆっくり　きかせてね。」

　かおるのお母さんは、子どもの気持ちによりそうことのできるお母さんです。下の
子どもがいるとどうしても上の子にじっくりつきあうことができない場合があるのは
仕方のないことですが、「あとでゆっくりきかせてね」の一言をつけくわえることでか
おるの想像はさらに広がっていきました。

　今度は、かおるの想像はツリーハウスの中へと広がり、季節によってうつろいゆく
小屋の中の様子が詳細に描かれます。ページの構成もここからは横開きにもどります。
小屋の大きな窓から見える景色によって、聞いている子どもたちにも季節の移り変わ
りが一目でわかり、小屋の中には季節に応じた花や生き物、食べものが描かれます。
このような、細やかに現実をとりいれた描写こそが、空想の物語の骨子を支えます。

　そして最後に、物語はまた現実に戻ります。かおるが、自分の想像をもう一度思

い返しながら、それをなんとか絵に描い
てみようとしています。筆を唇にあてな
がら、目は宙を見上げ、懸命に考えてい
る表情です。6歳の子どもの、自分の内
面をなんとかして表現しようとする意欲
が感じられます。かおるは、完成した絵
を帰宅したお父さんに見せます。ここも、
会話部分をぬきだしてみます。

「ほら、おとうさん。この　はしごを　のぼって、ここが　木の　ほらあなに
はいるところで、ここから　また、木の　なかの　はしごを　のぼると
ぼくの　こやに　つくんだよ。」
「うん、うん、すてきだな。」
「そういえば、おとうさんも　むかし、かおると　おなじようなことを
かんがえたことが　あったっけ。」
「ふーん。」
「そんな　おおきな　木が　あったの。」
「いや、やっぱり　なかったよ。ざんねんながら。」
「そうかあ。」　うなずきながら、かおるは　おとうさんを　なぐさめました。

　かおるは、残念がるお父さんに共感しながら、いっしょに残念そうな顔をしてお父
さんをなぐさめるのです。こんなことをできるのが相手の気持ちを推し量って、ちょっ

と大人っぽい態度ができる6歳らしいところです。かおるとお父さんは次の日曜日にいっしょに木を植えることになりました。最後のページで、自分と同じくらいの背丈の木に一生懸命水をあげるかおるの姿が描かれています。ジョウロの水には、すっときれいな虹がかかっています。

　読み終わったあとに、子どもたちの面白さを堪能した、ため息とともに、うれしそうな表情が見て取れます。読み手としては、素晴らしいファンタジーの世界を共有できたことの幸せを実感する瞬間です。

　子どもたちの想像力は、何もせずに豊かにはぐくまれるわけではありません。それには、確かな生活の実体験と、共感してきいてくれる大人の存在が必要です。かおるの空想が豊かに広がったのは、お父さんとお母さんが、かおるの話を聞いて、自分たちも子どもの頃に、かおると同じことを思っていたことを思い出し、共感できたからに違いありません。こころの中に、子どものこころを持ち続けている大人は、自然に子どもの気持ちに共感できるため、子どもたちのもっとも良い理解者となるのでしょう。絵本の素晴らしい書き手もまた、まさにそういった人たちなのだと思います。

　この絵本の、縦に開く木のページをコピーしてつなげると、この絵本の見開きにあるような、木の詳細な図ができあがります。壁に貼っておくと、子どもたちはじっと見入っています。きっと、「ぼくだったら」「わたしだったら」と自分なりにさらに想像をふくらませているのでしょう。

自己実現への旅

『あおい目のこねこ』

エゴン・マチーセン作　瀬田貞二訳

福音館書店　1965

　『あおい目のこねこ』は、日本で翻訳版が出版されてから50年以上になる古典の名作です。絵本としてはページ数が多く、幼年童話としても考えられますが、1ページあたりの文字が少ないため、全部読んでも10分足らずです。

　あらすじです。昔、青い目の元気なこねこがいました。あるとき、こねこはねずみのくにをみつけにでかけます。ねずみのくにを見つけたら、もうおなかをすかせる

ことはありません。青い目のこねこは行く先々で困難にあいますが、めげることなく先に進んでいきます。その途中で、同じくねずみのくにを探す5匹の黄色い目のねこたちに出会います。ねこたちは、青い目をばかにしますが、青い目のこねこは気にしません。ある日、5匹のねこたちが犬に襲われているところに、青い目のこねこが通りかかります。犬のほえる声に驚いてとびあがった青い目のこねこが落ちたところは犬の背中。驚いた犬は必死で走り出し、偶然ついたところは、何とねずみの国でした。あおい目のこねこは、5匹のねこたちもよび寄せて、みんなでお腹いっぱいねずみを食べて暮らしました。

　前半は、青い目のこねこが、ねずみの国をめざして冒険にでかける様子が描かれます。こねこは誰にきいてもねずみの国への道は教えてもらえず、水をかけられたり、洞窟で恐い目にあったり、おまけに食べものもほとんどありません。辛い冒険の旅ですが、こねこはいつも、「なーに、こんなこと、なんでもないさ」といって、また旅を続けるのです。絵がユーモラスでちょっととぼけた感じであるために、冒険物語にありがちな、肩に力の入った感じや、なんとしてもがんばるぞ、という気迫や危機感はありません。けれど、「なーに、なんでもないさ」と歩き続けるこねこには、芯の強さと意思が感じられます。

　中段は、それまで1匹だったこねこが、5匹のねこにであうことで自分を見つめる部分です。黄色い目のねこたちは、皆同じようなトラ模様です。ねこたちは、こねこの青い目を見てばかにします。青い目のこねこがねずみの国をたずねた時にねこたちが答える言葉です。

　　「ぼくたちも、ねずみのくにをさがしにきたのさ。それでもみつからなかった。
　　きみは、ひとりでさがせるんだろ、　青い目のねこだもの」

　こうした、皮肉な表現を理解できるのはやはり言葉の力がかなりついている6歳頃からでしょう。さらに、おどけてサングラスをかけるこねこに、5匹が言います。

　　「いくらめがねでかくしたって、青い目だまはよくわかるさ。
　　ふつうの、いいねこは、きいろい目だまなんだよ」

　「ふつうのいいねこ」とはどんなねこなのでしょうか。この5匹のねこたちの定義はあいまいです。みんなと同じであれば安心だという心理が垣間見えます。青い目のこねこは、自分の目をかくそうと思って、サングラスをかけたわけではないのですが、それでも自分はおかしいのかな？と思って、池にいって自分の姿をうつしてみます。

そういわれて、こねこは、いけにいって、 水にかおをうつしてみました。
青い目はきれいだし、かおもへんてこではありません。
こねこは、うれしくなって、かけてかえりました。
「ぼくは、へんてこなねこじゃないよ」と、
ほかのねこたちにいってやるつもりでした。

　ここにも、青い目のこねこの強さが感じられます。周囲の評価によって、自分の存在が揺らぐのではなく、自分自身で自分はＯＫだと思える強さ、存在そのものの肯定です。これは生き抜く力としてもっとも大切な力でしょう。この力を持つものこそが、自己実現への冒険の旅を成し遂げられるのです。

　6歳の子どもたちは、自分自身への内面への思考がすすみ、自意識が高まるとともに、自分とは異なる身近な人の存在や、それぞれの人の特性や持ち味などに気づいていきます。それは、自分にも、周りの人にもそれぞれに違った個性があることを感じ取る時期です。客観的に見える自分の姿に気づき、周りからの評価が気になりだす4歳の時期を過ぎ、けんかなどの意見のぶつかりあいをへてお互いを尊重することを知る5歳の時期を乗り越え、今、自己の内面を見つめる6歳の子どもたちです。周囲になんといわれようとも、自ら自己の存在を肯定する青い目のこねこの姿は、子どもたちに大切なメッセージを伝えてくれます。

　後半で描かれるのは、自主と協調です。偶然にねずみの国を発見した青い目のこねこは、自分の夢をかなえることができました。しかし、そこで青い目のこねこは一人で安泰に暮らすのではなく、5匹の黄色い目のねこたちをよびよせるのです。こころから幸福になるためには、仲間とそれをわかちあうことが必要であることを青い目のこねこは知っているのです。

　ところで、このお話には、青い目のこねこが、一見成り行きまかせに思えるところもあります。5匹のねこたちに、ねずみの国についてたずねてもわからないと言われ、5匹でさがしてもみつからなかったのなら、一人でさがしてもみつからないにちがいないと思って、ねずみの国に行くことをあきらめ、5匹のねこたちといっしょに暮らす場面があります。また、ねずみの国を見つけることができたのも、偶然に犬の背中の上に落ちてしまい、驚いた犬が走りに走って疲れ果ててたおれたところがねずみの国だったからです。

　しかし、この2つは決していい加減な成り行きまかせだったのではありません。青い目のこねこが、5匹にばかにされながらもいっしょに暮らした期間は、青い目のこねこにとって、自分自身を見つめるために必要な時間でした。いつもがんばって、前にばかりすすみ続けていては、オーバーヒートしてしまいます。時にこうして立ち止まる時間が大切なのでしょう。また、犬の背中にのってねずみの国を見つけるために、

青い目のこねこは、決して楽をして行ったわけではありませんでした。こねこは、夢中でかけだす犬の背中にまたがって、

　　山をのぼって…山をくだって…
　　また山をのぼって…またくだって…
　　またまたのぼって…またまたくだって、

　実に6ページにもわたって、この紆余曲折の長い道のりが描かれるのです。その間ねこはふりおとされそうになるのを耐え続け、とうとう犬がのびてしまうまでがんばったのです。チャンスは確かに偶然やってきましたが、それを決して放さないように、青い目のこねこは必死に、文字通りしがみついていたのです。

　ユーモアにあふれる楽しい物語の中に、これほどのメッセージが語られている本は、大人の本を探してもなかなか見つからないのではないでしょうか。名作と言われる、絵本や児童文学の古典には、子どもたちにわかりやすい表現の中に、奥深い内容が描かれています。そして、子どもたちが将来人生で分岐点にたったとき、さまざまな困難に出会ったときに、そのメッセージが思い出され、勇気やヒントを与えてくれることでしょう。

自立を見守るまなざし

『くんちゃんのだいりょこう』
ドロシー・マリノ文・絵　石井桃子訳
岩波書店　1986

　ドロシー・マリノ作の『くんちゃん』シリーズに共通しているのは、依存しながら少しずつ自立していくくんちゃんの姿がていねいに描かれていることです。また、どのお話にもくんちゃんの成長を信頼しながら深い懐で見守る両親の姿が描かれています。子どもはゆっくりと、行きつ戻りつしながら成長していきます。もうずいぶん大きくなって頼もしく感じられる6歳の子どもたちも、時には甘えて気持ちを休めることで、次の成長へのエネルギーを補充するのでしょう。子どものたくましい自立のためには、温かく見守る大人の視線が必要であることを、このシリーズは教えてくれ

ます。その中でも、『くんちゃんのだいりょこう』は、行って帰ることの繰り返しによる展開がおもしろく、子どもたちをひきつけます。

　冬ごもりの季節がやってきました。でも子どもは眠るのが大嫌いですから、くまのくんちゃんも冬ごもりなんてしたくありません。そんなある日、くんちゃんは友達の渡り鳥から、鳥は冬も起きていて、南の国に行くのだとききました。いいことをきいたくんちゃんは、自分も南の国へ行ってみたくなり、お母さん、お父さんにお願いします。お父さんと、帰り道の目印に、丘の上の松の木を覚えておくことを約束して、くんちゃんはさっそく南に向かいました。ところが、丘の上まできたとき、くんちゃんはお母さんにさようならのキスをしてこなかったことを思い出し、丘を駆け下りてお母さんにキスをしてもう一度でかけます。でもまた丘の上までくると、次々と忘れ物を思い出します。何度も家と丘の上を往復して、疲れてしまったくんちゃん。とうとう、でかけるのはゆっくり眠ったあとにすることにしました。そして、ベッドに横になったくんちゃんは、お父さんとお母さんに見守られながら、暖かい部屋で冬ごもりにはいるのでした。

　こんなかわいいストーリーですが、なんといってもこの絵本の素晴らしいところは、くんちゃんのお父さんとお母さんです。くんちゃんが、鳥は冬ごもりせずに南の国に行くことを知って、お母さんに、「ぼくも　みなみのくにへ　いっていい？」と、たずねた時、お母さんは、優しい眼差しでくんちゃんを見つめながらも、冷静に答えます。

　　「とりたちは　あたたかいところへ　わたって　いくのです。
　　でも、くまは　ふゆは　ねむるのです。」

　くんちゃんは、お母さんの毅然とした態度と言葉から、どうやらくまと鳥は違うようだとさとります。でも、自分で試してみなくては納得しないのが子どもです。

　　「でも、ぼく　いちどだけ　いってみたい。ぼくも　わたっていっていい？」

　くんちゃんの、「一度だけ」という言葉からは、お母さんが言うことは信頼しているのだけれど、どうしても試してみたいという押さえ切れない衝動が伝わってきます。そのやりとりをじっと聞いていたお父さんがしずかに言います。

　　「やらせてみなさい。」

　なかなか包容力のあるお父さんです。もしもここで両親が、くんちゃんの南の国へ行ってみたい気持ちを無理やり押さえ込んでしまったら、くんちゃんの好奇心や冒険

心はすっかりしぼんでしまうでしょう。あるいは、南の国へのあこがれがふくらみすぎて、こっそり出かけてしまうかもしれません。子どもたちの自立のこころを育むには、子どもの思いを一方的に否定するのではなく、このお母さんのように大人として冷静に正しいことを伝えて説得する態度と、お父さんのように包容力をもって見守りながらやらせてみる勇気の両方が必要なのでしょう。どちらもその根底には共通して、子どもの気持ちをいつも尊重することと、絶対的な信頼感があります。

　いよいよ、くんちゃんは南の国へ出発です。けれどくんちゃんは、いつも丘の上まで来ると、忘れ物を思い出します。丘の上からは、家が見えますが、丘を反対側へ下るともうくんちゃんから家は見えなくなります。そしてそれは、お父さん、お母さんからもくんちゃんの姿が見えなくなってしまうことを意味しています。くんちゃんは、①ママにキス、②双眼鏡、③釣竿、④水筒、⑤麦わらぼうし、という5つの忘れ物をすることで5回挑戦したのですが、6回目には丘の中腹でひきかえしました。くんちゃんは、今はまだ自分はあの丘を越えることはできないことがはっきりとわかったのです。自立するためには今自分にできること、自分の力を知ることが大切です。くんちゃんは、お父さんとお母さんに見守られながら、自分にできる精一杯の冒険をすることで自分の力を知りました。くんちゃんの大冒険は、物理的な距離としての大冒険ではなく、精神的な自立のためのステップとしての大冒険だったのです。この絵本の原題は、"Buzzy Bear Goes South"ですから、直訳だと『くんちゃん、南へ行く』ですね。石井桃子訳の『くんちゃんのだいりょこう』という日本語のタイトルの方がお話の主題をよりわかりやすく伝えている様に思われます。

自分を見つけに

『こねこのぴっち』

ハンス・フィッシャー作　石井桃子訳
岩波書店　1954

　外国旅行に行ってみてはじめて気がつく日本の良さ、ということがありますね。一度はなれてみて気づくことや、なくしてからわかる大切さ、身近なところにある大切なもの、それらは昔から物語のテーマとなってきました。絵本にも、家出や冒険、自

分と違うものへの憧れなど、一度自分の日常からはなれて客観的に、自分や自分のまわりの人々を見ることで成長していく主人公が描かれるものが数多くあります。

その中でも世界中で長く愛されている絵本が『こねこのぴっち』です。スイスで初版が発行されたのが1948年で、日本では緑の表紙の大型版がでるまえは、小型の白い表紙で長く親しまれてきましたから、そちらに見覚えのある方もおられるのではないでしょうか。

6歳の子どもたちは、様々に思いをめぐらせるようになり、その様子は周囲に大人っぽくなった印象を与えます。『こねこのぴっち』の主人公の子猫、ぴっちも、他の兄弟の子猫たちが毛糸玉にじゃれて遊んでいるのを見ながら、じっと考えごとをしています。ぴっちは、そんなことはしたくなかったのです。もっと何か、ほかのことがやりたくて農場の生き物たちのところに一人ででかけていきます。

ぴっちはおんどりや、やぎ、あひるなど農場の様々な生き物に憧れまねをします。けれどもねこが、あひるや、やぎのように暮らすことは出来ません。ぴっちは池でおぼれそうになったあげく、とうとううさぎ小屋で、不安な一夜を過ごす事となります。夜もふけた頃、森のけものたちが農場の動物をねらってやってきました。闇の中、満月を背に光る黄色い目。ふくろうときつねです。こうもりも飛んでいます。かわいそうにぴっちは、池で冷えた身体を、寒さと恐さで震わせています。ぴっちが今まで経験したことのない、恐ろしい夜の世界です。ぴっちはこころぼそくて、どれほど、家族のもとに帰りたいと思ったことでしょう。そのとき、犬のべろがぴっちの声をききつけました。飼い主のりぜっとおばあさんがやってきてぴっちを抱き上げて助けてくれました。でも、ぴっちは疲れと寒さでその日から重い病気にかかってしまいます。

『こねこのぴっち』と同じく、児童文学でも、病気が主人公のこころの成長のきっかけとして描かれることがあります。『こねこのぴっち』は、可愛い子猫の物語ではありますが、その先には、こころの成長という点において、それらをキーワードとして描かれた『マリアンヌの夢』[注1]『時の旅人』[注2]など、児童文学の名作が、同じ一本の線で続いています。自己の内面を見つめだす6歳のときに、身近な大人に『こねこのぴっち』を読み聞かせてもらった子どもたちは、やがて思春期をむかえ再び自己の内面を見つめだす頃には、今度は自分の力でこうした本格的なファンタジーの世界を旅することでしょう。成長は積み重ねです。ですから、その時々の発達の節目で、幼い頃『こねこのぴっち』のような、こころの成長をていねいに描いた絵本を読み聞かせてもらった記憶が、その後の成長を根底のところで支えてくれるのではないでしょうか。

『こねこのぴっち』のラストシーンは、ぴっちの快復のお祝いです。ぴっちはベッドからでられるように、うばぐるまをつくってもらい、農場のみんなが集まってガーデンパーティーがはじまります。見開き全画面を使って文字を使わずにパーティーの様子がにぎやかに描かれます。咲きほこる花、音楽、みんなの笑顔、フィッシャーの描

画は踊るように生き生きとしていて、そこに上品な色彩が加わり、パーティーのよろこびを画面いっぱいで表現しています。

　楽しいパーティーが終わり、家族の団欒のとき、ぴっちは、いつものようにはねまわっている兄弟の子猫たちといっしょに、楽しそうに遊んでいます。はじめのページでは、「そんなことはしたくなかった」ぴっちが、今は嬉々として楽しそうです。ぴっちは、ねこよりほかのものになるのはやめようと思ったのです。大好きな遊びはねずみとりごっこになりました。今ぴっちは自分が猫であることをうれしく思っています。

　自分のことを心配してくれ、喜んでくれる家族がいて、友だちがいるところが、自分のもっともこころ落ち着く居場所であることに気がついたことが、ぴっちにとって大きな喜びとなりました。「何かもっと別のことがやりたいとおもって」冒険したことの意味は十分にありました。ぴっちは家出を通して自分自身を再発見したのです。

注① 『マリアンヌの夢』"Marianne Dreams"（キャサリン・ストー作　猪熊葉子訳　岩波少年文庫 2001）
注② 『時の旅人』"A Traveller in Time"（アリソン・アトリー作　松野正子訳　岩波少年文庫 1998）

＼　たっぷり甘えて成長する　／

『モチモチの木』
斎藤隆介作　滝平二郎絵
岩崎書店　1971

　トチの実でつくられたとち餅は、黄土色でわずかにほろ苦い素朴な味です。『モチモチの木』のモチモチとはとち餅のことです。これは、トチの木のそばの峠の猟師小屋に、じさまと2人で住む豆太の物語です。

　豆太の小屋の横には大きなトチの木があり、豆太はそれをモチモチの木とよんでいます。毎年、霜月二十日の丑三つに、この木に灯がともると言われていて、それは勇気のあるたった一人の子どもにしか見えない山の神様のお祭りです。豆太のおとゥは、熊にやられて亡くなりましたが、そのおとゥもじさまもそれを見ました。豆太も、見たいのですが、何しろ豆太は夜一人ではおしっこに行けないくらい臆病な子どもです。

自分でもとても無理だと思っています。ところが、その霜月二十日の夜中、じさまが夜中に腹痛をおこしたのです。苦しむじさまを助けようと、夢中で夜の道を医者さまをよびに行ったまさにその夜、豆太が見たものは、モチモチの木に見事にともった無数の輝く灯でした。豆太は山の神様の祭りを見たのです。けれど翌日元気になったじさまを、豆太はやはり夜中におしっこに起こすのでした。

　山々の国日本では、昔から人々の暮らしは、木とともにありました。昔話にも、『やまなしもぎ』『花咲かじいさん』『馬方やまんば』など、木が重要な役割を果たすお話がたくさんあります。豆太の小屋のそば

にあるトチの木は見上げるような大きな木です。きっとその大きな梢が陽射しや風雨をさえぎり、豆太とじさまの小さな小屋を守ってくれたことでしょう。秋になると、たわわに実ったトチの実を落とし、じさまはそれで豆太に、ほっぺたが落っこちるような美味しいとち餅を作ってくれます。豆太とじさまが、素朴な山の暮らしの中で、このトチの木を大切にし畏敬の念を抱いてきた様子が物語全体から感じられます。

　物語の山場、モチモチの木が輝く場面は非常に美しく印象的です。「モチモチの木にひがついている！」ページ全体に闇の中に立つトチの木が描かれています。その枝という枝には、赤、青、黄、緑、紫、桃色と色とりどりの灯りが、幻想的に灯っているのです。木全体がぼーっと光で縁取られたように輝いています。驚いた豆太の言葉を聞いて医者さまが言います。

　　　「ア？　ほんとだ。まるで　ひがついたようだ。
　　　だども　あれは　トチの木の　うしろに、ちょうど　月がでてきて、
　　　えだのあいだに　星が　ひかってるんだ。
　　　そこに　雪が、ふってるから、　あかりが　ついたように　みえるんだべ」

　医者さまは、「山の神様のお祭り」を、科学的な自然現象として豆太に説明します。一方、次の朝元気になったじさまが豆太に言います。

　　　「おまえは　ひとりで　よみちを　いしゃさまよびに　いけるほど
　　　ゆうきのある　こどもだったんだからな。
　　　じぶんで　じぶんを　よわむしだなんて　おもうな。
　　　にんげん、やさしささえあれば、

やらなきゃならねえことは、きっと　やるもんだ。
それをみて　たにんが　びっくらするわけよ。ハハハ」

　2人の老人は、同じ出来事に対してそれぞれに違った意味のことを豆太に伝えてくれました。科学の世界で生きてきた医者さまは科学的な知識として、山の厳しい暮らしの中で自然を崇拝して生きてきたじさまは山の神様からのメッセージとして。どちらの答えも、それぞれに真実でしょう。けれども、じさまの言葉には、これまでの人生の重みや、人としての力強さ、豆太への深い愛が感じられます。

　勇気のある子どもにしか見られないという、山の神様の祭りを見た豆太でしたが、その晩からも、やはり夜中のションベンにじさまを起こしてしがみついています。その豆太をひざに抱くじさまの表情は、穏やかで自分のために一生懸命夜道を走った豆太を慈しむようです。物語のはじめで、豆太がどうしてこんなに臆病なんだろうと、心配していたじさまでしたが、豆太がいざというときには勇気ある行いができるまでに成長したことをしみじみと実感しているのかも知れません。豆太はもうしばらくは甘えん坊ですが、やがてじさまやおとぅのような勇気のある大人になるでしょう。ずいぶん大きくなったと思える6歳の子どもたちも、豆太のように時には甘えることが必要です。それが次の成長への糧となるのでしょう。滝平二郎の切り絵が、物語を力強くしかも叙情的に表現しており、心に深く刻まれる物語です。

生活者としての子ども

『ペレのあたらしいふく』
エルサ・ベスコフ作・絵　小野寺百合子訳
福音館書店　1976

　6歳の子どもは、頼もしい存在です。お手伝いが、本当に役に立つようになります。3歳頃の可愛いけれどもかえって手間がかかり、余計大変になるお手伝いとは違います。応用もきくようになります。食事のときにお箸を出す係をたのむと、その日の献立によって、スープがあればスープスプーンもいっしょに出しておくなど、臨機応変に自分で考えて対応できるようになります。6歳の子どもは、小さいながらも、もう

立派な生活者です。

　6歳はまた、自分の主張や意見を通すために、工夫して譲歩することもできるようになります。これまでも、使いたいおもちゃを誰かがすでに使っているときは、その子が使い終わるまで順番を待つことはできました。けれども6歳になると、相手もよろこんでくれそうなことを考えて、「これ使っていいよ。その代わりこれ貸して。」「私のおもちゃと合わせて、いっしょに遊ばない？」などと提案することができるようになります。自分もうれしいし、相手もうれしい。この自主と協調の力こそが、社会生活を営む上で欠かせない大切な力であり、『ペレのあたらしいふく』にもそれが描かれています。

　『ペレのあたらしいふく』は、一人の少年ペレが自分の力で洋服を手に入れる物語です。実に1世紀近く前の1910年に描かれた絵本ですが、そこには立派に社会の一員として生活する少年のたくましい姿が描かれており、今も色あせることがありません。

　ペレは自分の子羊を持っていて、自分で世話をしています。羊が大きくなるのと同時にペレも成長し、ペレの着ている上着は短くなってしまいます。そこである日、ペレは羊の毛を刈り取り、それで自分の上着を作ることにしました。まずおばあちゃんのところに、毛をすいてもらいにいきますと、おばあちゃんは、「すいてあげるともぼうや、そのあいだににんじんばたけのくさとりをしてくれるならね」と言います。そこで、ペレは一生懸命に草とりをします。その間におばちゃんは、きれいにペレのために羊の毛をすいてくれました。こんな具合に、ペレは色々な人のところに洋服ができあがるまでの工程を頼み、そのたびにだされる交換条件の仕事を一生懸命にするのです。そしてとうとう、素敵な青い上着ができあがります。

　ペレの洋服ができあがるまでには、7つの工程が必要でした。羊の毛刈りと、毛染めは、ペレが自分でやりましたが、あとの5つは技術が必要でペレにはできませんから大人にたのまなくてはなりません。ペレはその代わりに草取りやお使い、干草集めなど、自分ができる仕事を精一杯にやりました。自分ができないことは人にたのみ、その代わりに自分にできることでその人のために何か役に立つことをする、これは社会のしくみであり、経済の基本です。しかし、そうは言ってもまだ幼いペレです。まわりの大人は、ペレが自分の力で洋服を手に入れるために、ペレを信頼し、尊重しながら見守ってくれました。やってほしいことを頼みにきたペレに、ペレができそうなことを交換条件に出してくれたのです。ここにはコミュニティー全体で子どもを育む暮らしが息づいています。

　最後のページのペレは印象的です。ついに完成した青い洋服を着て、羊にお礼を言うのです。「あたらしいふくをありがとう！」うれしそうなひつじ。そのうしろには、2人のおばあさんと、ペンキ屋さんの一家、仕立て屋さんの一家など、ペレが洋服をつくるのに協力してくれたみんなが微笑んでペレを見守っています。ペレは、みんな

に見守られながら自分の力で洋服を手にいれたのです。感謝の気持ちを伝えるペレの姿は、自信に満ちて輝いてみえます。

　ベスコフが描く、子どもたちの表情やしぐさ、部屋の中の様子は、とてもていねいで詳細に描かれており、今と変わらない子どもの姿とともに、その時代の生活感が感じられます。ペレが赤ちゃんにおかゆをたべさせている場面では、糸巻きの芯を利用して作られたと思われる手作りの赤ちゃん用おもちゃが転がっています。ひざに抱いた赤ちゃんをしっかりと左手でかかえながら右手でおさじを持って食べさせているペレの姿は、赤ちゃんを落とすまいと両膝をぎゅっと閉じて、一生懸命な様子がよく表現されています。そのペレと赤ちゃんの様子を、仕事をしながら見守っているお母さん。人は長い長い年月こうした労働と生活の営みを経てきたのだと改めて感じられ、

変わらない子育ての姿に共感をおぼえます。『ペレのあたらしいふく』には、明るい色彩と繊細なタッチで、農場で働く人々とその暮らし、そして生活者としての子どもが、信頼と愛情をこめて描かれています。

時の流れの中で

『ちいさいおうち』

バージニア・リー・バートン作　石井桃子訳
岩波書店　1954

　ちいさいおうちは、小高い丘の上に建つ、窓が2つと赤い煙突のある家です。正面のアーチ型の玄関からは、ゆるやかなアプローチがつづき、まわりはお花畑です。子どもたちの絵に登場するような可愛い素敵なおうち。それがこの絵本の主人公です。

　物語をご紹介します。むかしむかし、静かな田舎に、小さいけれどきれいで丈夫に建てられた家がありました。ちいさいおうちは、豊かな自然にかこまれて、昼には太陽を、夜には月をながめながら、うつりゆく季節を楽しんでいました。時折、遠くに見える街の明かりを見て、「まちに住んだらどんな気持ちがするのだろう」と考え

ていました。ところがある日、自動車がやってきます。それからどんどん開発がすすみ、ちいさいおうちの周りには道ができ、たくさんの家が建ちます。やがて、電車が走り、地下鉄が走り、まわりの家々は高層ビルになっていきます。ちいさいおうちは、自分が今や街に住んでいることに気がつきました。でも街は好きになれませんでした。街を急ぐひとたちは、誰もちいさいおうちのことを気にとめません。ところがある日、一組の家族がちいさいおうちの前で足をとめました。その家族の女の人は、ちいさいおうちを建てた人の孫の孫のそのまた孫だったのです。その人は、ちいさいおうちが田舎に建っていたことを思い出し、おうちを田舎へ移すことにします。田舎に行ったおうちにはまた昔のように季節を楽しみ、もう街に住みたいとは思いませんでした。

　ちいさいおうちは、立派な豪邸ではありません。けれどもこの家を建てた人は、「どんなにたくさんおかねをくれるといわれても、このいえをうることはできないぞ。わたしたちのまごのまごのそのまたまごのときまで、このいえは、きっとりっぱにたっているだろう。」と願って、この家をとても丈夫に建てました。きっと、新天地を一から切り開き、ここで家族を育て、暮らし向きがやっと楽になって念願の家を手に入れたのかも知れません。この人にとって、ちいさいおうちは子孫に伝えたい大切な宝物だったのでしょう。

　『ちいさいおうち』は、一冊の絵本の中の時間の流れとしては大変に長い物語です。建てた人から孫の孫の孫の代までですから、100年以上もの歳月が経過することとなります。これは幼い子どもたちにとっては想像もつかない長い長い時間です。ですから作者は、子どもたちが時間の流れを無理なく感じられるように、はじめは短い時間の流れからちいさいおうちの様子を描きます。

　むかしむかし、とはじまってちいさいおうちが紹介されたあと、まず、ちいさいおうちのまわりに、虹のようなアーチ型で1日のお日さまの動きが表されます。次に1ヵ月の長さが、カレンダーの月の満ち欠けによって表されます。続いて、季節の移り変わりによって1年が描かれます。春・夏・秋・冬を表わすそれぞれの絵には、夏の川遊びや冬のスキー遊びなど、子どもたちが季節の中で遊ぶ様子が詳細に描かれます。ちいさいおうちは、2つの窓にかかるカーテンの形と、玄関のアーチの曲線によって、人の顔のように見えるので、微笑んでいるようです。作者は自然のうつろいを感じながら幸せに暮らすちいさいおうちの様子を描くとともに、1日、1ヵ月、1年と、時間の経過を少しずつ長くしながら表現しています。絵の表現とともに、文章でもすぎゆく時間と、変わらないちいさいおうちの様子を、子どもたちにわかりやすく表現しています。

　　　あさになると、お日さまが　のぼります。
　　　ゆうがたには、お日さまが　しずみます。

きょうが すぎると、またつぎの日が きました。
けれど、きのうと きょうとは、いつでも すこしずつ ちがいました……
ただ ちいさいおうちだけは いつも おなじでした。

　変わりゆくものと、変わらないものは、作者バートンのテーマであったのかも知れません。彼女の作品『マイク・マリガンとスチームショベル』[注1]では、時代とともに必要とされなくなるスチーム・ショベルを描いていますし、大作『せいめいのれきし』[注②]では劇という形をとりながら、壮大なスケールで地球の歴史を描いています。

　季節のうつろいはありながらも、それはリズムを持った変化であり、基本は安定して変わらないちいさいおうちの暮らしに、ある日、変化が訪れます。馬のひいていない車がやってきたのです。そこからめまぐるしくまわりの風景が変わっていきます。車がやってきて道をつくる場面では、緑の豊かな丘陵地が、黒い工事車両によって切り崩され、どんどん開発されるまわりの環境。巨大なビルに今にもおしつぶされそうに建っているちいさいおうちは、壊れた窓と封鎖された玄関が泣いている表情に見えます。ちいさいおうちに住んでいた人は、まわりの畑で生計を建てていたのでしょう。開発によって畑がなくなったページから、ちいさいおうちの煙突から煙が消えています。もうずいぶん長い間、ちいさいおうちは空き家になっているようです。ちいさいおうちが悲しかったのは、まわりの風景が変わったこととともに、そこに住む人がいなくなったことも大きいにちがいありません。

　けれども、ついにちいさいおうちにも、喜びの日がやってきます。このおうちをたてた「まごのまごのそのまたまご」が、偶然にもこのおうちを見つけるのです。このおうちを建てた人が願ったとおり、このおうちは長い年月を経ても、しっかり丈夫にそこに建っていたからです。この人は、おばあさんが幼い頃住んでいた家に、りんごの木があって、ひなぎくが咲いていたことを憶えていました。きっと、ちいさいおうちとおばあさんとの、しあわせな思い出がこの人の中にあったのでしょう。この家を一生懸命に建てた人の思いが子孫に確実に伝わっていることが感じられます。

　『ちいさいおうち』から感じられるメッセージは、自然破壊への警鐘というよりも、豊かな自然とともにある、日々のささやかな暮らしや、家族の時間、身体を動かす労働の喜び、季節のうつろいなど、何気ない暮らしの中の喜びをテーマにしているのではないでしょうか。作者がこの絵本を描いたのは、母親として2人の子どもを育てている真最中であり、それは第二次世界大戦のさなかでもありました。どのような時代にあっても、親が子どもに伝えたいメッセージは変わらないのだということに感銘をおぼえます。

注①『マイク・マリガンとスチームショベル』(バージニア・リー・バートン作　石井桃子訳　童話館出版　1995)
注②『せいめいのれきし』(バージニア・リー・バートン作　石井桃子訳　岩波書店　1964)

『よあけ』
ユリー・シュルヴィッツ作・画　瀬田貞二訳
福音館書店　1977

　『よあけ』は、美しい日の出の瞬間の感動が、詩と幻想的な絵によって描かれています。夜明け前、銀色の月が水面に映る静かな湖のほとりで、おじいさんと孫が寝ています。朝霧がかかる湖面の、ほんの少しのさざなみがやぶる静寂。こうもり、かえる、とり……ゆるやかに生き物たちが動き出します。静から動へ、1日がはじまろうとしているほんの短い時間です。おじいさんは孫を起こし、火を焚き、2人はボートで湖に漕ぎ出します。ほどなく太陽が山影から顔を出します。一瞬、山と湖が身も染まるような鮮やかな緑に変わりました。夜から朝へと変わるこの瞬間の感動が、美しい詩と絵で描かれた一冊の芸術です。

　6歳の子どもたちは、自分の気持ちや経験を一定の筋道を立てて人に伝えられるようになります。それとともに、自分が経験していないことでも、人の話を聞いておおむね理解でき、それをイメージできるようになっています。『よあけ』は、日の出の息をのむような美しい一瞬にむかって、刻々と変化するまわりの情景が描かれます。子どもたちは、絵本の世界に目を凝らし、耳を傾けながら、おじいさんと孫といっしょに、夜明けの湖に漕ぎ出し、身体ごと染まるような日の出の瞬間を体験するのです。言葉は、文学的に美しいがために、やや難しい表現ですが、絵が子どもたちのイメージをたすけます。こうした美しい言葉の響きを体験することも、子どもたちの感性を育むために大切です。

　ユリー・シュルヴィッツはこの詩を、唐の詩人柳宗元の詩『漁翁』にモチーフを得て作ったことが、絵本の巻末に書かれています。しかし、原詩になったという漢詩をひもといてみると、実は、そこには老人だけで孫はでてきません。では何故、シュルヴィッツは孫を描いたのでしょうか。おそらく、シュルヴィッツは、自分もこのような美しい日の出を見たのではないでしょうか。唐の詩がその記憶をよみがえらせ、子どもたちにもその美しさを見せたいと願った気持ちが、絵本に孫を描かせたのかも知れません。旅先などで、感動的な光景に出会ったとき、一人で見ているのがもったいなくて、今度はぜひ子どもと、家族と、いっしょに見たいと思います。感動は分かち合うこと

で、喜びとなります。シュルヴィッツが孫を描いたことで、この詩は子どもたちが共感できる詩となりました。

　海に沈む夕日のように、太陽がつくる色の変化を楽しむためには、海や湖などの水があることで水面が鏡の役割となり、いっそうその美しさを増します。おじいさんは、「そのとき」の時間をみはからって、わざわざボートをこぎだし、孫を湖の真ん中に連れだしたのでしょう。絵本には、孫はうつむいていたり、後ろ向きであるために表情がわかりませんが、3ページにわたって描かれるおじいさんの表情は、満面の笑みをたたえています。おじいさんは静かで落ち着いた周りの朝の風景に不釣合いなほど、まるでいたずらっ子の様にこみあげるうれしさがおさえられない、といった感じです。自分が体験した奇跡の一瞬を孫に見せるのがうれしくて、きっと孫は驚くだろうなという期待でいっぱいなのでしょう。太陽が湖面を一面の緑に変えるページで、遠景に描かれるボートの2人は、孫がおじいさんの方にわずかに身を乗り出しているように見えます。最終ページのシルエットもやはり、孫の身体がおじいさんの方に傾いています。感動したとき、人は思わず身を乗り出します。2人のシルエットから、孫の驚いている様子が推測され、その会話まで聞こえてきそうです。

　この絵本は、一見すると地味で落ち着いた絵本のように感じられますが、実際に声にだして子どもたちに読み聞かせてみると、喜びと愛情に満ちた、こころがうきうきする絵本であることがわかります。『よあけ』は、子どもたちと、感動を分かち合う、よろこびの絵本なのです。

　唐の時代に作られた詩、ポーランド人のシュルヴィッツによる絵、瀬田貞二による見事な日本語の訳、そのどれもが一流の芸術であり、時や国を超えてこの絵本が生まれたことはまるで奇跡のようです。『よあけ』は、言葉によってイメージする力をもち、社会事象や自然事象への認識が高まる6歳の子どもたちと、夜明けの瞬間の美しさを分かち合うために、ゆったりと鑑賞したい一冊です。

考える力を育てる科学絵本

『どんぐりかいぎ』
こうやすすむ文　片山健絵
福音館書店　1993

　秋は子どもたちにとって散歩が楽しい季節です。松ぼっくりやどんぐり、色とりどりに紅葉した葉や実などで、子どもたちのポケットはいっぱいになります。ところで、毎年同じところを散歩していても、どんぐりがたくさん落ちている年と、そうでない年があります。柿などの果実と同じで、どんぐりにも「なりどし」と「ふなりどし」があるようです。なぜ、年によって違うのでしょうか？　この難しいテーマを、子どもたち自身が考えられるように工夫された表現で描かれている絵本が、『どんぐりかいぎ』です。

　この絵本は、まず森の動物とどんぐりの関係を伝えます。りすのように、どんぐりを食べて生きている動物は、食べ残したどんぐりを、土の中に埋めてかくしておく習性があります。けれども、そのうちの何個かは、食べられずにそのままになるために、どんぐりはそこから芽吹くことができます。りすは、結果的に自分でどんぐりを植えて、自分たちの食べものを育てているのです。どんぐりと小動物の共存関係です。子どもたちは、まずこの事実に感心します。

　ところが、この関係がうまくいくのは、木と動物の数のバランスがとれている場合です。動物にとっての環境が恵まれすぎると、今度はどんぐりがすっかり食べられてしまい、新しい芽がでなくなるという問題がでてきます。この絵本では、どんぐりの木に顔がついていて、その木たちが、この困った状況をどうすればよいか会議を開いて相談することで、物語が展開していきます。物語は全編を通して、

　　どんぐりの木たちが会議をする → 会議で決定したことを実際にやってみる
　　→ 問題が生じる　→ また話し合い、別の方法を試してみる →
　　結果を会議で話し合う

という流れですすんでいきます。6歳になってクラスでも話し合うことの多くなる子どもたちは、どんぐりの木の立場になって、共感しながら一緒にその会議に参加しま

す。どんぐりの木たちは、幾度もの失敗をへながらとうとう、どんぐりの木にとっても、ほかの動物たちにとっても最良の方法を導き出します。それが、「なりどし」と「ふなりどし」を意図的につくることで、バランスをとることでした。

　結果だけを論理的に説明されるのではなく、このように試行錯誤を経てたどりついた結論は、子どもたちにとって、納得のいくものであるに違いありません。単なる知識としてではなく、子どもたちが自らどんぐりの木の立場に共感しながらいっしょに考える形式で語られることは、子どもたちの自然に対する興味や理解を深めます。『ど

んぐりかいぎ』は、どんぐりをテーマとした絵本なのですが、自然事象についての知識のみでなく、広く社会事象について、考えるきっかけともなります。自分自身への思考の深まりとともに、周りとの関係にも考えが及ぶ6歳の子どもたちに適した、内容の深い科学絵本であり、子どもたちが将来、共存とは、社会とは、と考えをめぐらせるときに、この絵本はきっとヒントを与えてくれるでしょう。

　内容的にとてもレベルが高いにもかかわらず、片山健の描く生き生きとした動物たちの表情と、どんぐりの木たちの語りによって展開するわかりやすい表現で、子どもたちは物語絵本を楽しむように、科学の世界を堪能できます。『どんぐりかいぎ』は、知識を伝えるのではなく、子どもたちの考える力そのものを育てる科学絵本です。

第**7**章

幼年文学の世界

_1 幼年文学とは

「本の好きな子に育ってほしい」

　本の好きな子どもに育ってほしいと願うのは、多くの親の共通したおもいですね。ところが、小学生の保護者の方からは、「うちの子は、小さいときにたくさん絵本を読みきかせて、あんなに絵本が好きだったのに、小学校に入ってからは自分で本を読もうとしない。」といった意見もきかれます。幼い頃に絵本を楽しんだことと、将来読書の好きな子になることは本当に関係がないのでしょうか。けれど、本来子どもたちはお話が大好きです。それでは、いったいどこに問題点があるのでしょうか。

幼年文学は、大人が読んであげる本です

　それには、こうした意見の意味を、もう少していねいに考えてみる必要があります。この言葉には幼児期の絵本は大人に読んでもらう本であっても、小学校に入って字を習うようになれば本は自分で読むものという意識が感じられます。しかし、字を読むことと、文章としてその内容を理解することには大きな隔たりがあります。「わ・た・し・は・・」と字面を追っていては物語の内容をイメージして楽しむことは難しいでしょう。ですから、子どもたちは小学校に入っても、字が読めるようになっても、物語を楽しむためにはまだまだ大人に読み聞かせてもらうことが必要です。小学校に入っても絵本も幼年文学もぜひ読み聞かせをしていただきたいと思います。ただ、絵本と幼年文学の違いは、絵本は絵がイメージを助けてくれますが、幼年文学は挿絵があるものの、基本的には言葉のみによって聞き手である子どもたちが物語の内容をイメージして楽しむところにあります。子どもたちは、日々成長しています

が、ある時点で突然何かを獲得するわけではなく、行きつ戻りつしながら、少しずつ大きくなっていくことは身近に子どもの様子をごらんになっておられる方なら、誰もが実感しておられるでしょう。読書についても同じことが言えます。学校に行ったから、文字を習ったから、といって一人でどんどん本が読めるようになるわけではありません。むしろ、そんな外的な環境が変わる緊張したときにこそ、ゆったりと、身近な大人に本を読んでもらうことで、気持ちが落ち着き、安心することができるでしょう。幼年文学は、絵本と、本

格的な読書との中間の、とても重要な役割をになっているといえます。

幼年文学の重要性

　さて、それでは幼年文学とはどのような文学でしょうか。幼年文学は幼年童話ともいわれ、いろいろな定義がありますが、児童文学の中の年齢的な区分の一ジャンルとすると、一般的には４歳頃から小学校中学年頃までの子どもたちを対象とした文学であると考えられます。ですから、もちろん小学校に入ってからでなくとも、４歳頃になってストーリーがわかるようになれば、楽しむことができます。たとえば長く親しまれている『エルマーのぼうけん』[注①]は、小学校に入ってからよりも、ワクワク・ドキドキする冒険が、５歳前後の子どもたちをより強くひきつける内容です。絵本とともに、幼年文学も４〜５歳から楽しむのが良いと思います。

　幼年文学を楽しみはじめる４歳頃は、日常の会話にはほぼ不自由しなくなり、会話言葉が一応の完成を迎える時期です。挿絵はあるものの、耳からきこえる言葉だけで楽しむ幼年文学によって、子どもたちの想像力はますます豊かにふくらみます。５歳頃になると、言葉によって共通のイメージを持って遊んだり、目的に向かって集団で行動したりすることが増えてきます。自分の気持ちを分かりやすく表現したり、相手の気持ちを聞く力が育つことを通して、子どもたちは次第に相手を許したり認めたりする社会生活に必要な力を身に付けていきます。６歳頃になると、自分自身への内面への思考が進むとともに、一方で自分とは異なる身近な人の存在や、それぞれの人の特性や持ち味などに気づいていきます。このように、言葉の力・イメージ力・思考の深まり・相手への許容と理解などを育むことが重要なこの時期に幼年文学を楽しむことは、子どもたちに、目の前にないものを心の中にイメージする力や、物事をじっくり考える思考力、相手の気持ちを推測して許容する力など人格形成に必要な力の基礎となるでしょう。

幼年文学は本格的な読書への「離乳食」です

　幼年文学には、絵本にも、子どもが自分で読む読書にもない特徴があります。それは第一に、すでにお話したように、文学でありながら大人が子どもに読み聞かせてあげる物語であるということです。そのことについて、もう少し詳しく「食事」を例にして考えてみましょう。

　子どもたちにとって、食べることは、体の成長のために欠かせないことです。これに対し、絵本や読書というものはこころの育ちに大切な役割を担っています。食事では、子どもたちは成長するにつれて、母乳→離乳食→普通の食事と進めていき

ますが、これを読書に例えると次のように考えられます。

身体の栄養　　母乳 → 離乳食　　→ 普通の食事
心の栄養　　　絵本 → 幼年文学 → 自分で読む読書

　母乳は赤ちゃんにとって、心が安らぐものです。その中には様々な栄養素が含まれていて、赤ちゃんが吸収しやすい形になっています。絵本は母乳のように、子どもたちにとって、こころにすっと無理なく馴染むものです。親子でよりそって、耳で聞き、目でも見て、ふれあいながら安心して楽しむものです。

　思春期以降の一人で読む本格的な読書は、大人が食べるしっかりとした食事と考えられます。魚の干物は少々硬くてもバリバリとかみ砕き、ピリリと辛いものも、食事の楽しみです。咀嚼の力や、味覚の広がりによって、食べ物の幅が広がるように、読書もこの時期になると、推理・歴史・壮大なファンタジーへと様々なジャンルに広がりを見せます。

　その中間に位置するのが、4歳頃から楽しみはじめる幼年文学であり、いわば読書の離乳食期です。離乳食は、栄養はあるけれども、子どもたちが無理なく食べられるよう、食べやすい形状になっています。これを文学に例えると、幼い子どもにもわかりやすい言葉や表現で書かれてはいるけれども、内容は深く質が高い、こころから楽しめる物語であるといえるでしょう。あらゆる発達は、その移行期にていねいに関わることで、次の発達が保障されます。ハイハイはその後の赤ちゃんの歩行にとって大切で欠かせないものであり、焦って早く歩かせることは、かえって赤ちゃんの健やかな歩行の妨げとなります。ですから、本の好きな子になって欲しいという思いがあればあるほど、子どもが一人で読むことを焦ってすすめるのではなく、親子でじっくりと幼年文学の読み聞かせを楽しむ時間が大切なのです。

何歳まで大人が読めばよいのでしょうか？

　さてそれでは、いったい何歳頃まで読み聞かせをするのがよいのでしょうか？それは、子どもが、「もう自分で読むからいいよ」と言うまで読んであげるのが理想ではないかと思います。興味や環境によって個人差があるものの、おそらく小学校高学年頃までではないかと思います。読書の独り立ちへのきっかけはさまざまにあると思いますが、たとえば次のような例があげられます。短編でなければ、たいていの幼年文学は一晩では読みきれず、「続きは明日」ということになります。ワクワク・ドキドキする心躍る幼年文学を、毎日聞いていると、子どもはどうしても続きが知りたくなってきます。すると、ちょっとした合間に、自分で手にとって読み始める

ようになります。大人はそれでも、その日はやはり子どもが読んでいたところと同じところを、読んであげるとよいと思います。自分で読むのと読んでもらうのとでは、この時期はまだ理解力が違いますから、子どもは自分で読んだ内容をもう一度耳で聞いて楽しむことでしょう。しかし、そうなれば、そう遠くない日に子どもの方から、「今日から、自分で読むよ」と言いだすでしょう。ここまでくれば、壮大なファンタジーはじめ、魅力的な本の世界が、子どもたちにその扉を開けて待っています。

そんなに大きくなるまで…と、ちょっと大変に思いますが、長く親しまれている幼年文学は、面白く示唆に富んだ深い内容のものが多いので、大人にとっても幼年文学を読むことで楽しい発見があります。わかりやすい言葉で、生きる喜びや豊かな世界観が描かれているのですから、人生の楽しさ、生きることの価値を再確認させてくれます。何よりも大人自身が本を楽しんでいる姿は、子どもが読書を好きになる最良のモデルです。

_2 幼年文学を選ぶ

幼年文学を読むにあたって、どんなものを選ぶとよいのでしょうか。絵本であれば、手にとれば絵でおおまかなイメージはつかめますし、すぐに読めますから子どもたちに読む前に下読みしておくことも容易なのですが、幼年文学となるとなかなかそうもいきません。「子どもたちに好きな本を選ばせたら」という考えもあるでしょうが、小学生で１ヵ月の間に一冊も本を読まない「不読者」の子どもたちが本を読まない理由のひとつが、「どれを読んでいいかわからない」というものです。ですから、子どもたちに自由に本を選んでよいと言っても、それだけでは難しいように思います。

日本は子どもの本に関しては恵まれており、絵本や幼年文学は毎年多くの数が出版されています。しかし、そのことは反面、溢れる情報で、かえって本選びを難しくしている側面もあります。近頃は、子どもたちの読書を推進するために、たくさんの本を読むこと、冊数を増やすことを奨励する傾向がみられることもありますが、たくさん読んでいる子どもたちの内容を見ると迷路やなぞなぞ、といったシリーズものばかりということもみうけられます。たくさん出版される本の中には、食べ物に例えると三大栄養素となるような質の高いものと、着色されたお菓子のように栄養にはならないけれど楽しみのためにといったものなど、質に関してまさに玉石混交、様々なものがでまわっています。質の高い幼年文学を三大栄養素だとすると、迷路やなぞなぞ、こわい話などは、楽しみのためのお菓子といえるでしょう。もちろんそれらを楽しむこともよいのですが、身体の成長がお菓子だけでは望めないように、豊かなこころの成長には良質な幼年文学が必要です。

それにしても実際、たくさんの本の中から内容を見極めて選ぶのは大変です。そこでまずは、世代を超えて長年子どもたちに読みつがれてきた本を、手にとってみるのもひとつの本選びの方法だと思います。長年にわたって、各国で翻訳されている幼年文学は、子どもたちが支持してきたものです。その中には、わくわくする物語そのものの面白さとともに、その内容が普遍的でかつ豊かであり、質の高いものが多くあります。絵本と同様に、世代や時代、国や文化を超えて読み継がれてきた物語の中には、子どもたちが生きていくために必要なテーマが誠実に描かれています。日々繰り返される何気ない子どもの日常の中にある輝きであったり、どきどきする冒険であったり、その内容はさまざまですが、それらはどれも、子どもの視点、子どもの論理で描かれているからこそ、真実味があり子どもたちから支持されてきたのでしょう。このような物語は、単に甘ったるいものや、おもしろおかしいものとは違い、誠実でこころに深く残ります。そこに描かれているのは、ときにくやしさなどの負の体験であったとしても、子どもたちが、その体験を愛情に支えられ読み手といっしょにのりこえていくことができる体験です。幼年文学で、奥深い感動を得る本の喜びを体験した子どもたちは、一生本を友とすることでしょう。

ところで、すぐれた幼年文学であっても、時代背景や社会的な価値感の変化などから、今の子どもたちには実感が伴いにくいものもあります。そこで、長く読み継がれている幼年文学の中から、実際に今の子どもたちに読んでみて反応のよかったものの中から15冊をとりあげて章末にご紹介いたします。もちろん、子どもたちは、個性や興味によって、楽しむ本も様々ですから、ひとつの例として参考にしていただければ幸いです。幼年文学をこころゆくまで楽しむ体験から、一人一人の読書の森が深く豊かに広がっていくことを願っています。

_3 子どもにとって読書とは

絵本、そして幼年文学をへてやがて、子どもたちは本格的な読書の世界へと自立していくこととなります。それでは最後に、章の冒頭でとりあげた多くの親の思いである「本の好きな子になってほしい」ことについてもう一度考えてみたいと思います。多くの親が、子どもに読書が好きになってほしいと願っているのですが、それでは、私たちは読書を通して子どもたちに何を伝えようとしているのでしょうか。そのためには、子どもにとって読書とは何かを考えてみる必要があります。

私は「どうして読書の好きな子になってほしいのですか?」と機会を見ては色々な方におたずねするのですが、実際に子どもさんをお持ちの方からよく返ってくる答えが、「読解力をつけてほしい」「本を読むと読解力がつく、読解力はすべての教科

の基礎だから」といった類のものです。どうやらキーワードは『読解力』ということの
ようです。これは、おそらくOECDの調査で、日本の子どもたちがPISA型読解力[注2]に
問題があることが指摘され、学力低下問題とともに取り上げられてきたことも影響
していると思われます。これにはどこか、教育的な効果を求める印象がつきまとい
ます。しかし、考えてみると「読解力」とは、本を読んでその内容が分かることであり、
読み解く力のことです。これは本に書かれている内容を理解するということでしか
ありません。けれども本当の読書の魅力とは、その内容を理解したうえで、自分な
りに考え、熟成させ、単なる理解を超えた、さらにその向こう側にある創造の境地
へとたどりつくことではないかと思います。そこには、読書の実体験が思考とあい
まって、豊かな想像の世界が無限に広がっているのです。

　読書は一生を通じた歓びであり、大人にとっても子どもにとっても、大切なもの
ですが、これから自分の足で人生を歩んでいこうとする子どもたちにとっては、大
人にとっての趣味の読書や、仕事のための知識・教養だけでなく、もっと生きるこ
とそのものに関わる重要な役割が考えられます。物語の楽しさや、知識教養以外に、
子どもたちが読書から得る力として大切だと思われる点について考えてみたいと思
います。

_4 読書で育つ力

　第一に思考が深まることです。日常の会話では、「かなしい」と表現されることも、
本では「うら悲しい」「物悲しい」「哀切極まりない」「胸がはりさけるような悲しみ」「と
めどなく溢れる涙に嗚咽をこらえきれず」など、悲しさにもさまざまな表現があり
ます。そしてそれぞれが意味する悲しさは、微妙にその心の動きが違います。読書
は、物語の中で登場人物の気持ちになってその悲しさを自分も経験することで、そ
の言葉の持つ意味を実感することができます。人は思考するとき、頭の中で、言葉
を使って思考しますから、言葉の表現をたくさん知っているということは、広く深
く豊かな情緒をもつということです。これは、自らの心情を分析し確認するのみで
なく、相手の立場になって、その気持ちを推し量ることにもつながります。

　次に、一つの物事に対して多面的な判断ができるようになることです。本の読者
は、物語の中で、ある出来事が起こったときに、登場人物それぞれの違った立場か
ら、鳥の目のような視点で客観的にその出来事を体験することができます。たとえ
ば心踊る幼年文学であるエルマーシリーズの中の一冊、『エルマーと16ぴきのりゅ
う』[注3]でも、主人公のエルマーがりゅうにのって空を飛んでいる場面で、聞き手の子
どもたちは、エルマーが空を飛んでいる事情を知っていると同時に、それを発見す

る農夫の驚きも同時に理解できるように、お話が両方の登場人物の視点から平行して描かれていきます。本の見開きに地図が描かれていることも、物語全体を客観的な視点でとらえることを助けます。これは、日常の生活では経験しえないことであり、一つの物事に対して多面的に判断することができるようになることは、子どもたちの視野を広げます。

　第三に、他人を理解し、許容する力や、包容力が育つことです。本の中には、いろいろなタイプの登場人物が描かれます。とくに児童文学においては、その登場人物の内面がわかりやすいように、特徴が名前で表されることもあります。例えばガンバで知られる『冒険者たち』[注4]に登場するねずみたちは、ガクシャ、ヨイショ、イカサマ、シジン、アナホリなど、名前そのものが個性をあらわしていますし、アニメの世界でも、『ドラえもん』ののび太、ジャイアン、スネ夫などがその例でしょう。名前では表現されなくても、『クマのプーさん』[注5]の登場人物は、いつも動き回ってじっとしていないトラー、何事にも悲観的なイーヨ、利口ぶっているけれどもあてにならないフクロなど、その性格が特徴的に描かれます。クマのプーさんと登場人物が暮らす百町森は、それぞれの違った個性が集まってこそ、つくりあげられている世界であり、誰もが重要な存在です。実際の社会では、どの人の中にもイーヨのような側面やフクロのような側面があり、その比重によってイーヨ傾向の人もいれば、フクロ傾向の人もいるでしょう。子どもたちは、物語の中で様々な性格や個性に出会うことで、自分とは違う個性や考え型を許容し、その存在を理解することができます。これは人としての包容力につながっていくことでしょう。

　そして最後に、コミュニケーション能力があげられます。今、スマホなどの普及により若者のコミュニケーション能力が低下しているといわれています。しかし、ＩＴ化が急速に進む現在だからこそ、将来を生きる子どもたちにとって人間同士のつながり、人と良好な関係が築けることがいっそう重要になってくるでしょう。コミュニケーション能力というと、巧みに、たくさんの言葉を操って表現することのように思われますが、本当に大切なコミュニケーションの力は、言葉の巧みさではなく、言外の意味を汲み取る力でしょう。いわゆる空気を読むことであり、状況を的確に判断する力です。これは本を読むときにも同じで、読書の楽しみは文字で表現されていることだけを理解するのではなく、文字では表現されていない行間を読むことにあります。文に書かれていないことを読み取る力は、相手が言葉にしていない心中を察する力に共通する力であり、それがコミュニケーションのための基礎となります。イメー

ジ力は、今目の前にないものを思い浮かべるだけでなく、実際には目で見ることのできない、人の感情や感覚などを想像する力でもあります。相手の気持ちを推測し共感できる力は、人と良好な関係をつくりそれを継続していくためにとても大切です。

　未来を生きる子どもたちは、これから自立して、自己を発揮したくましく生きぬくために、主体的に自分で考えて判断し、問題解決ができる力が求められます。読書というと、言葉の力や理解力など認知的な能力が意識されがちですが、読書によって培われるのは、深い洞察力、多面的に判断する力、他人への埋解と許容など、テストでははかれない非認知的で幅広い力です。

　読書が自立し、子どもたちが自分の力で本の世界を旅しているその時にも、赤ちゃんのときにやさしく抱かれて聞いた子守り唄や、身近な大人とともに絵本や幼年文学を楽しんだかけがえのない時間の記憶が、子どもたちをしっかりと下支えしています。だからこそ、子どもたちは安心して本の中のどんな世界をも冒険することができるのです。そこで得た体験はまた、現実の生活にも反映され、子どもたちが自己の人生を自分の足で豊かに築いていく礎となるのです。

注① 『エルマーのぼうけん』（ルース・スタイルス・ガネット作　渡辺茂男訳　福音館書店 1963）
注② PISA 型読解力　OECD による国際的な生徒の学習到達度調査。PISA の「読解力」は、「自らの目標を達成し、自らの知識と可能性を発達させ、効果的に社会に参加するために、書かれたテキストを理解し、利用し、熟考する能力」と定義される。
注③ 『エルマーと 16 ぴきのりゅう』（ルース・スタイルス・ガネット作　渡辺茂男訳　福音館書店 1965）
注④ 『冒険者たち』（斎藤惇夫作　岩波書店　1990、初版発行　アリス館牧新社　1972）
注⑤ 『クマのプーさん』（Ａ・Ａ・ミルン作　石井桃子訳　岩波少年文庫　1956、イギリス版初版発行　1926）

長く親しまれている幼年文学作品

りゅうを助けるため、心躍る冒険物語
『エルマーのぼうけん』
ルース・スタイルス・ガネット作／ルース・クリスマン・ガネット絵
渡辺茂男訳
福音館書店 1963

ピンクの毛布を通して描かれる心の成長
『ジェインのもうふ』
アーサー・ミラー作／アル・パーカー絵
厨川圭子訳
偕成社 1971

紙のきりんが動き出すファンタジーの世界
『ももいろのきりん』
中川李枝子作／中川宗弥絵
福音館書店 1965

がまくんとかえるくんのユーモアあふれるお話
『ふたりはいっしょ』
アーノルド・ローベル作・絵
三木卓訳
文化出版局 1972

幼いウーフのかわいい疑問が描かれる
『くまの子ウーフ』
神沢利子作／井上洋介絵
ポプラ社 1969

好奇心旺盛なチムが繰り広げるお話
『チム・ラビットのぼうけん』
アリソン・アトリー作／中川宗弥絵
石井桃子訳
童心社 1967

いつの時代も変わらない日常の中の輝き
『ミリー・モリー・マンデーのおはなし』
ジョイス・L・ブリスリー作／菊池恭子絵
上條由美子訳
福音館書店 1991

テンポよく、機知に富んだ楽しい物語
『おそうじをおぼえたがらないリスのゲルランゲ』
J・ロッシュ＝マゾン作／堀内誠一絵
山口智子訳
福音館書店 1973

幼い兄弟と、とぼけたかいじゅうの物語
『もりのへなそうる』
渡辺茂男作／山脇百合子絵
福音館書店 1971

声が大きすぎるねずみ、やかちゃんの大活躍
『番ねずみのヤカちゃん』
リチャード・ウィルバー作／大社玲子絵
松岡享子訳
福音館書店 1992

知恵を働かせて、愉快に暮らすおばあさん
『あたまをつかった小さなおばあさん』
ホープ・ニューウェル作／山脇百合子絵
松岡享子訳
福音館書店 1970

百町森の魅力的な住人たちが世界中で愛されている古典
『クマのプーさん』
A・A・ミルン作／E・H・シェパード絵
石井桃子訳
岩波書店 1956

スリルとユーモア、ファンタジーの要素も豊富な心躍る物語
『大どろぼうホッツェンプロッツ』
プロイスラー作
中村浩三訳
偕成社 1966

自由気ままに暮らすピッピの天真爛漫な活躍は子どもたちの憧れ
『長くつ下のピッピ』
アストリッド・リンドグレーン作／桜井誠絵
大塚勇三訳
岩波書店 1964

ルドルフの成長を柱に描かれるかっこいいネコたちの物語
『ルドルフとイッパイアッテナ』
斉藤洋作／杉浦範茂絵
講談社 1987

第 8 章

「こどものとも」について

『こどものとも』について

　福音館書店『こどものとも』は、1956年に、日本ではじめての月刊物語絵本として創刊されました。したがって、日本の絵本の歴史における『こどものとも』の功績は大きいと思われます。『こどものとも』を創刊し、創刊号から1968年8月の149号まで編集長であった松居直氏は当時の思いを次のような言葉で語っています。

　「そのころは、"戦後"という言葉に実感があり、第二次世界大戦の戦禍の記憶を、皆がまだなまなましく持ちつづけていました。それ故に未来を見つめて、現在を精一杯に生きようとしていたのです。私たちも新しい絵本の創造に夢を託し、子どもたちにほんとうに"美しい"ものを見せたいと願い、またその気持ちを言葉にして繰返し語り合っていました。心から"楽しい""おもしろい"と子どもが感じてくれる絵本を、未来そのものである子どもたちに手渡したいと思い、作家も画家も編集者も精魂こめて仕事をしました。そこに未来への道が拓けると信じました。それはまた戦争に生き残った者の努めでした。今を精一杯生きることが平和につながると、互いに感じていました。」[注①]

　この言葉に登場する、「未来を見つめて、現在を精一杯に生きよう」、「心から"楽しい""おもしろい"と子どもが感じてくれる絵本を、未来そのものである子どもたちに手渡したい」との強い思いは、保育所保育指針の「子どもが現在を最も良く生き、望ましい未来をつくり出す力の基礎を培う」という精神に通じると感じます。そして、その信念のとおり、この月刊物語絵本「こどものとも」は、その後、日本の物語絵本の黄金期を築くこととなります。そこから世に送りだされた絵本は数多く、創刊号から100号までの間にも、『ぐりとぐら』※『おおきなかぶ』※『しょうぼうじどうしゃじぷた』※『スーホの白い馬』『かばくん』※『ジオジオのかんむり』『そらいろのたね』※『たろうのおでかけ』等々の今も愛され読み継がれている、多くの名作が書名を連ねています。創刊から半世紀以上を経て、初期のこどものともに心躍らせた世代は、そろそろ祖父母世代となります。今子どもに絵本を読むお父さん、お母さんたちも、自分自身が幼い日に読んでもらったなつかしい絵本に再び出会っていることでしょう。こどものともは、時代の空気を取り入れながらも、創刊時の信念は変わることなく子どもたちに質の高い絵本を手渡し続けてきました。

　現在は年齢別に刊行されているこどものともの4誌に加えて、科学絵本2誌の合計6誌となった各誌について、その特徴と傾向を新しい作品も含めて考察してみましょう。（※本書で詳しく紹介した絵本）

注①NHK人間講座『絵本のよろこび』2002.12より

『こどものとも』5歳〜6歳向き

1956年の創刊から60余年を経て2018年現在通算750号を超える『こどものとも』は、子どもたちに幅広いテーマで物語を提供してきました。その中でもとりわけ、子どもたちの身近な生活の中から繰り広げられるファンタジーの物語が子どもたちを絵本の世界にひきつけました。初期の1963年『ぐりとぐら』※をはじめ、『おっきょちゃんとかっぱ』（長谷川摂子文 降矢奈々絵 1994）、『みどりのホース』（安江リエ文 やぎゅうげんいちろう絵 1996）『わたしのかさはそらのいろ』（あまんきみこ作 垂石眞子絵 2006）など、その系譜は今も確実に継承されています。

口承による昔話をていねいに紹介し続けてきたことも『こどものとも』の功績のひとつです。それは日本のみでなくこれまでほとんど紹介されることのなかったアジアの昔話もふくめて広く各国にまたがります。そこから『だいくとおにろく』（松居直再話 赤羽末吉画 1962）、ロシアの『おおきなかぶ』※ネパールの『プンクマインチャ』（大塚勇三再話 秋野亥左牟画 1968）モンゴルの『スーホの白い馬』（大塚勇三再話 赤羽末吉画 1967）など、文と絵の融合による民話世界が再現され、絵本の表現においても幅広い作品が登場しました。それらは、2000年以降にも、カナダ・インディアンの『ほしのむすめたち』（マーガレット・ベミスター再話 羽根節子訳・絵 2000）『かえるをのんだととさん』（日野十成再話 斎藤隆夫絵 2004）、『はちかづきひめ』（長谷川摂子再話 中井智子絵 2010）などに継承されています。

『こどものとも』は創刊当初から、先にあげた創作ファンタジーや昔話、乗り物、動物、ナンセンス、言葉まで、テーマが幅広く網羅されていました。加えて、独特の世界感を持つ作品も登場し、その中には哲学的な要素が感じられるものもあって絵本の可能性を広げました。『ジオジオのかんむり』（岸田衿子作 中谷千代子絵1960）『くいしんぼうのあおむしく

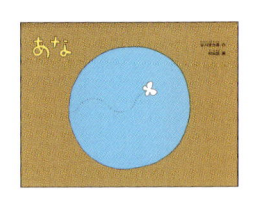

ん』（槙ひろし作 前川欣三絵1975）『あな』（谷川俊太郎文 和田誠画1976）などは印象的な絵本として記憶に残ります。

言葉をテーマにしたもので特筆すべきは、言語学的な魅力を持つ『カニツンツン』（金関寿夫文 元永定正絵 1997）です。ガートルード・スタインやインディアンの詩の研究者である金関寿夫の文には、伊語、アイヌ言葉など、世界の様々な国や地域の言語の響きが多彩に表現されており、それらの言葉と元永定正の描くイメージがマッチして動き出し、言語文化のおもしろさが感覚として楽しめます。

印象的な主人公の絵本はシリーズ化もされています。『たいへんなひるね』（さとうわきこ作・絵 1988）のばばばあちゃんのおはなしシリーズ[注②]、『サラダとまほうのおみせ』（カズコ・G・ストーン作 1994）のやなぎむらのおはなしシリーズ、『まゆとおに』（富安陽子文 降矢なな絵 1999）のやまんばのむすめまゆのおはなしシリーズなどがあります。

注②　ばばばあちゃんがはじめて月刊誌に登場したのは年中向き1981『いそがしいよる』

『こどものとも年中向き』4歳〜5歳向き

『こどものとも年中向き』は、1968年に創刊されました。年中向きは、物語を楽しみはじめる時期の子どもたちを対象としているため、『そらまめくんのベッド』（なかやみわ作・絵 1997）や、『ねこどけい』（岸田衿子作 山脇百合子絵 2009）など身近な動物や植物を主人公にしたユーモアのある物語が多くみられます。

この時期の子どもたちは変なものも大好きですから、『ジャリおじさん』（大竹伸朗絵・文 1993）、『ゆうびんやさんのホネホネさん』（にしむらあつこ作・絵 1998）『トマトさん』（田中清代作 2002）も子どもたちを惹きつけます。

また、会話言葉がほぼ完成し、しりとり

などの言葉遊びもできるようになる時期ですから『ふしぎなナイフ』（中村牧江・林健造作 福田隆義絵 1985）、『どうぶつサーカスはじまるよ』（西村敏雄作 2006）など、言葉をユーモラスに楽しむ絵本との出会いが、言葉に関する感覚を豊かに養います。

　様々な表現を自分なりに工夫しだす年中児にとって、『どっとこどうぶつえん』（中村至男作 2012）『あ』（大槻あかね作 2005）『ぶたぶたくんのおかいもの』（土方久功作・絵 1970）などは表現としての面白さがあり魅力的な絵本です。

　昔話には、年中児にも親しみやすいように、ちょっと間の抜けたばけものが登場する『たぬきえもん』（藤巻愛子再話 田澤茂絵 2011）や、動物が主人公の『ねずみのおよめさん』（小野かおる再話・画 1988）などがあります。また形式という面では、『おなかのかわ』（瀬田貞二再話 村山知義絵 1975）は、いわゆるぐるぐる話になっており、子どもたちの予想通りに展開する楽しさがこの時期の子どもたちの発達にそっています。

　このように、物語の楽しさを広げるように、子どもたちが同化しやすい身近なテーマや主人公、言葉への配慮、ユーモアが、『こどものとも年中向き』の特長としてあげられます。

　年中向きから登場したシリーズは、前出のホネホネさんのシリーズや、『おばけかぞくのいちにち』（西平あかね作 2003）のさくぴーとたろぽうのシリーズがあります。『だるまちゃんとてんぐちゃん』（加古里子作・絵 1967）からはじまる、だるまちゃんのシリーズは、『こどものとも』と、『こどものとも年中向き』の両方から刊行されており、世代を超えて子どもたちに支持されています。

『こどものとも年少版』2歳〜4歳向き

　絵本に興味をもちはじめる子どもたちが無理なく楽しめる内容です。なかでも初期のこどものとも年少版に登場した『きんぎょがにげた』（五味太郎作 1977）は複

数の言語に訳されて世界中で楽しまれています。

　この時期、直接体験を絵本の世界でもう一度追体験することは想像力を豊かに育みます。小西英子の『サンドイッチサンドイッチ』(2005)『おべんとう』(2009)は、身近な食べ物が写実的に描かれていて、食べることの喜びが伝わります。とくに『カレーライス』(2013)では、カレーができあがるページで子どもたちは鼻をひくひくさせて「いいにおい」とうっとりした表情を見せます。一人一人が感じているカレーの香りはそれぞれの家庭の香りですが、絵本を聞いているお友達同士でカレーの香りを共有できることは、絵本だからこそできる喜びです。このような絵本を通してイメージをふくらませることで、ごっこ遊びや見立て遊びも豊かになっていきます。

　言葉を獲得する時期にふさわしい言葉遊びや詩の絵本が充実していることも年少版の特徴です。谷川俊太郎の詩による『めのまどあけろ』(長新太絵 1981)、『あいうえおうた』(降矢なな絵 1996)『ままですすきですすてきです』(タイガー立石絵1986) は、リズムがよく子どもたちがすぐにおぼえて自然に言葉にします。

　また、年少版も、子どもたちの興味を広げるという観点から、幼い子どもたちにも理解できる表現で、「こどものとも」につながる幅広い分野が網羅されています。昔話の『むかでのいしゃむかえ』(飯野和好作 1996)、リズミカルな言葉が楽しい創作物語『もりのおふろ』(西村敏雄2004)ナンセンスの『へんなおにぎり』(長新太作1987) などは、こどものとalso活躍している作者が年少児向けに創作したものです。

　この年齢ならではの、生活を描いたものは、1977年の創刊号『どうすればいいのかな?』(渡辺茂男文 大友康夫絵)から、『パンツのはきかた』(岸田今日子作 佐野洋子絵

2007）まで一貫して、しつけ絵本とは対
局の、子どもの気持ちによりそった楽し
くユーモアにあふれる内容です。

　シリーズ化されている絵本では、『わ
にわにのおふろ』（小風さち文　山口マオ絵
2000）のわにわにシリーズや『ブルくんと
かなちゃん』（ふくざわゆみこ作 2003）のブ
ルくんとかなちゃんシリーズがあります。
自我を主張し自分でできることに喜びを
感じる年少の子どもたちが、わにわにや
かなちゃんに自分を同化して楽しみます。

『かがくとのとも』5歳〜6歳向き科学絵本

　1969年に、3年に及ぶ準備期間を経て、世界ではじめ
て創刊された月刊科学絵本です。その内容は世界的
にも高く評価され、現在20言語で翻訳出版されていま
す。ジャンルは、傑作集の分類によると「どきどきしぜ
ん」「わくわくにんげん」「わいわいあそび」の3分野と
なりますが、具体的には、動物・植物・数学・身体・生活・
言葉・乗り物など、幅広い分野にわたります。

　毎号ワンテーマですが、例えば虫や小さな生き物が
テーマであっても、『みつけたよさわったよにわのむし』
（澤口たまみ文　田中清代絵 2007）のように、身近な庭の生
き物たちとのふれあいを描いたものもあれば、『よるに
なると』（松岡達英作 2009）のように、昼夜で表情を変
える姿を描いたものもあり、その視点は多様です。5歳
〜6歳向きということで、この時期の子どもたちはイ
メージ力や理解力もついていますから、今の子どもた
ちにはあまり身近ではないものにもそのテーマは広が
ります。『こんなおみせしってる？』（藤原マキ作 1985）
は、昭和の駄菓子屋、食品サンプル屋、そして蛇屋や
人体模型屋などの仕事風景が表現されています。見た
ことがない、行ったことがないお店であることがかえっ
て、子どもたちの好奇心をかきたてます。

　『かがくのとも』では、伝えたい主題によって、様々

な手法で子どもたちの驚きの感覚に訴えかける表現が工夫されています。『みずたまレンズ』（今森光彦作 2000）は、実際に目では見ることができない瞬間を捉えた写真ならでは表現で身近な世界の驚きを発見できます。『アリからみると』（桑原隆一文 栗林慧写真 2001）では、特殊なレンズでアリの視点を体験することができ、虫たちの世界を冒険できます。

特筆すべき点は、この科学的な根拠に基づくノンフィクション絵本のジャンルから、『サンタクロースってほんとにいるの？』（てるおかいつこ文 すぎうらはんも絵 1981）が刊行されていることです。目に見えないものの存在を非科学的と否定するのではなく、人間や文化という社会的な観点から描いています。

多彩なテーマは他にも、『このあいだになにがあった？』（佐藤雅彦・ユーフラテス作 2010）では推理に、『このよでいちばんはやいのは』（ロバート・フローマン原作 天野祐吉翻案 あべ弘士絵 2006）では抽象的な概念にも迫ります。面白いと感じることを大切にしながら、それをさらに広く深く発展させることで、子どもたちの科学的な好奇心を育みます。

『ちいさなかがくのとも』4歳を中心とした3歳〜5歳向き科学絵本

『ちいさなかがくのとも』は、2002年に創刊されたもっとも新しい月刊誌です。創刊当初から、感動や面白さなど子どもたちの心が動くことが大切にされてきました。幼い子どもを対象としつつも、その分野は『かがくのとも』と同様に、動物、植物などの生き物、雨、風などの自然現象、造形、数学的な概念など、やはり多岐にわたります。その表現方法には、幼い子どもの感覚によりそうように、文中に擬態語や擬声語を効果的に使うなどの工夫がみられ、ここでも、知ることよりも感じることに重点をおいた思想が貫かれています。

『かぜフーホッホ』（三宮麻由子文 斉藤俊行絵 2007）は、風の音をリズミカルな擬音で表現していて、声に出したときに耳に心地よい響きとなって、幼い子どもたちの感覚にうったえます。こうした表現は、『からだのなかでドゥンドゥン

ドゥン』（木坂涼文 あべ弘士絵 2002）『あーといってよあー』（小野寺悦子文 堀川理万子絵 2009）など身体をテーマにした絵本や、水の感覚を描く『じゃぐちをあけると』（新宮晋作 2004）にも見られます。

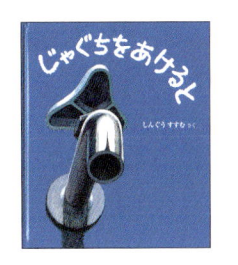

乗り物を描いた絵本では、カタログのように乗り物の名前があげられている図鑑とちがい、『あかくんまちをはしる』（あんどうとしひこ作 2002）『のっていこう』（木内達朗作 2009）に見られるように、様々な乗り物が、実際に動いている様子でまわりの環境とともに生き生きと臨場感をともなって描かれます。

生物を描いた内容では、テーマとなる虫や動物を擬人化してその気持ちをていねいに表現する手法で、自然の営みを科学的にとらえつつ、幼い子どもたちの共感をよびます。『あかちゃんかたつむりのおうち』

（いとうせつこ文 島津和子絵 2006）や『おおきくなりたいこりすのもぐ』（征矢清文 夏目義一絵 2003）にその特徴が見られ、子どもたちは生き物の気持ちになって楽しみます。

幼い頃に、このような感じることを大切にした科学絵本に出会うことは、周りの世界に驚きと感動をもって関わる豊かな好奇心を育みます。

『こどものとも 0.1.2』0 歳 1 歳 2 歳向け

赤ちゃんと、身近な大人とのあたたかく心の通い合ったコミュニケーションのための絵本です。赤ちゃん絵本にありがちな、トイレ・トレーニングやあいさつなどしつけ絵本とはちがい、共感に重点がおかれています。動物、乗り物、食べ物など赤ちゃんに身近なものが心地よくやさしい言葉とともに描かれています。

ファーストブックにもふさわしい絵本が、『ごぶごぶごぼごぼ』（駒形克己作 1997）、です。はっきりした色は視力が未熟な乳児にもわかりやすい表現です。この他にも、『てんてんてん』（わかやましずこ作 1996）『きたき

たうずまき』（元永定正作 2000）など、色や音による感覚にうったえる絵本は、乳児期の子どもたちのこころを捉えます。黒を背景に描かれた『かんかんかん』（のむらさやか文 川本幸制作 塩田正幸写真 2007）は大人の感覚では赤ちゃん絵本らしくないと思われるかも知れませんが、言葉の響きの楽しさもあいまって、子どもたちが繰り返し読んでほしがる絵本です。

　動物が描かれている絵本は、写実的であたたかみがる『もうおきるかな？』（松野正子文 薮内正幸絵 1996）『よくきたね』（松野正子作 鎌田暢子絵 2004）や、写真絵本『こんにちはどうぶつたち』（とだきょうこ案 さとうあきら写真 1996）など、言葉をおぼえはじめる子どもたちに理解しやすく配慮されつつも、その表現方法は多彩です。

　幼い子どもたちが楽しめるように、主人公の動物や乗り物が擬人化されて生き生きと描かれているのが、『バルンくん』（こもりまこと作1999）、『こやぎがめえめえ』（田島征三作 2004）です。探索活動が盛んになるこの時期の子どもたちは、絵本の中でも、自動車やこやぎになって探索欲求をおおいに満足させることができるでしょう。

　1歳頃になり象徴機能が育つころには、『ぽんちんぱん』（柿木原政広作 2010）『まるくておいしいよ』（小西英子作 1996）の絵本を美味しそうに食べる姿がみられます。

　こどものとも012からは、シリーズとしては前出の『バルンくん』があります。

　1956年の創刊から半世紀を経て、『こどものとも』はそれまで創作物語絵本はほとんど出版されていなかった日本において、世界的な評価を得られるまでに至る日本の絵本の歴史をつくってきたといえるでしょう。それには、月刊予約絵本という配

本の形であることで、保育者を通じて子どもたちの生の声を感じることができたことに加え、予約という安定性から表現の上での冒険ができたということもあったと思われます。その中から、太田大八、赤羽末吉、佐藤忠良、堀内誠一、薮内正幸、山本忠良、さとうわきこ、加古里子、中川李枝子、山脇百合子など、多くの日本を代表する絵本作家たちが次々と登場しました。64号の『とらっくとらっくとらっく』（渡辺茂男作 山本忠敬絵 1961）以降、とりいれられた横長のスタイルも絵本の表現の幅を広げました。

　このような流れの中で、1960年代以降に生まれた世代は、各社からも次々に海外の秀作絵本が翻訳版で紹介されたこともあり、豊かなお話を聞いて育つことができた幸運な世代といえるでしょう。今子どもに絵本を読む側の世代が、自身も豊かな絵本体験を持つことは、日本でも2000年代になって急速に広がりを見せているブックスタート[注3]の原動力ともなっていると思われます。

　このように月刊絵本を通じて広く子どもたちに手渡されることとなった絵本を、今子どもたちは乳児期から楽しめるようになりました。こうして、保育や子育てにおいて、絵本はその大切さが広く認識されることとなりました。

注③　ブックスタート
　　『ブックスタートは、1992年に英国で始まりました。地域に生まれたすべての赤ちゃんを対象に、市区町村自治体の活動として、0歳児健診などで実施されます。すべての赤ちゃんのまわりで楽しくあたたかいひとときが持たれることを願い、1人ひとりの赤ちゃんに、絵本を開く楽しい体験といっしょに、絵本を手渡す活動です。』
　　2017年11月30日現在、ブックスタートの実施自治体は1019市区町村です。（全国の市区町村総数は1741です。）　ブックスタートＨＰより（www.bookstart.net)

あとがき

　本書を、最後までお読みくださってありがとうございます。

　この本で私がお伝えしたかったことは、絵本が保育や子育ての心強い味方になって
くれるということです。私自身も、これまでずいぶん絵本に助けられたように思いま
す。こころを育てる絵本の底力が、少しでも皆さまにお伝えできていましたら、とて
もうれしく思います。

　絵本を読むひとときは本当に幸せな時間です。お話がおわって、そっと絵本を閉じ
るとき、そこには子どもたちの満ち足りた表情があります。一冊の絵本は、時間にす
ればほんの短い時間なのですが、それは貴重なかけがえのない時です。幼いときに自
分も親しい大人に絵本を読んでもらった人であれば、子どもに絵本を読むとき、その
人自身の中にそれを読んでくれた人の存在を、時を越えて再び感じることができるで
しょう。今、絵本を聞いている子どもたちも、やがては大きくなり巣立っていきます。
けれども、それを読んでくれた人の優しい声によって紡がれ共有した時間は、生きる
糧となって、きっとその子を生涯支え続けていくことでしょう。いつの時代も、どこ
の国でも、大人から子どもへの語りが連綿と続けられることで、世代の糸は確かにつ
ながってきたのです。人の声で語られる言葉こそがこころを育み、それは人間として
の生命の根源ともいえるのではないでしょうか。この本を書き終えて、これが私たち
が幼い子どもたちに絵本を読み、語り続けることの意義なのだと実感しています。

　この本では年齢別に発達にあった絵本をご紹介してきましたが、それらはあくまで
も、子どもたちのこころによりそうための絵本選びの参考にしていただくことを目的
にしています。ですから、この年齢だからこの絵本を読まなければならないというこ
とではもちろんありません。また、本書で試みた絵本の解釈もひとつの例に過ぎませ
ん。絵本とはもともと読み手によって様々に読み取ることができるものであり、楽し
める年齢の幅も広く、それこそが絵本の懐の深さであり大きな魅力です。

　最後に、絵本とは何かについて、瀬田貞二著『絵本論』（福音館書店 1985）から引
用させていただきます。

　子どもたちを静かなところにさそいこんで、ゆっくり深々と、
　楽しくおもしろく美しく、いくどでも聞きたくなるような、
　すばらしい語り手を、私たちは絵本とよびましょう。

　本書が、皆さんと子どもたちとの絵本の時間に少しでもお役に立てましたら幸いです。

　本書の表紙や章扉に掲載した写真は、日野の森こども園の子どもたちです。社会福祉法人任天会の皆様、そして写真の掲載を許可いただいた保護者の皆様に、心より感謝を申し上げます。

　2010年に初版『保育と絵本』が出版されてから多くの方々のご支持を得てこの度改訂することができました。初版以来、お世話になったすべての皆様にあらためてお礼申し上げます。

2018年　春　　　瀧　薫

【著者紹介】

瀧 薫（たき　かおる）

大阪芸術大学短期大学部　教授
社会福祉法人子どものアトリエ　理事長

大阪府出身。兵庫教育大学大学院修士課程修了。
幼稚園、保育所、認定こども園勤務を経て、2018年に社会福祉法人 子ども
のアトリエを設立。城東よつばこども園（大阪）・春日よつば保育園（奈良）
を運営。子どもの発達と保育の専門性をテーマに、全国の保育士会や幼稚園・
認定こども園協会などで講演。各地のキャリアアップ研修では乳児保育、幼児
教育を担当。著書に『新版 保育とおもちゃ』があるほか、隔月刊誌『園と家
庭をむすぶ　げ・ん・き』などで連載中。

新版 **保育と絵本** 〜発達の道すじにそった絵本の選び方

2018年6月15日 第1版 第1刷 発行
2024年9月15日 第1版 第4刷 発行

著　者　瀧 薫
発行者　大塚孝喜
発行所　株式会社エイデル研究所
　　　　102-0073　東京都千代田区九段北4-1-9
　　　　TEL.03-3234-4641　FAX.03-3234-4644
印刷・製本　中央精版印刷株式会社
デザイン　ソースボックス

ISBN978-4-87168-618-1 C3037